JN410368

성춘복

詩전집

成春福

시전집을 엮으며

여기저기 흩어져있던 성춘복 시집 21권을 모아 전집으로 엮는다. 65여 년의 문단활동 중 주변인들 챙기기에 동분서주했지만 정작 본인을 위해서는 욕심 부린 흔적이 없어 아쉬웠다. 손수 그린 그림을 넣은 시집 『십삼월의 뜰』 발간으로는 미진하여 시전집을 기획하였다.

초창기의 절판된 시집을 찾고 입력하느라 시간이 오래 걸렸다. 마침 올해 미수를 맞은 시인에게 뜻깊은 일이라 여겨 박차를 가해 『성춘복시전집』이 세상의 빛을 보게 되었다.

워낙 분량이 많아 지면을 줄이느라 중복된 작품의 경우 뒤엣것을 삭제했고 최대한 본인의 의도를 살리면서 오탈자는 수정하였다. 한 권으로 담기에는 부담스러워 1, 2권으로, 장정도 처음 계획한 양장본을 무선철로 소박하게 대체했다. 성춘복 시에 관심이 있는 이들에게 알찬 자료가 되었으면 한다.

이 작은 결과물이 신선의 반열에 접어든 노시인에게 드리는 마지막 선물이라 여겨져 내심 안타깝다. 한마음으로 격려의 박수를 보내주시리라 믿는다.

2023년 명륜동 초본당에서

엮은이 우희정

1. 오지행(奧地行)

3. 산조(散調)

4. 복사꽃제(祭)

5. 바깥세상에 띄우나니

6 꽃잎 띄운 물 마신 듯

7. 네가 없는 이 하루는

8. 길 하나와 나는

9. 그리운 죄 하나만으로도 나는

10. 혼자 부르는 노래

11. 헤적이기>해작이기

12. 혼자 사는 집

1.

오지행(奧地行)

시인의 말

한 권의 시집이 자기청산(自己淸算)을 뜻하면서 새로운 출발을 기약한다면, 첫 시집 상재를 계기로 나도 한 번의 변모는 있어야 하겠다.

3부로 나눈 것에 별다른 의미는 없고, 정유년 이후의 것을 대충 발표 시대순으로 배열하였다. 그중엔 미발표의 것도 들어 있다. 물심양면으로 도와주신 여러분께 감사한다.

1966년 10월

성춘복

비상(飛翔)

잠이 들었다가
나는 새
한가히 내리는 잎사귀처럼
떨어지지 않는 오금에도
한쪽 나래로
지탱할 수 있는
가벼운 하늘

높직이 떠올라
끄나풀만 풀고 보면
하계(下界)의 벌판
불길로 멱 감는
짐승의 징그런 무리가 내려다 보이고
간혹 주검을 굽는
연기가 숲을 그을러
남아 넘치는 가득한 눈알
빛줄기로 되살아 난사하는
눈이여

세계로 들어가는 저 길목의
둘레를 맴돌며 벗어던지는 깃털에
나는 털복숭이가 되어
새끼새의 소리로 울며
깨어난다
한낮의 꿈속에서.

파국(破局)

나 반듯이 누워
하늘로 뻗는 입김을 물고
마지막 와 닿은 마을의
아지랑이 속으로
작은 세상을 떠나보낸다

크고 넓은 잎사귀에 묻혀
어스름 속을
별같이 꺼져드는 몸은
꽃일만 되풀이했다

푸름에 빛나던 최초의 꽃
바람을 보듬고 돌던 범나비
생명의 복판에 앉아
스러지는 인가(人家)의
꽃불로 태어났었다

이제 나는
봄 하늘로
낡은 그림 연(鳶)을 띄워보내고,
속 깊은 땅엔
차디찬 목숨을 묻어
이렇게 반듯이 누워 있다.

유희(遊戲)

아무렇게나 넘어도 좋을
바람의 고갯길
그 푸짐한 색깔의
가난한 언덕
계절을 지나도 이울지 않는
허위(虛僞)의 꽃밭이 있다

조금만 일렁이어도
뜨겁게 타오르는
가지 끝의 붉은 얼굴들
떨어져 쌓여
새 무덤으로 남고
나는 승천한 나무 자리에
무릎 꿇고 앉아
그림자를 묻는다

서천(西天)에 쫓기는 짐승
찬바람 센 날은
깊숙이 묻혔다가
새빛 가득한 가지로
높직이 솟을 마음

매마른 땅을 헤집는
손끝은 마디로 무너져

몸은 가라앉고
벌판에 깔린
다발의 잔가지 속에
목 뽑아 들고
나무의 흉내로 떨며 있었다.

회의(懷疑)

크낙한 밤
찬 바람에 얹딘 단 하나의 눈
낡음 속에 거듭하는
분열(分裂)의 과실(果實)은

빛의 가지로 발산하는
오랜 붕괴의 눈은 시리고 아프지만
토막의 이야기가 남아 있어도
나는 선회(旋回)한다

대해(大海)로 가는
어느 산 중턱에 걸려
되풀이되는 기억
언제 적 과일의 껍질을 찾아 들고
흰 눈썹을 다시 그려도
차츰 밝아오며
과거는 되살아날 뿐

광야의 길에
우리는 떠서 떠도는 것이 아닌가
숨찬 언덕
모두 떠나간 자리
망망한 곳을 층계로 오르내리는 것도
누가 남기고 간 짤막한 이야기의 덕분일까.

창문을 열면

언젠가
우연히도 북녘 문을 열어보았지요

창 너머로
늘 밤이라고만 여겨오던
한 가닥 여윈 나무가
허튼 숨길을 뿜어
해묵은 하늘의 숲을 헤치고 있었지요

그 가지엔
기적을 바라며 죽은 짐승이
후미진 기슭의 아늑한 아침을
더듬으며 걸려 있었겠지요

정말이지
오늘은 한 번도 볼 수 없었던 빛이
수풀을 헤치며 쏟아져 내려
창으로 들자
주검의 부신 눈은 안방의
혼란(混亂)과 무서움을 보게 되었었지요

그리고는 아득한 곳에서나 퍼지는
멍멍한 듯한 소리의 움직임을 보고
밤에 태어나 밤만을 품고 자란

제 가슴의 깊은 곳까지를 후비며
구름처럼 피어오르기를 바랐었지요

이제
산이 무너져 와도
쓰러지지 않을
빛 잃은 나무가 창을 딛고
가파른 비탈을 따라
자리를 옮겨 앉았겠지요.

박제(剝製)와 새장수

울어라 울어라 새여
자고일어 울어라 새여
널라와 시름한 나도
자고일어 우니노라.

도시의 문턱에 오른 사나이의 의지는 넓직한 주머니 속, 땀에 찌든 두 손에 꽂혀 발치에 놓인 솔방울의 박제(剝製)의 새로 하여금 길을 찾아 나아가게 한다.

새는 거리를 향하여 활짝 날개를 펼치고 사나이를 떼쳐버리고 날아갈 듯한 몸짓으로 따가운 햇볕 속의 하늘을 시린 눈으로 가늠하지만 길은 나서지 않았다.

물들인 작업복 가랑이의 큼직한 어두움에 갇힌 사나이의 손가락은 차츰 깃털로 뒤덮어져 주머니 속을 퍼덕이며 동체(胴體)의 한구석을 문지르고 있었다.

그때 은회(銀灰)의 번쩍이는 날개도 가지런히 육중한 금속성의 꼬리 긴 목소리가 멀리 그늘을 던져 도시를 누르며 하늘을 찢고 가벼이 넘어가는 것이 보였다.

그 그늘을 좇던 사나이의 눈길이 언뜻 거리의 저편 우뚝한 망탑(望塔)의 끝하늘에 가 부딪치자 종일 닫혀 있던 그의 입술은 떨며 울었다. 〈날아라, 새여!〉

새는 깊은 잠에서 빠져 나와 골목으로 뚫린 좁은 하늘가를 조심스러운 나래로 사나이의 뒤를 서두르며 올랐다. 그러나 거기서도 빛은 잡을 수가 없었다.

사나이의 손이 주머니 속의 세계를 뒤지듯, 새가 부딪침 없는 광활한 하늘을 헤치며 높이 치솟아도 한없는 너비를 그 나래로는 지탱하지 못했다.

- 빛은 이른 새벽을 선회하는 작은 벌레의 몸뚱이에 묻어 구름 속으로 흩어지고, 바람에 날려 꽃 속에 뭉치거나 강을 따라 늪 속에 숨어 깨어날 줄을 몰랐다.

높이 떠오른 공중의 네 개의 깜박이는 눈은 생각한다. 보이지 않는 피의 길을 - 지금은 마귀가 되었을 우리 할머니의 그 밝던 눈동자를.

- 거기서 물줄기로 뿜어 나오던 두 가닥의 흰 길이 온 세상을 불밝히다가 언젠가 무모한 돛을 달고 떠나 여태 돌아오지 못했음을.

거리의 사람들은 기적의 벌판을 찾아 쏟아져 나와서는, 사나이와 새가 그림자를 박고 막아선 도시의 좁은 문턱을 맴돌고 넘어서지 못하고 있었다.

하늘의 사나이가 문득 아래를 내려다보았을 때, 희미한 네 줄기의 빛이 도시로부터 그를 따라 이어져 왔음을 발견하고 비로소 새의 뒤따름을 깨달았다.

새는 앞선 사나이의 돌아다보는 시선을 의식하자 급강하하여 도시로부터 오는 끈끈한 빛줄기를 더듬어 타고 흘러내렸다. 사나이가 새의 뒤를 쫓았다.

이제 어스름에 가리는 망탑(望塔)의 거리엔 사람들도 스러져가고, 사나이와 솔방울의 박제의 새만이 좁은 바닥에 뿌리한 가지런한 그림자를 딛고 서서 괴괴한 도시를 지켜보고 있다.

내 일상(日常)은

그러께 피웠다가
해묵은 봄의 물기에
간신한 눈을 떠
이파리 하나로 서다

중천을 질러
바람에 부대끼어 접목한
팔 하나에
그 소리로만 속을 채운
내 일상은

내실(內室)을 떠나던
그 차림으로
나무로 있었다.

내 세상은

먼 산도 다가앉는
아지랑이 같은 세상
아침이 나를 뚫고
잔영(殘影)마저 남기지 않을 때
바다가 비치는 깊이도
우리를 재우지는 못한다

바람결이나 까마귀의 우짖음
한 줌 먼지의 떠오름마저
사람의 그림자를 쓰러뜨리고
음모의 길목에서 끝난
나의 사랑은
어스름에 갇힌
넓은 지옥을 헤매다가

건성으로 날아올라
무리로 허공에 몰려
흐린 날의
구름으로 불리우면
광풍으로 일어
빛을 흔든다

요란한 빛에는
그림자가 없고

흐려진 눈에는
얼굴이 없고
동방(東方)의
하늘은 아물거린다

가까움이 보이지 않는
현기(眩氣)스런 사방,
흐름의 구름떼가
내 어슬픈 세상을 흔든다.

나그네

새벽녘 고향길 물어도
가리켜 주는 이가 없다

한 점 구름이 번졌다가 뭉치고
그물을 씌우듯
나는 흠뻑 물에 빠진다

소나기의 강이 흐름을 바꾸면
아는 모든 얼굴도 옮겨져
나그네의 눈엔
여인의 귀가 보이지 않고
뒤쫓는 아이는 먼빛을 볼 수가 없다

바람에 따라 고향길이 다른
내 그림자는 더 늙어 보이며
풀려난 시간과도 같이 앞질러 간다

물에 젖은 눈으로
억수 같은 비의 하늘을 뚫을 수는 없을까
소나기의 강을 거스를 수는 없을까

다시 구름이 이는 곳에
지름길이 나서리라는데
낡은 길 위에는 내가 지나온
자국도 보이지 않는다.

가로(街路)에서

나무는
피에 엉긴 나무의 아랫도리는
열풍(熱風)에도 마르지 않을
속 깊은 샘으로 살았다

바람에 싸여
나무 뒤로 몰려 앉은 꽃
만지면 사라지는
이파리 속에서
목이 마르다

나무의 높이에서 멎은 하늘
옮겨놓고 싶은 나래는
시간의 변모하는 빛깔로도
입술을 추기는
생명의 목욕

나는
벌레의 작은 춤을 배우며
거리의 나무로 산다.

벼랑에서

심야 산중
흔들리지 않는 사방(四方) 속에서
벼랑을 끼고 돌다가
묵묵히 선 마음

기억은 옛적
뚫린 하늘로 솟아
어두움을 땅으로 가르던
한 마리 새의 흐름에 머물고

갇힌 해와 달은
공중에서 떠서
공중으로 스러지는
한나절의 짧은 사이로

새벽도 노을도 없이
뿌렸다가는 거둬들이고
흩었다가 모두는
연기도 올리도 못하는
시간의 반복

그 속에
방향도 먼 차림새가
끝없는 벼랑을 바라고 선다.

오지(奧地)에서

오지의
더욱 깊숙한
하늘은 둥글고
해 하나 중천에
떨어질 날이 없지만

빛으로 어두워진
내 눈은
사방이 무너져
황홀을 볼 수가 없다

빛이여
눈이 따가운 언제나의 대낮에
안락의 그림자를 흘려
어두움을 내리고
초라한 옷자락에도
선풍이 일어
고목도
바람의 갈대처럼
흔들게 하라

나그네여
가시일 줄 모르는
빛의 한복판

타오르는 오지에
내가 성장하듯
모든 것을 소생케 하고
빛을 거두어
나의 정원을 떠나게 하라.

조롱(鳥籠) 속에서

아침 해가 조롱(鳥籠)을 흔들자
또 한 번 부드러운 피가 흘러
눈을 뜰 수 있었다

장살에 묻은 피를
가만히 문질러 보면
의지는 날개에 와 멎고

흔들리는 옛 가지를 따라
장살을 치면
마음은 새벽과 함께
장살의 사이
하늘에서 퍼덕였다

공중으론
낯선 새들이 날아와
선회(旋回)의 하늘을 던져
어둠으로 보이지 않던
찢긴 조롱의 그림자를
묵은 상처로 남긴다

내가 그들을 저주하듯
그들은 하늘의 나를 저주하고
밤이 오면
낡은 해와 함께
피의 흔적 속으로 떨어져
또 한 번 숨을 거둔다.

어항 속에서

날이 찌풀고 보면 유리항 밑 작은 영토가 수심 같이 울먹인다고 생각했다.

시집 단간에 웬 반딧불은 가슴을 뚫어 흰 뼈를 솟게 하여 마디마디 경계를 보이고, 그 포근한 비가 멎었어도 심장은 동그라니 수면을 뱉는다.

여기 분산시킨 숱한 방울이 수면을 지켜 그만 고향 같은 동공(瞳孔)을 생각하고 내가 분필(分泌)한 부리한 눈알이 알몸에 와 박히면 생명이 확대되어 살아 오른 알맹이들을 낱낱이 삼키고 싶어진다.

깃은 아예 개인 날을 잊고 춤추는 조상의 영원한 젊음으로 피곤을 벗어 조그만 내 식민지 구름다리 · 돌 · 숲 옆에서 멋있게 날으게나 하고.

또 징그러운 눈알들이 되살아 오기 전으로 들먹이는 아가미를 달래어 수면을 빨아들이면 언제고 있을 것만 같은 하늘을 마음껏 달리자.

노상(路上)에서

겨울의 그을린 해는
아직도 밝지 않은
풍성한 더미를 넘어
다른 아침의
황홀을 부르지만

힘이 다하고
길이 먼 새벽동네는
운무 속에 갇혀
집은 헐어 기운 채
우리를 떠나간다

등성이를 넘는 우리들
하늘을 잃고
길가에 머문 채
발이 묶여
눈을 부빈다

보이지 않는
아침이여
옛집을 다시 일으키고
허덕이지 않을 우리의
길을 비출
풍성 앞을 지나라.

개명(開明)은

어둔 골목의
좁은 창틈일수록
오만한 꼬리는 더욱 번뜩이며 지난다

살다 보면
겹친 주름은 쓰린 가슴의
성가신 언어
그저 졸립기도 하련만

창문이 우리로
밝아 있음을 알고
맑은 눈빛이
너희들을 발견하는
손끝은 떨며
그렇게 빛을 찾고 있다

지난날의 평화스런
집 둘레를 생각하면
되살아날 여명을 바라고
한 오리 회오리에도 뜨고 싶지만

빛나무는 찬바람의 하늘에 걸려
성장하지 않는 손의 높이에 머물 뿐
문(門)을 거두어도
다시 먼 개명은
우리의 눈을 가린다.

밤그늘

소망의 그늘은
키를 지나
찬바람의 높이에 이르고
밤하늘이 은하를 건너
사냥꾼의 눈을 가리면
나무는 고요 속에 머물지만
공중의 나무는 하나의 잎으로도
전체를 이루는 그늘 속
날쌘 독수리의
표범의 날카로운
다리며 이빨이 되어
한낮의 따가움에
그늘로 몰려 앉는
어린 양의 눈망울을
나의 소망인 그의 동경을
그리고 그 어미의 축복을
밤이듯 잠시
구름 속 깊은 계곡에 묻어
빛에서 솟았던
소망의 높이를 먹는다.

바다의 집

등줄기로 내리던 땀방울이 식어
흔들리지 않는 물결로 멎을 때
바다는 훤출한 얼굴로 올라
빗질하는 여자 옆에서
긴 머리칼을 매만지고 있었다

넘쳐본 일 없는 수면을 스쳐
하늘로 넘쳐나는 갈매기들
나는 완성의 꿈을 타고
폭풍의 간신한 언덕에
하나의 기둥으로 버티는
한 채의 바닷집을 세운다

날개를 잃고 떠내리는 새
거리를 두고 물러앉아
발을 적시는 여자
머리칼은 말라
등 뒤로 내린 얇은 처마에 날리고
바닷집은 가득 채워진다

집을 버리고 나온 나는
바다와 나란히 엎디어
바람으로 꺼져드는 하늘을 잡고
갈매기의 몸짓으로 스러지는
여자를 끌며
비탈이 감추는
잔잔한 물결을 부순다.

밤바다의 눈

보이지 않는 것일까
파도에 밀린 하늘을
박제의 새가 나래를 지쳐
치닫는 것은

옛 노래만 거듭하던
메아리의 새
세계의 끝에 짜놓은
완성의 집을 나와
거품 위로 종이배를 띄우고

우뢰소리도 빠져드는 밤바다에
구름으로 뭉친 눈 큰
한 마리 짐승이
시든 꽃이며 산들이 흐르는
강을 거슬러
하늘을 찾는다

잊어버렸던 것일까
삼림에 뿌리박은
깜깜한 바닷눈이
천지를 삼켜
모든 것이 사라졌음을.

겨울바다

무변(無邊)의 바다

내부로 오르는 파도가 일면
산이며 강
하늘이며 달, 나무들을
한 빛깔로 빨아들여
그림자의 골짜기를 이루고

흐름의 은밀한 주형(鑄型)은
영영 깨어나지 못할 잔형(殘形)의
인간의 조상(彫像)으로 내실을 꾸민다

음울한 바다의 빛
겨울은
그 그림자의 오라기를 뽑아 올려
눈이며 입술
날개들의 형상을 그물로 엮어

죽은 자들의 태양이 가라앉은
다시는 회복할 수 없는
밑바닥의 비밀한 바다를 비친다.

순수의 해변(海邊)

잠들지 않는 바다
삼월의 파도에 이어
나의 세계는 열렸느니

한 가닥 푸른 옹달샘이
홍수로 일어
강의
바다의 노도(怒濤)로 흔들렸느니

거센 밀물의
적은 영지(領地)에서도
우리는 쓰러지지 않고
아무도 죽어가지 않았느니

어렸던 혼들의 사무침이
죽은 자들을 세우고
낡은 날개마저 소생케 하여

나무의 크기를 지나
짐승의 탈을 벗고
하늘로 떠가게 하였으니

은밀한 물결로 다듬은
순수의 해변

어스름의 땅에서 돌아오는 바람소리
그 영지(領地)는 사월의 바다가 지키느니

역류하는 강의 함성
닫혔던 문은 스스로 열리고
다시 빛나는 해를 보리니

빛의 무덤
쉬지 않는 해일(海溢)에 안겨
우리는 영원한 사월에 산다.

나를 떠나보내는 강가엔

나를 떠나보내는 강가엔
흐트러진 강줄기를 따라
하늘이 지쳐간다

어둠에 밀렸던 가슴도
바람에 휘몰리면
강을 따라 하늘로 잇대어
펄럭일 듯한 나래 같다지만

나를 떠내보내는 언덕엔
하늘과 강 사이를 거슬러
허우적이며 가슴을 딛고 일어서는
내게만 들리는 저 소리는 무언가

밤마다 찢겼던 고뇌의 옷깃들이
이제는 더 알 것도 없는 아늑한 기슭의
검소한 차림에 쏠리워
들뜸도 없는 걸음걸이로
거슬러 오르는게 아니면

강물에 흘렸던 마음이
모든 것을 침묵케 하는
다른 마음의 상여(喪輿)로

입김 가신 찬 동혈(洞穴)을 지향하고
아픔을 참고 피를 쏟으며
나를 떠나보내는 강으로 이끌리어
되살아 오르는게 아닌가

강 너머엔
강과 하늘로 어울린
또 하나의 내가 소리치며
짙은 어둠의 그림자로 비쳐 간다.

도강록(渡江錄)

옛 대륙을 건너면
생생하게 흐르는 강 저쪽에
우리가 알고 있는 모든 것이 멈추어 서
가냘픈 손으로도 가리킬 수 있는
피안의 꽃이 되었다

우리가 살 수 있는 유일의 세계도
이 땅의 연속이지만
너무나 선명하게 떠오르는
무지개며 별들의 신선한 꿈으로
빛나고 있는 강의 힘으로
노를 젓는다

우리의 손을 따라
망각된 기억의 강은
커다란 슬픔의 소리처럼 포말을 이루고

이 망각의 더미는
제마다 나를 안고
다른 이빨에 떠밀려
기억의 심연을 향해 잠적한다

노를 저어라
아무것도 남기지 않는 형해(形骸)의 산

옛땅과 피안을 잇는 심부(深部)엔
기억의 알맹이 뿐
비약(飛躍)에서 나를 찾을 수는 없다

후미진 알맹이의 골짜기를 따라
그림자처럼 흐르는 것은 내가 아니다
내가 아니면 결코 고독하지는 않다

그리고 더 가까이에
황홀하고 선명한 무지개가 열려
내가 호흡한 가뭄과 홍수
헛된 노력의 산과 함께
사방으로 뻗친
나의 눈초리를 발견한다

모든 것이
내가 내놓은 하늘과 땅과
기억의 더미
그 강 속에 있지만
누가 이 순간을 역류시킬
나를 불러 줄 목소리를 가질 것인가

언제나 변함없는 강의 소리는
과거와 현재
이 불행한 비만의 강을 따라
영화의 꽃
미래와 함께

무딘 노(櫓)를 잡는다

끊임없이 풀려져 사라져 가는
스스로를 안고
들끓는 소란의 옆
옛땅과 피안을 잇는
망각된 기억의 강을 탄다
희망과 저주의 산
그 속에 변함없이 살아간다.

겨울잠

빛이 쌓여
손길이 닿지 않는
땅 깊숙이
겨울엔 지는 해가 없다

꿈속이런가
방향을 잃은 촉각(觸角)
깃에 묻어 들었던
한 방울 물빛에 부신 눈이
창문을 닫고
청천(青天)엔 혼곤한 세계

바람으로 뭉친
하늘의 높이에
나래를 띄우면
몸은
빛의 깊은 구렁에서
나른한 잠에 빠진다.

동면(冬眠) 이후

달은 아직 멀었을까
밤은
우리를 빈곤의 방으로 몰아
동면의 긴 꿈에로 이끌게 하고

그 정결한 숨결로
스스로를 잊게 하는
시간의 속

무겁게 내린 눈
다문 입술에도
고이 내릴 아침이 있을까

우리가 머물던 그곳의
눈부신 빛이며 번뇌
우리를 잠재우려는 환영들

꿈이 깨는 날
남의 눈에는 띄지 않는
영롱한 이슬에서 오르는
자신의 현신(現身)을 맛보며
달이건 해건 밝은 날을 산다.

고백 · 1

뉘라서 알겠는가
어린 날부터
모르는 일 투성이에 싸여
멀리로 치닫기만 한 것을

한 색깔로 어우러진
꽃떼의
그 깊은 미로 속을
아무런 조바심도 없이
줄곧 달리고만 있었음을

하늘빛은 흐리고
겁하며 다가서는 구름의 모임
날은 더욱 기울어도
햇빛 스미는 좋은 날을 바라며
잠자리를 찾는 바튼 발자국 소리

아직도 살아 있는 무리 속에
내가 그대로 남아 있음을
뉘라서 알겠는가.

산책

한 정거장쯤 미리 내려
신발을 털고
가벼이 맞을
많은 아내를 지나치면서
산책의 길을 시작한다

언제나 성큼 차를 내리는 것은
단간방의 조밀한 밀도가
차 속까지 누비고
무거운 발이라도
낮은 처마가 더욱 내리는
내 집을 용케 찾을 수 있기 때문

비가 오는 날이면
비닐제(製) 우산을 받쳐 들고
내장 깊숙한 곳도 드러내며
사색(思索)의 언덕을 넘지만

사고(思考)의 마지막 문을 닫는
내 집 앞에 서면
평범한 지아비가 되기 위하여
공연한 손을 부비며
남의 집엘 들어서듯
주춤거린다.

춤추는 여자

이삳이 쓰리고
귀가 간지러운 날
여자는 옷을 벗는다
따가와 오는 볕 속의
듬뿍 물먹은 둥지처럼
저절로 속이 차오르는 여자는
한 겹씩 꺼풀을 찢는다
뿌리도 없는
함박 만한 꽃을 이고
종일 물을 대며
싫어하던 고양이의
엷은 눈동자로
반라(半裸)의 춤을 춘다
실낱같은 팔뚝을 들낸
그 좁은 가슴께론
온 세상이 돋보이고
꼬리엔 균형의 방울이 달려
거침없이 껍질을 던진다
떨어지는 껍질은
짐승이 되어
여자를 따라
어리석은 춤에 빠지고
성숙(成熟)의 음(音)
그 가쁜 숨소리는

집을 뭉개고 나무도 뽑아
지구마저 날려보내
여자만이 홀로 떠돌며
껍질을 벗는 아픔의 춤을 계속한다.

눈이 큰 여인

따가운 햇볕에도 부시지 않는
시원한 눈의 여인
파라솔을 들지 않아도
그을리지 않는다네

다과점을 나와 꽃집엘 들르지만
소매가 넓어 피곤하지 않고
먹구름이 일어도
비를 맞지 않는다네

색안경도 없이
한나절 헛된 거리를 누비지만
한 점 먼지가 따르지 못하고
저문 불안의 방을 찾아
눈물의 얼굴로는 하소연하지 않는다네

소중히 유혹당하지 않는
눈이 큰 여인
마법의 나무가 울창한 숲을
빈손으로 걸어도 무섭지 않다네.

아내

어쩌다가 지친 걸음에도
꽃가게를 들러
잎사귀도 없는
덩그런 꽃을 사 들면
곧장 버스를 타고
집을 향한다

꽃을 피워 문
혼돈 속의 떨기
아무런 무게도 느끼지 않는
어깨 위를
흔들리며 달리는 꽃

침침한 골목을 벗어나
선한 하늘 아래 들면
이내 넓은 웃음으로 덮쳐오는
거대한 꽃 속의 얼굴

아내는 헌거로운 꽃을 안고
꽃과 나란히
거울 앞에 서서
멋 모르는 삭정이의
나를 웃는다.

아내의 꿈속에서

아내는
빈 화병처럼 엎디어
가을이 빨려드는
차가운 달무리 속으로
헤픈 살림을 걱정하며
곤한 꿈을 본다

달빛 속의 나는
침울했던 여행길에서
마악 돌아와
폭풍이 사라진 땅 위의
유희(遊戲)도 없이 스러져 누운
한 빛깔의 꽃잎들을 내려다본다

내 눈길이 닿는
많은 꽃잎들은
한 잎씩 포개어져

온전한 꽃으로 피어나서는
곤충의 날개 같은
가벼운 춤으로
달빛을 타고
하늘로 오른다

꽃은 하늘대며
붉은 빛이었다가는
푸르러지고
노란색이었는가 하면
하얘지기도 하여
아내의 옷을 빌린
색색의 얼굴로 비친다

그 숱한 색깔이
다시 하나로 합칠 때
아내의 얼굴이 되어
온통 달을 가리우고

나는 깜깜한 눈으로
아내의 헤픈 살림의
그 꿈속으로 들어가
깊은 한숨으로 남는다.

웅녀(熊女)

길을 잃고
비바람도 멎는
골짝에나 들었다 하자

자욱한 구름이 내려
숨이 가쁘다가
몸이 타 올라
빛을 잃었다면

떨어지지 않는 눈의
그 노곤함으로
잠에 취해
희한한 내음을 맡을게다

어쩌다가
간신한 손을 받쳐 들면
바다로 흐르던 풍만한 강이 지피고
그 위로 떠오는 헐벗은 육신

몸부림은
나른한 꿈에 숱한 꽃내음으로
아직도 길이 먼
우리의 동굴
보이지 않는 빛 속에 감추어 있을게다.

탈바꿈

한때는
요란스런 새들의 지저귐이었던
잔디로부터
하늘과 나란한 고요

떨어지는 이파리 사이
하늘의 끝 반짝임

간신한 수액으로 올랐다 지는
때 늦은 나비의 춤에
아직은 따가운 오후라네

멀리로 물기 묻은 연잎이 떠
해받이의 동굴에 머물면
꽃빛 더하려는 꿈이 일어
우리는 결코 흔들리지 않으리

어쩌다 앞으로 눈을 주면
창랑한 바다의 고깃떼가
줄지어 나아오고

험준한 산줄기를 타고 누워도
졸음에 겨웁기야 한다지만

이 고요 속에
비가 올거나
깊고 은밀한 꿈속을.

심상(心像)

가슴을 앓지른 얼마쯤엔 강이 흐르고
그 어데 웅뎅이는 온갖 얼굴로
미어질 듯 출렁이고 있었다

온통 뒤틀린 시야가 찌푸린 형상으로
가쁜 손을 휘저어
강은 흐르고

흘러간 자리에
흥근히 배이고 싶은 마음

얼굴은
꽃·나비·산·바다
무엇이든 내키는 마음으로
어데고 잇대어 넘치고만 싶은데

강을 흘러
잃은 자리에 퍼어런 깊이는
바람에 헛날린 얼굴

물결은 일어 강은 흠뻑 넘치고 싶은데
뒤채인 몸을 가릴 겨를도 없이
흐르고 있는가.

벽서(壁書)

해와 달을 지켜 서 있다가
헤어졌던 그 자리에서
또 봄을 맞는다

이식될 수 없는 기후이지만
온 것을 다 떨어뜨리고 싶다

떨어지고 싶은 것은
아직 익혀 보지 못한 가지로
스스로를 견디지 못해 문질러 보고
그것이 알몸으로 되어

치솟은 하늘에서 가지를 뻗어
꽃나무가 되고
여름이 되어

피어든 가지 아래
순한 해와 달을 가려
자랐던 정원을 무성히 보이게 하는 것

떨어뜨리고 싶은
풍토보다 너를 더 느낀 허전한 세월이면
기다리는 마음으로
또 한 번 점지되어
스스로를 배어 보는 것이다.

잃어버린 꽃

하루 아침
방문을 크게 열어
나의 손으로 숨쉬는
소생의 꽃을 맞으리니

바닷빛 새벽에 싸인
기적의 조각배
밤의 숲길을 달려
무거운 산 앞에

샘을 솟게 하고
샘가에 앉아
잃었던 빛깔들을 길어올린다

청상(靑孀)의 꽃이꽃
그 앉은 자리
비 묻은 소리 그리운
이 비탈에도 나비가 들까

하루 아침
갑작스런 빛이 들어
부신 날개를 펴다가
깊은 방 속에서
또 저문 날을 떠돈다.

장미

얇은 물길을 차고 오르는
투명한 빛의 날개
미궁의 품 안으로
빨아들이는 깊은 숨소리
떨리는 입술에
손을 갖다 대면
넓은 깃에 싸인
무서운 여인의 얼굴
갑자기 타오르는
마지막 꽃이여
내 우러름에 사는
난장이가 되어도
짙은 색깔에
영원을 살게 하라
한 잔의 물에
단 한 송이의 장미
오 릴케의 꽃이여.

봄바다

설레는 계절의 안개 속을
깡마른 몸짓을 털고 나서면
다시 시작하는
녹색 봄바다가 보인다

껍질을 벗는 숨소리의 협화(協和)
잔잔하게 넘쳐 흐르는 바람
간단없는 새 노래에
꽃빛 돛단배는 떠온다

반짝이는 아침 이슬엔
내일이면 무성할 잎사귀들의
그늘이 숨어 있고
꽃은 또 불을 뿜어
대낮을 이룬다

어젯날 그 흐리던 꿈마저
이야기하게 하는
트는 누리 위
어스름도 응달도
눈시린 야단스럼도 스러져
조용히 다가서는
가득한 색깔만이 살아 남는다.

전춘사(餞春詞)

꽃은 시원한 바람에 싸여
여름이 되듯
내 마음처럼 뜨겁기만 하였느니라

어느 날이었을까
바람이 불었을까, 비가 내렸을까

먼 들녘에서 하늘대다가
입김으로 연 내 화병에 앉아
숨이 찼느니

아직 인간의 일에는 서먹서먹했고
너는 다만 진한 빛깔 뿐

오늘은 화병에서
요괴한 해와 구름이 휘감긴 벼랑에서

잇대어본 적이 없는
엄청난 거리의 만댕이에서
가냘픈 숨을 몰아쉬듯
땅으로 뻗친 독기에 나래가 흘어

네가 내 안에 있고
내가 네 속에 산다지만
시야가 흐린 그림자로만 엮어져

다른 두 그루의 나무로 있어야 하고
다른 두 나무에서 핀 꽃으로 남아야 하느니.

꽃나무

꽃이 날아왔을까
나비처럼 나래를 들어
내게로 이르렀을까

한 포기 꽃나무가
창문 앞에 자리하여
어느덧 키만큼이나 솟았더니
이제 그림자를 이루고
방안을 넘나든다

소망의 꽃이랄까
시름도 그림자를 따라 문턱을 딛고
꽃으로 타고 내려 땅에 이르며
바람도 가지로 올라
꽃에 머무는
키만큼의 소망을
하늘로 바친다

꽃은 내게로 이어져
나와 함께
나란한 자리에 선다.

운동하는 나무

허다한 세월 속을
끊임없이 끓어오르는
운동하는 나무

어른거리는 꽃들의
무더기 빛 그늘에
바스러지는 꽃잎도
아람의 씨를 위해
기쁨으로 떨며

그 움직임 안에
샘이 있어
저절로 잠깨어 넘쳐 흐르며
아침 약을 받잡는다

푸른 바람에 눈뜬
빛의 새싹은
조그만 기슭
영원한 어머니 가슴섶에
언덕으로 돋혔다가
뜨겁게 타올라
오월의 태양에
젖은 머리를 말리는
창포의 내음으로

꽃문을 열고
하늘을 채우는
처녀로 남는다

색정의 꽃을 향하는
범나비 한 마리
이울지 못한
열매 속으로 떨어져
흔들어대다가
부푼 물결을 따라
타향의 벌판을 떠내려
먼 산 흰구름 뒤로
먹구름 센 바람의
벼랑에 부딪쳐서
되돌아 길을 찾는다

길은 어디메고 뚫려
연못가를 돌아
쌍쌍이 거니는
자목련·백작약들의 비틀거림
타오르는 계절의
핏빛 짙은 물을 머금고
한세상 꽃세상으로
섞은 늪의 바닥을 핥는다

이슥한 밤의 꽃놀음
안개 속을

미명의 강이 떠오고
꽃배가 지나가면
보리밭을 줄달음치는
한 줄기 소나기
아이는 검붉게 젖고
산하도 물들어
길을 잃어 헤맨다

다시 일어나 앉아
꽃 부꾸미 한 점에
나직이 불 켜 들고 살피지만
어디서 꽃을 보랴
어디서 그림자를 찾으랴
고향의 흙벽을 쌓아 올려
분별의 세계나 찾으리니

즈믄 해를 살아갈
다른 하늘꽃 되어
허다한 세월을 비치며
되풀이 춤 출 것을.

여름이 짙어

바람도 멎어
거꾸로 박힌
나무의 그림자를 따라
충실히 떨어질
과실들의 세상으로
먼지 자욱한
백일의 길을 뚫지만

여름이 짙어
모두 눈 감은 땅 위
흰 구름만이 깨어나
소나기로 부서져 내린다

졸음에 겨운 한낮은
시원한 여자들의
가벼운 어깨나 넘보고

따가운 뙤약볕에 눈이 시리면
타오르는 모래밭에
발바닥을 묻어
거품 이는 파도를 생각는다

칠월의 바다는
홍수에 젖은

가난의 붉은 지붕으로
높이 솟아오고
모양을 바꾼
최초의 열매가
땀 흘리며
멀리 손짓한다.

작약꽃 속에

차가운 빗방울이
속으로 스며드는
후련한 한낮의 꿈
저만치서
가뭄의 보리밭이 타오르고
짙은 그늘의 흐름이 멎은
뙤약볕의 나비춤은 외롭기만 하다

유월은
번개 치던 무서운 밤길을
내처 달려와서
지친 몸으로
상실의 기념탑이 되었거나
아니면
사나운 꿈자리를 바자니는
두 색깔의
다른 모양으로 잎 피는
작약꽃 속에
또는 흩어져 가는 안개꽃의
가벼운 입김에 날려
허전한 세상의 한때가 되었다

계절의 복판
해는 중천에서만 맴돌며

구름까지 자랄 나무들은
꽃물을 다 쏟아
거꾸로 박히고

백일(白日)의 소나기를 찾아
모두 길을 떠난
가뭄의 따가운
마을은 텅 비어
유월은 없다.

유월(六月) 아니 잊어

유월 아니 잊고
우는 산새여

연기 짙은 장마 속의
조각난 햇살을 모으는
갑작스런 바람에
속옷마저 빼앗기고

어제만 해도 매말랐던
오늘의 저문 강을
비바람에 젖은
나그네로 떠내린다

부푸는 산빛을 타고
하늘 높이 솟았다가
색깔의 소나기로
부서져 내려
숲속의 딸기꽃으로
다시 시작해볼까

두 개의 골짜기
두 개의 강기슭
두 개의 꽃나무를 자르는
땀의 오솔길

그 위를
수없이 오르내리며
유월 아니 잊어
우는 뻐꾸기 새여.

한여름 나절에

강으로 가자면
차가운 바람

하늘은
옛날의 나무
그 끝 가지에 머물고
우리는
어디쯤에 멎으랴

지금은
비가 와도 젖지 않을
타는 모랫빛

눈이 따갑도록 가까운 당신의
도시의
팔월이 부시면

먼 파도의 소리로도 폭포(瀑布)케 할
한나절
푸름 트임의 갈증.

부상(扶桑)

넓고 깊은 바다를
산새가 건넜으라만

하류의 어딘가에
폐선의
선수(船首)의 조상(鳥像)이 산을 가려
짠 바람으로 펄럭이는 목상(木像)의 나래,

그 두려움을
뭍의 아이가 알 때,
바람과 파도의 크기는
방향을 잡고
산이며 바다의 그림자가 돌아눕는
돛 위로
해가 솟으면
조상(彫像)의 입은 날아침,
배의 꼬리는 파도에 잠기며
아이는 눈을 가린다

지평과 수평선이 좁아드는
좁은 한낮
하늘로 오르는 갈증만큼이나
부끄러움도 아는
우리 아이는

눈을 뜰 수 없다

밤이면
모래며 새들
파도와 바람의 모양,
보드라운 이파리가 흐르고
줄기차게 뻗는 부상(扶桑)의 흔들림

부신 눈에 빠진 무릎
깊고 깊은 저 인당수(印塘水) 못,
아이야, 눈을 뜨고
한낮은 이곳을 뜨자.

2.

공원(公園) 파고다

공원 파고다

종소리도 오랜
박명(薄明)의 꿈속에서
어린 손녀가
저절로 물결치는
토막의 물감들을 지킬 때,
소나기가 지나
먼지도 일지 않는
오랜만의 차분한 땅에
불만의 지팡이가
그림을 그린다.

돌아다 보라
이른 아침
공원으로 가는 길을 찾던
고요한 나그네가
근엄한 나라에 든 얼굴로
영원의 조상(彫像)이 되어
무거운 일을 막 끝낸 사람같이
손바닥을 털며
풀어져 가는 담배의
손가락 사이로
아름한 동상(銅像)의 제국을
비치고 있음을.

제국에는 꽃이 없었다
꽃은 오히려
화색 짙은 사탑(斜塔)의 열 층에서
열두 폭의 뭉게구름으로 피어
천국 가까이에 머물고,
지금은 반세기의
함성이 별 박은
자갈밭 길에
일곱 자락의 하늘로 갈앉았다가
시련의 흰 종교(宗教)가 되어
절룸거리며 되올라 갔다.

빈혈의 땅을 스치는
쉬임 없는 바람,
나비도 들지 않는 공원,
빛깔은 낡아
매혹의 수풀로 몰려간 가구(家具)들,
벌판에서조차 쫓긴 새
새가 날으지 않는 등성마루
금기된 성역을 오르듯
거리의 한가운데 자리한 무덤,
돌이킬 수 없는
주어진 반지의 보석,
지난 일은 새삼 말할 것도 없다지만
언제나 살(煞)이 껴 있다는
삼월 이후.

추운 계절에도
보쌈의 아이들은 쌓여
어른의 무덤이 되고,
그 등허리를 높이 말 타며
며칠이고 물빛을 못 본
쪼막의 손뼘들이
땅뺏기 놀음을 한다
무릎이 깨인 헌들뱅이 옷에
선사(先史)의 피는 굳어
부끄러움도 없이.
기어서라도
맨 손가락으로라도
빼앗아야 했다
주검을 파먹고 자라는
한 포기 곡식이라도
내 땅으로 삼아야 하는
여기 콩밭을 일구면
울음으로 들릴 새가 있을까.

어디건 손을 짚으면
폭풍의 창가로
물방울이 침식하는
안개 속의
땅의 건강을 걱정하며,
엉겨 붙는 지팡이 끝에
돌멩이가 걸려
그림의 노인으로 하여금

새가 날으지 않는 하늘을 푸념하게 한다.
미완의 그림 위론
낯선 권부(權府)의 그림자가
꼬리를 늘이고
파당(派黨)의 대변인들이
발자국을 거듭하며
기억의 울타리를 넘어
무꾸리의 뒤를 쫓는다.

담장은 무너져
수런수런 꿰맨
인정(人情)의 사슬이 넘나들고,
불면의 밤이면
팔려온 처녀들이
아랫도리도 채 가리지 못하고
갑자기 불려 나와
의식(儀式)의 뒷바라지에 바쁘다
설령 다른 땅의 사당(祠堂)으로
축제가 열려도
어스름을 기다린 아낙들은
일제히 오물(汚物)을 안고 나와
계수나무의 달맞이에
세월을 보내리라.

그러나 내 일상의 후원(後園),
산발한 머리를 은신(隱身)하려는
짝 잃은 조선(祖先)들이 모여

다른 목소리의 주인을 따르면
젊은 날의 꿈을 보이는
비극의 다릿목,
한 잎 자리에 안주한
검은 안경의 주술사가
목을 지키는 탑 너머로
불신(不信)한 땅을 경작하고,
죽은 듯 엎드린 늪 속으로
심판의 혓부리는 날린다
물결 깊숙이
매몰된 역사의
석제(石製)의 거북이 솟아
거대한 대리석의 죄를 짊어지고도
앵무새가 되어
선지(先知)의 노래만을 읊을 때.

유혹하지 않는 거북의 섬,
철망으로 가린 광인(狂人)의 들녘
발가벗은 아이들이 타고 올라
요란스런 유희로
문명의 살갗을 빗어 내린다
그 둘레를 원정(園丁)은
아무런 일도 없는 듯이
큼직한 가위를 안고
돌아서기만 해도
알몸의 밭은 고루어져 갔다.

망각(忘却)의 늪에 사는
껍질의 세대
옛 사람보다는 왜소하지만
여남은 개 이상의 구멍으로
허덕이는 인형(人形)들,
꼭두각시는 혼자만이
햇빛에 그을리지 않는 분을 바르고 나와
여남은 개 이상의 줄을 거머쥐고
귀감(龜鑑)의 늪을 헤엄쳐 가다가
꿈꾸는 인형을 되돌아보지만
물기 묻은 눈으로는
아무것도 볼 수가 없었다
두터운 치마가 가린,
끊임없이 사그라지는
나무의 소리만이 거듭할 뿐.

그늘에서 자라나
줄줄이 내리는 가랑잎의 속담(俗談)
치렁치렁한 머리를 땋은
어둠 속의 목소리,
인종(忍從)의 음악은 쌓여
굳은 땅 높은 둔덕으로 솟고,
취하여 돌아가는 길은
털이 바른 짐승이 되어
저자가 열린
가벼운 경험의 골짜기에
눈먼 희생을 당부한다.

눈을 뜨면
바람결도 보이는
오지(奧地)의 중간,
세상을 끝막음하는
수은등을 켜 달고
창살 너머로
길을 잃은
무서운 아이들을 밀어낸다
세계의 한 끝으로.
그때 공원의 의상(衣裳)은
찬 우물로 계절의 멱을 감는
원숙한 목덜미나 발끝엔
이미 붙어 있지 않았고,
죽음의 찬미를 지나
상채기의 몸뚱이에
색색의 리본을 꽂는
습성이 생기면서부터
자랑이 없는 영토(領土)의
훈장으로 빛났다.

기왕이면 진다홍의
얇은 치마마저 벗어던지고
두 번째나 세 번째로
다시 태어났을 땐
큰 발, 높은 비탈에 선
어려운 걸음,

차츰 드러나 보이는 심장의 파동
더불어 일어나는 과거의 종교,
꼭대기로 쏠리는 무변(無邊)의 빛살에
옛날로 돌아온 스님을 서게 하고
나을 것도 없는 어제의 얼굴을 겨냥한다.
되받이의 창검(槍劍)은 어우러져 번쩍이며
맞붙여 세워지고
영광의 벼슬에 답하는
의장(儀仗)의 춤,
춤이 계속되면
난데없이 오르는 불꽃,
마른 하늘의 천둥소리에
백성은 집을 버리고
아이들은 미끄럼을 내려
멀리 달린다.

지붕만 남아
홀로 크낙한 하늘을 붙든 공원,
스스로 돌아와 앉을
착하고 천한 백성의 손목이
치부(恥部)를 가려줄
다 헤어진 옷을
꿰매주기를 기다린다.
공원은 결코 외롭지 않았다
수풀의 연장이 있고
메아리가 울려
사방을 에워싼 산의

곳곳에 뿌리한 탑,
그 앞을 지나는 조상(彫像)은
무덤에서 솟아
똑같은 상품을 무한히 돌려가며
길목을 지키던 허리를 접고
오가는 사람을 끌어안는다.

손짓해 애원하는 그들도
한때는 이 수풀의
탑 그늘에 살았고,
거센 바람에 날려
흩어져 갔다가
빳빳이 굳는 사지(四肢)로는 어쩔 수 없어
보드라운 잔디를 찾아
웃음의 너울을 벗는다
속의 웃음,
쓰린 열매의 내부를.

웃음이 끝나는 외딴 오솔길에 들면
외등이 덩그런 산실(産室)
어디메고 있는
불안한 잉태,
말라버린 젖줄기의
터져 나오는 울음소리,
그 서글픔이 세상을 이룰만 해도
깜깜한 구석
맞은편에선 보이지 않을 테지.

지척도 분별하지 못하는
언제까지나 원시의 뜨락이라 하자
어리석기만 한 귀는
깊음 속에 묻고,
안경 너머로 물러앉은
점바치의 불신(不信)한 이랑,
조약돌이 깔려
충실히 떨어진 열매를 뭉갠다
은밀한 눈이 있어도
벽 아래 숨겨두고.

간간히 부딪치는
벽의 짠 바람,
지름길을 찾아
바다는 상륙한다
산과 들을 건너
강으로 오지 않고
가까운 언덕
남산에 오른 이민선(移民船).
이역만리
다시 흙을 파야 할 장지(葬地),
십리도 못가서 발병 날 바닷길
민요(民謠)는 비로소 배 속에서 발생한다.

바닷바람에 풍화(風化)하는 마을
마을은 평지가 되고

물속에 잠긴 공원,
흩어졌던 가족들은 제가끔
뗏목과 삿대를 찾아들고
은은한 물속의
종소리에 화답하는
옛집을 찾는다.
잠깐 멈추어 서서
경이(驚異)가 되려고도 하지 않고
항구의 때는 지나간다.
그 곁을
짠물을 먹는 불만의 그림이
돛을 달고
노인의 무덤이 뒤다른다.

새 물감을 풀어
공원의 지붕을 색칠하는 자 누군가
도시를 칠하며 지나는
저 손은 어디서 왔는가.
뜻의 난간(欄干)을 잃고
무화(無化)하는 세계로 스러지는
공원,
파고다는
저녁이면 어두운 빛을 타고
허술한 행리(行李)나마 수습하여
임의(任意)의 그림을 따라
떠날 차비에 바쁘다.

3.

산조(散調)

서(序)를 대신하여

우리의 70년대는 그 출발점이 으스스했고 복잡함을 드러낼 듯 미묘함을 잔뜩 품고 있었다. 50년대 말에 시작하여 세 번째 작품집이 되는 이 『산조』라는 시집도 말하자면 그런 상황을 안고 태어난 셈이다.

애초엔 이 시집은 한국시인협회 계획 간행물로 탄생되었고 이 후 13년간을 나는 작품집 하나 마련하지 못했다. 이런 점으로 미루어 생각하면 어떤 절박함 같은 것이 약간은 거기 깃들여 있음을 짐작할 수 있는 일이다.

『산조』는 민속음악에서 느렸던 것이 급한 호흡을 얻어 휘몰이로 끝마치게 되어 있고, 처절한 애수가 또한 깃들여 있음을 뜻한다. 이미 60년대에 이 같은 가락의 맥락을 짚어 보았으면 하고 내 나름의 욕심이나마 추적해 보려는 의지의 일단으로써 그런 제명을 붙였던 듯싶다.

그 이후에 상재한 시집에서 연시(戀詩)로써 그 극복의 단계를 마련코자 했지만, 어느 정도 성공을 거두었는지는 후일을 기다릴 수밖에 없다. 그러나 이미 그런 가락에 눈길을 보냈던 내 나름의 생각, 내 나름의 질문과 명명이 그런대로 시사하는 바가 컸었다고 생각한다.

누가 무엇이라 하든 이미 지나온 시대에 대한 내 나름의 자국이라 여겨 초판본 그대로 선을 보이기로 했다.

끝으로 이 시선을 위해 노력하는 미래문화사의 제위께 깊은 감사의 뜻을 전한다.

병인년이 저물 무렵 저자

꿈

등을 적시는
열(熱)에 의한 꿈
푸른 밤 속의 주검

시간과 공간 속에서도
말끔할 수 있었던
나의 육신

음계를 찾아 나서듯
층계에서
더러는 허공에서
비약도 한다지만

널빤지로 건너는 심연의
모두가 감격하는 앞에서
노래와 더불어 시작한
무모한 여행

꽃으로 살아온 여자의
신기한 기억과 함께
원경(遠景)의 세월처럼
허송해버린 나의 과거

과거의 황량한 숲엔

간간이 도깨비들이 떠올라
엉뚱한 그림자를 남기고

때로는 부드러운 그늘 속 같이
순수한 것도 생각게 하는
평범한 체중

밤 속의 주검 같은
열에 의한 나의 꿈.

선경(仙境)의 나무

털어버릴 수 없었던 간밤의
끈질긴 안개 속을
헤매다 지쳐서
아침 햇살과 더불어
청순한 대지 위
스스로 낭비하는 빛으로 번지는 나무

죽어가는 형체에서
봄은 그 신비의 가지 끝에
절대(絶對)한 힘으로
피할 길 없는 생명을 일으키고

가사(假死)의 사슬을 끊는
나의 조그만 손도
투명한 광명의
최초의 자리로 되돌아가
거대한 대기 속에 흡수된다.

절연(絶緣)의 계절

거리를 가로질러
병든 입사귀가 굴러가듯
가을의 황량한 수풀과
나의 선한 시간은
벌레 먹은 잎새 사이로 흘러간다

바람과 더불어
새로운 매장(埋葬)의 골짜기에 멎은
멀고 앙상한 숲
어슴푸레한 시각
누리는 황폐가 시작되어
생명은 보이지 않는다

겨울과
나의 음울함 도시는
안안(安眼)과 망각
그 감미로운 절연의 계절에
깊은 화평의 꿈 속으로
잠들어 있다.

합죽선

좀 낡았기야 하지만
나의 부채는
영원한 매력 같은
순수한 동물이며
웃는 바위이며
일렁이는 파도

끝없이
서늘하고 깊은 곳이었다가
어둠을 날리는 차디찬 바닥으로
사나운 번개가 되어
구름과 숲의 음악도 되었지만

올 여름에는
몇 년 전에 맞춘 옷이거나
겨울에나 시도할 계획
오히려 나의 언제나의 약속이며
나의 죽은 자식이다

아니, 나의 아내이며
옹졸한 통 속을
벌레처럼 목욕하는
나의 육신
우리 집 안의 오랜 가보

속속들이 빛으로 닦은 과일이
나무 밑에 붙어서
산들바람이나 잡아먹는
꿈 없는 잠 속의
굶주린 상자(箱子).

모닝커피

뚜렷하지 못한 새벽으로
사라져간 사람들처럼
피할 길 없는 암흑의
안개를 들이킨다

처음으로 아침이 열릴 때
세계는 화창했지만
찬바람이 진창을 깊게 하고
뼛속까지 허물 때
생활은 더욱 고단해 갔다

검은 연기로도 꽃을 바라는
어두운 숲 속의 나그네
아침 일찍 지옥을 다둬보면
나는 가득 채워진
한 잔의 찻잔으로 남고

새벽은
솟는 것이 아니라
녹아 떨어진 검은 연기의
깊이로써 살아오른다.

전생(轉生)

하늘만큼이나 한 열매의
나무에 다가설 때
위대한 발견자가 되지만
나는 어디에 있는가

디딜 수 없는 마당으로
떨어져 내리는 내용(內容)
창조(創造)와 더불어 숨겨가서
나의 무덤은 어디에 있는가

다시 조그만 죽음이었던 내가
동요(動搖) 가운데 앉아
무관심했던 주인을 찾을 때
메아리처럼 보였던 숨결

나의 피
나의 소생(蘇生)은
어디에 있는가

바람을 등지고
바람과 함께 이야기하며
바람을 부둥켜안고
다시 태어날 나의 뜻은
또 어디에 있는가.

삼월

비로소 내 눈에도 보인다
기나긴 형벌의 물결
침묵 끝에 출렁이던 거리
엿볼 수 없던 곳이

새 옷 다려 입고
바람 속을 달리며
가슴 헤쳐 땀 흘리던
사랑의 외침

끝없는 하늘로 숨어버린 움직임
지금서도 그때의 가난했던 사람을
그러나 즐거움을 아는 이들을
그 자리에서 가끔 만난다

지는 꽃도 되잡아 놓는 공원의 비명(碑銘)
저녁이면 남몰래 담 밑에 붙어 앉아
옛날의 남은 말을 찾기야 하지만
지금은 좀처럼 믿을 수가 없다

달랠 수 없는 마음처럼
숨 막히던 언어의 절정
어느 삼월의 깃발.

등반(登攀)

어릴 적부터 떨어져 나와
한 번도 만족하지 못한
사랑이 없는 어머니의
빈 젖가슴을 걷는 언덕

춤추듯 맹목(盲目)의 원을 그리며
어리석은 고개만 치켜올려
동경(憧憬)의 꼭대기에
세계를 올려놓고

좀체 열리지 않는
기쁨의 샘에서
넘치도록 퍼 담는
허탈한 습성

눈길을 헤치며
봉우리를 딛는
나의 순수한
방종(放縱)의 의지.

오월

낯선 정원이라도 좋아
만일 당신이 울타리를 싫어한다면
저만치 떨어져
짙푸른 계절의 신부를 세우고
두 사람만이라도 지날 틈을 만들자

아무렇게나 누운 채
구름과 바람이 산(山)속에 섞이듯
바다와 함께 하나인 하늘에
머리카락을 적시며
그 틈새의 닿을 수 없는 낭떠러지로
떨어져 내리자

아무리 깊은 곳일지라도
머리만은 반듯이 들어
은밀한 계절의 반짝임을
끝없는 노래로 들어보자

나무의 가락을 듣노라면
부신 하늘가
어린 시절의 평화가
철없는 신부의 웃음으로 되살아나
계절의 복판에도
새로 시작하는 나의 어리석은 길은 있다.

뜨거운 계절의

드높은 팔월의 빛언덕
뭉쳐 떨어지는 환호들
뜨거운 계절의 복판에
영글어 터지는 씨앗들

함성이 오르듯
더 진한 피가 흐르고
바람을 품은 강산엔
비밀의 문이 열린다

검은 창살의 때도 지나
침묵 속에 살면서
죽어 소생하는 꽃불의
선명한 대낮을 기리다가

부르튼 입술로
매혹의 노래를 부르고
터진 피의 손가락으로 파던.

영원의 고향

밧줄로 다듬은 사랑의 시련
오직 고통으로 숨쉬며
사랑으로 뭉치던
희생의 들녘

민족이 끝나고
아름다운 것도 시들어
무덤 속에서 들려오는
넋들의 무거운 발소리

친구들이여
오늘 한낮의 빛 속을
희미하게 지나가는 그때의
뜨거웠던 그림자를 보는가

옛날의 친구들아
다시는 오지 않을 해후의 꽃
저 머무르지 않는 뜨거운 역사 속에
기나긴 사슬로 묶인 씨앗을 보는가.

산(山)

눈 깜박할 사이
눈보라를 헤치며
얼어붙은 바람을 뚫고 겨울 산에 이르면
그 많은 날들이 넘쳐 흐르는
시간을 느낄 수 있다

오랜 세월을 두고 오르는 비탈길에
나는 항상 잠겨 있을 뿐
회복되어 가는 환자처럼
비틀거리는 감정으로도
생명의 숨소리를 들을 수 있다

사방이 찢기워 나간 꼭대기에 엎디면
산은 가라앉아
광휘(光輝)의 한복판에
유리항아리 같은 엷은 세계가
빛깔로 튕겨져 나감을 볼 수 있다

흘러 넘치는 시간
샘솟듯 고요로운 음향
펼쳐 떨어지는 빛깔들
모든 것이 고여 부딪는 나의 절벽
나의 기슭에 쉼없는 맑은 물줄기가
바다로 고임을 알 수 있다

산에 오르면
한 마리 작은 새로 산속에 갇히고
산에 엎디면
폭풍의 한쪽 날개로
나는 산에 잠든다.

미로(迷路)

무한의 강과 달(月)의
공중을 날면서
생명의 끄나풀을 풀고
쉼없이 뛰닫는 이가 있었다

아브라함의 대지를 떠나
닐 암스트롱의 정원을 바라보면서
에드윈 올드린의 산책로에서
영원을 달리고들 있었다

먼지 낀 아폴로의 태양을 향하여
고요의 바다 건너
운석의 하늘 사이로
탄생의 땅을 얻기 위하여
세 개의 등불은 반짝이고 있었다

로벨과 헤이스, 그리고 스와이거트
이들 공간의 승자들은
거대한 인간의 정신을 안고
오히려 미로에 도전하는 것이다

마음과 육체의 중간쯤
인간과 자연의 갈림길도 지나
닿을 길 없는 심연을 헤치며

불가해한 안개를 머금고
신비의 닻으로 돌아오는 것이다

시간과 생명의 조각을
허공에 뿌리면서
아픈 기억의 흔적을 밟고
격렬한 꿈의 완성자이기 위해
의지의 다리를 놓는 것이다.

인고의 오랜 창을 닦으면
얼룩진 얼굴에 가쁜 숨결
마지막 내의를 갈아입으며
우리가 태어난 마을을 향하여
소리쳐 돌아오는 것이다

굽이치는 거리의 길손이 되고
낡은 오두막을 손질하기 위해
그 조그만 방주에 기대어
허공의 미아들은 돌아오는 것이다
위대한 인류의 개선자로.

낮도깨비

꼭 밤중이 아니라도
죽은 자를 만나는가

잠근 문이 스스로 열리고
팔다리가 저절로 떨어져 나가는 것도
내 길을 정처없이 가기 때문이지만
텅 빈 산을 혼자 떠돌다가
한 그루 나무도 서지 않은 골짝에 이르면
하늘엔 석공(石工)의
돌 다루는 소리

앞으로는
붉고 푸르뒹뒹한 희한한 꽃불
발자국만 다가서는
눈길의 낮도깨비

저것도 분명
대낮에 죽은
나의 모습이 아닌가.

출발

거품 속 같은
유희가 아니라
나의 출발이었다

바람이 부는 날은
증기탕 앞의 벌거숭이로
쓰러져 뒹굴다가
외발로 회오리의 계단을 딛고
하늘의 빛살도 스미는
회의의 옷을 짜거나

더욱 축축한 날
내 눈알엔 깊은 계곡과
둔덕이 따로 있어
별밭을 이고
잔나비의 장난을 보일 테지만

목구멍까지 차오르는
무거운 바다가 돌아온다면
즐겨 문을 밀고 나가
거꾸로 서서
세찬 뿌리의 불길을 뿜으리다

그것은 움직임이 아니라

거울 속 같은
환한 내 그림자
치마 속 같은
어두움이겠지.

일기

장갑을 벗어 들면
떨어져 내리는 재(灰)
스스로를 잃기 시작하는
이른 아침의 버스 속

찢어진 날개를 묶어
목덜미에 붙이고
어설픈 이성을 생각하는
오전의 사무실

수초에 엉긴 무릎
층계를 비틀대며
굽은 등으로 국수를 말아올리는
정오의 식당

바람 뒤에 숨어서
한 마디 남은 말을 깨우치며
부드러운 마음이고자 하는
하오의 대폿집

거대한 그림자로
싸늘하게 드러누운
관 속의 어진 비둘기
밤 열두시의 어둠.

생명

바늘귀로 솟는
무변(無邊)의 하늘

사랑으로 시작하여
무형의 손길로 다스리는
당신의 영험한 빛 속

넘쳐흐르는 세상인 줄
물결과도 같이 출렁대다가
원수(怨讐)와 더불어 헤어가는
원대한 여행

오늘은 위대했던
그러나 이미 붕괴된
기억의 샘에서
인간의 힘을 빼앗기고

끝없는 실로 풀려나듯
단 한 번의 교섭(交涉)으로
바람에 날린 길을 간다.

손

나의 가까운 친척이언만
죽은 다음처럼
머뭇거리며 멈추어 선
시간의 작은 손

눈 깜박할 사이
완결된 세계 속에서
영원의 실마리를 끌어내려는
유희의 길잡이

똑같은 시각에
휘황한 옷을 정돈하고
관 속에 반듯이 누운
아득한 생명

멀고 또 가까운 세월의 변두리에서
사물 안에만 자리하여
당황하는 나의
부끄러운 손.

소나기

신비스런 위기처럼
기적이 없던 곳을
내부의 힘으로
비가 내린다

나아갈 길 없는 바닥에
우산처럼 펼쳐진 꽃
나의 바다, 나의 시간
미지의 수풀에 세워진 무덤

그것은 나의 닫혀진 인생
감추어진 젊음
어쩌면 나를 닮은 전쟁이거나
사랑의 기도인지 모른다

건강과 함께
되풀이할 수 없는 현실
나의 끄트머리
나의 소나기.

동행(同行)

낙동(洛東)에선가
하단(下端)에선가
갈대밭 속에서
동행은 알몸이 되어
강 속으로 빠져들었다.

두려우선가
따가우선가
돌아오는 길엔
정자(亭子)로 하늘을 받치고
처녀애의 과원(果園)에 앉아
은밀한 과실에 얼굴을 묻었을 때
하이얀 알몸을 부르는
갈밭의 소리

그날 이후
거리에서 본 동행은
별로 단정한 차림도 아니었고

오늘은 철저한 알몸으로
찻잔 속에 함께 들어
짙은 하늘빛 바다의
순수한 화신(化身)으로
가라앉고 있었다.

방문(訪門)

내가 찾는 겨울날의
햇볕을 밟고
꺼져드는 문을 밀면
당신과 마주한 자리 위로
몇 가닥 허깨비를 볼 수 있다

헛가지로 걸린 등 뒤
떨어지는 잎사귀처럼
술상이 내려지고
우리는 창문께로
자리를 바꾼다

그동안의 많은
이승과 저승
높고 은밀한 이야기는
한 마리 작은 새로
잠에서 깨었다가

죽어서도 살아가는
돌부처님 같은
작은 모습으로 앉고
나는 허깨비로 스러져 간다.

결실

끊임없이 타오르는 꽃불의
끝가지에 뻗는 뿌리
불타 죽었던 옛날의
그 많은 잎들은 살아나고

그늘을 가질 수 없는
단 한 그루의 나무가
연약한 빛의 목숨으로
열매를 찾아 나섰을 때

평화롭게 타들어 가는 꽃의 눈(眼)
젖은 날개로 돌아와 앉은 시간
가지 끝에 매달리는 짐승의 체온
정상으로만 몰려드는 음향들

그 많은 체중을 지탱할 수 없을 때
나무는 한 톨의 씨앗으로 뭉쳤다가
다시 피어나는 무덤으로 준비되고
한 가닥 바람의 그늘로 꺼져 간다.

밤의 낚시터

꿈에서 깨어나
밤의 깃 속
순수한 물가에 앉는다

이슬 맺힌 유리창
물속을 헤집는
망각의 손

잠시 고향이 보이고
안개를 따라 나르는
모든 생활들

산정(山頂)이라든가 심해의
내부로 파고드는
나그네의 다른 곳
그 절대한 고독.

우리를 죽이는 일

지금 내가 할 일은
보이지 않는 것을 찾아내고
들리지 않는 것을 나타내는
미지의 일들이다

가족을 잃고 친지로부터 추방된 다음
모든 일상에서 벗어나
아주 조그만 상처에서 돋는 귀로
미지의 소리를 알아내는 일이다

바다의 폭넓은 품에서
산기슭의 심장 가까이서
어떠한 정신도 부수어 버릴
화염 같은 것을 캐는 일이다

지금 내게 남은 일이란
스스로를 고독하게 죽이지 않고
천이고 만의 공포를 없애듯
우리를 죽이는 일이다.

시인의 죽음

시인의 둘레를 돌아
사물들의 어깨로부터
온갖 힘을 빼앗는
마음 괴로운 꽃은 올라

꽃은 어둠이 다할 때
두꺼운 의상을 찢고
얼어붙은 세계를 풀어내는
새벽의 위대한 힘으로 빛난다

동이 틀 무렵
시인의 집 문이 열리면
그는 주체스런 신발을 벗어둔 채
길을 떠나고 있었다.

고백 · 2

비바람이 깨운
밤의 검은 창으로
나의 울음소리는 번져간다

밤이면 찾아드는 끝없는 소리
창살은 휘어져서
얼마쯤의 소망도 달아나고

커다란 침묵 속에
벽이 된 공간으로
나의 시체는 떠 간다

새벽이 될 때까지
나는 겁먹은 외톨이가 되었다가
가까스로 아버지의 아들이 되어온다.

기도(祈禱)

당신의 뜻대로
모든 것은 이루어지이다

모든 것이 생성했듯
나와 더불어 이루어지고

모든 것이 소멸해 가듯
하나같이 이루어지며

그 모든 것이 그렇게
모든 것으로 이루어지이다

그러나 모든 것이
아, 모든 것은 이루어지고 마나이까.

고독한 자의 물

구름이 떠가듯
샘이 없는 고도를
목을 태우며 걷는
뜨거운 길
한 방울의 물을 찾아
우리는 항상 바다를 건너고 있다

물은 인간이 잠든
어두운 밤에만 흐르지만
바다 속에도 구름 속에도
바람 속에도 그늘 속에도 찾을 수는 없었다

물은 언제나 지평선 끝에
나의 시원했던 고향에
어제의 고달픈 꿈 속에
슬픔과 기쁨의 음악으로만 녹아 있을 뿐

어느 산야에도
하얀 것 속에도
푸른 것 속에도
만발한 속에도 물은 있지 않았고

모두가 떠다니며 찾아도
현명하지 못하기에
진정 암야를 모르기에
끝내 완쾌하지도 않기에
물이 솟는 땅을 찾을 수가 없었다.

전야(前夜)

광막한 세계 속에
모든 것은 혼돈하여
뒤얽힘만 살아 있을 뿐

계기도 없는
그 답답함 속에
반죽과도 같은 깊음만이
안개와도 같은 엷음만이 엎드려

형체와 그림자가 나뉘기 전
영원히 지속할 장벽 위로
소리도 빛깔도 아닌
순수한 것이 돋아나
그 많은 시간을 밀어젖히며
바람으로 피어났다

바람은 맑았고
먼 옛적부터 순수했으나
황량한 풍경에 갇혀
무심한 하늘만 쌓였고

모든 것을 풀어 식히고
모든 것을 뜨겁게 하는
은밀한 손길이
모두를 일어나게 하였다.

미지(味知)의 노래

연방 사라져 갔다가
되살아 오는 이가 있었다

나를 사랑하는 자
홀로 나를 슬퍼하고
바람의 갈밭을 누비듯
나의 뼛속을 가는 이가 있었다

모든 것이 끝나는 곳에서
멋지 않고 달리는 자
죽음의 구름길도 되돌려
먼저 간 친구를 불러주는 이가 있었다

풍부한 씨앗들을 안고
두 손 가득히 채운
무거운 끄나풀을 풀어
괴로움의 밭을 헤치는 이가 있었다

얼어붙은 침묵의 창을 닦아
사랑의 호소를 하는 이가 있었다.

어느 날

처음으로 나무를 보았을 때
우주는 자라나고 있었으며

거대한 나무가 쓰러진 다음 날
비로소 세계가 둥글다는 걸 알았다

억겁의 신비를 좇아
우주가 텅 비던 날

그날은 비가 내리고
우리는 모두 우산을 펼쳐 든다

조그만 우산 속의 세계
하늘은 제자리에 머물고

우리는 쓰러진 나무를 타고
멀리 우주 밖으로 달아난다.

4.

복사꽃제(祭)

책머리에

시집을 갖지 못했던 지난 13년, 나는 이 기간 가장 참담한 것에 몸을 붙이고 있었다. 뿐 아니라 정신마저 황량한 데 던져두고 있었던 듯싶다. 실제로 나는 무엇을 해야 할지, 또 어떻게 살아야 하는지를 잊고 있은 듯하다.

고통이라든가 쓰라림에 몸과 마음을 맡기고 뉘우침이나 몸부림 같은 것, 헤침 같은 것을 몰랐다고 하면 이는 분명 살아 있음이 아니었을 것이다. 그러나 그마저도 지금에 와서는 그런 대로의 의미를 갖게 된 것 같다. 왜냐하면 1970년의 시집 『산조(散調)』로부터 오늘 이 시집을 갖기까지의 내 변모는 어쩌면 침체의 늪에서 나를 건져 올리는 한 작업이 될 수 있겠기 때문이다.

내게 있어서 매우 중요한 의미를 지니는 이 『복사꽃제(祭)』는 세 번째의 시집이긴 하지만 작품집으로는 네 번째가 된다.

여태와는 달리 보다 서정적인 데에 바탕하여 사랑을 통한 자기구원을 꾀하면서, 시의 구조적 측면과 언어 및 율격을 재조명해 보고 싶은 나름의 노력이 여기 깃들고 있음을 밝힌다.

몇몇 다른 의미도 더 포괄시킬 수 있겠지만 우선은 소정양식을 빌어 사고의 분열로부터 다소나마 자신을 지키겠다는 뜻, 말하자면 시적 본연의 생태를 통하여 진솔과 윤기를 더하고 자아(自我)및 대아(對我)의 관계를 정립하여 감동의 세계로 이르는 길을 찾아보자는 것이다. 이는 내 자신에게로 돌아서는 바로 그 몫이라 믿기 때문이다.

이러한 철저한 시도의 제1부와, 그에 준하는 주변적 상황의 제2부 및 나를 에워싼 이웃과의 관계를 살피는 제3부로 나눈 것도 다 그러한 연유에 근거한 것이다. 끝으로 이 시집을 위하여 여러모로 힘써주신 분들께 심심한 뜻을 올린다.

1984년 4월 萊山軒에서

아침의 역사(役事)

손도 씻지 못한
이른 새벽을
거푸 두 잔의 홍차로 일으키며
바하가 드러내는
높은 음계의 어깨를 딛고
그대 집 가까운
첨탑(尖塔)의 동네로 간다

어떤 길을 걸어도 좋다는
내 하느님,
그러나 살얼음 낀 수렁은 돌아
넓은 잔등까지 손을 뻗으면
내 한 몸으로 그치지 않을
매섭고 독한 바람의
칼질로 나를 바수어대는
조그만 여자를 만나게 된다

뾰족탑이 눈 아래로 보이는
언덕의 허리께쯤
눈인사 다음 손 붙들음과
두려움 없는 입맞춤으로
나의 하느님께 매달릴 수 있다

두 잔째의 뜨거운 물로 밝히는

새벽의 내 역사(役事)
마알갛게 우러난 찻물 속에
온몸을 적시고
레몬조각을 비집고 돌아서는
그대의 손흔듦

아침은 금방 한낮으로 풀려난다.

강남동(江南洞)에서

강을 사이에 하고
우린 남과 북으로 나뉘었다
몸 풀 곳 하나 없는
환한 둑을 타고 내리며
쓰잘 데 없는 도토리의
키 재기도 즐거워하기만 했다

처음으로 내가
강을 거스르는 법을 알아냈을 때
당신은 몰래 노를 저어
내 집 문밖의
깊고 어둔 골목을 쓸어내었고

다시 당신이 강을 쫓아
한적한 곳의 하구로 몸을 숨길 무렵
나는 강을 헤엄쳐
당신 집 가까운 채마밭의
흙을 쓰다듬으며
잡초를 뽑고 있었다

푸푸한 싹만 솟기를 바라는
밭갈이의 여자여
당신은 벌레처럼 기어오르는
달빛을 훔치고 어둠도 마구 가르며

맨살의 내 멍든 자국을
마음으로 달릴 수 있겠던가

일어섰다간 주저앉고
쓰러졌다간 또 일어서는
죽음과 부활의 강을
그대 여인이여
외로움 하나로 비춰주는
몸살로 당신은 받아낼 수 있겠던가.

다리

서강이나 샛강
낚싯대 드리우던
옛물은 바다로 빠지고
턱 밑까지 구정물 차오르는 수렁을
설움의 긴 강으로 너는 흐르고
나는 뉘우침 없는 다리로 걸리기로 한다

한강 2교였던 것이
대교와 3교
다시 성산교로 바꾸면서
거듭 절망하는 다리로 서야 한다

애초엔 나들잇길의 문이었던
지금은 버젓한 깃발을 단
601호 버스
대한문 앞 돌담 밑을 돌아
가슴 다독일 네 영혼의
머나먼 장정(長征)으로 길을 펴나간다

눈보라에 찢긴 가로수를 헤며
살곶이 다리에서 마포강을 따르다 보면
생명의 안팎도 뒤집어 보이는
드센 바람, 바람 따라
강변로는 어느덧 안개 이슥한

이승의 끝동네에 가 닿는다

찻집엘 들러
몇 모금의 찬물로 목은 축이지만
으레 어깨 부비고 피 섞는
차 속의 통곡,
목마름은 끝내
시린 손으로 나를 돌쳐서게 한다.

분홍빛 소묘

환영(幻影)이었다
분명 한 묶음의 꽃이라 해도
결 좋은 바람, 햇살 같은 것
그것은 오직 빛깔뿐이었다

초점을 잃고
무릎 꿇게 하는,
눈부심 속에 던져져
악한(惡寒)으로 침몰케 하는
아, 나는 실진자(失眞者)였다

내게 준 모든 것
소나기며 폭포 같은 것
지난 시간의 방황으로부터 훑어낸
빛 고운 다발

그대 던짐의 빛그물에 엉겨
올려지는 한 마리 물고기,
그런 눈으로 세상 쳐다보는
오, 홍수의 분홍빛이여.

이산여정(梨山旅情)

어제는
'고향초(故鄕草)'의 가락 쫓아
벼랑을 탔고
오늘은
안개 속에 몸을 일으켜
새벽물로 내린다

이른 잠의 눈썹에 매달린
경관(景觀), 몇 가닥 억새풀의
손짓에 밀려
벽(壁)의 길을 달린다

세간(世間)은 어딜까
비탈을 마냥 구르면
어디에 가닿는가
거기 두고 온 여자는 또 어디쯤

어제의 노랫소리는
좁은 낭떠러지의 허리를 딛고
구름으로 번져가고
돌덩이 하나
나뭇잎으로 떠내려간다.

김포 가는 길

몇 그루 미루나무가 줄지어 선
흙탕의 들길을
나는 뛰고 있다

빤히 건너다보이는
들판 속의 한길을,
그러나 네가 사는 고개턱은
온몸 숨막힘에 두어도
뛰닫고 싶었던 게다

봄이 오고
다시 저물어가는
세월의 저림마저 물리고
눈 감아도 뚫어나갈
그 길을 마냥 달리는 게다

연신 기침을 해대며
몇 가닥 검부러기를 붙잡고
발붙일 곳 별반 없는
허기진 너를 찾아
이 들녘의 황량(荒涼)을 끌고
즐겨 나는 쏴다니는 게다

늘 젖어 있으나

오늘만은 깨어 있는 정신으로
김포 빠지는 길을
겁 없이 뛰는 게다
언제건 되살아날 기억 하나로

뛰면서 생각한 일은
산 채로 묻혀도 좋을 단간방
문을 활짝 열어젖히고
너의 손목을 낚아챌
하지만 아직은 보이질 않구나.

정월 보름에

아무도 없었지

보름 가까운 음력 정월의
아직은 찬 겨울밤을,
공항의 철책 너머 골목길은
안개의 폭풍으로 빨려들고 있었지
휘영청한 달과 놀이의 쥐불도
백열등으로 매달려버린
허공의 길 한가운데서
숫제 얼굴을 묻고
난 덤벼들었었지

아무도 없기에
외려 걸어갈 수가 있는,
밤차들이 그림자를 찢어놓고
온통 몸살 같은 것만 퍼부어대던
꺾인 골목의 어귀에서
마지막 단추마저 뜯어내며

된통 너는 앓고 있었지
누구하나 보이지 않는
공중의 길을,
아무하고나 함께 할 수 없는
몸부림으로 치달으며
우린 또 흩어지고 있었지

누군가 오고 있기에.

한 줌의 흙으로

강 너머 금싸라기 땅
느긋한 정원의 한 귀퉁이
또는 석산(石山)의 모서리라도
뉘네, 사정사정해 보면
한 뼘쯤 얻을 수 있으련만

내 남은 삶
얼마 안 되는 것
햇볕 바른 데 뉘어놓고
엄청난 업과(業果)도 뭉뚱그려
작은 무덤으로 세워보련만

내가 태어난 그곳
너를 빚던 흙으로
묻혀 살길 빌면서
네가 불던 목관(木管) 찾아내어
목메는 가락으로 울어보았으면

내 다시 살 수 있다면
모든 부끄럼 끌러제치고
삭을수록 굳어지는,
빈 가슴 갈아 엎는
사랑의 싹으로 다져져
한 줌의 흙으로
더한 한(恨)도 쌓아보련만.

기도 · 2

강 건너 마을의
파람소릴 하던
여자를 만나면서
나는 걸음마를 배우고
무릎 접는 법도 익혔습니다

자유이고자 되레 얽매이는,
풋내음 가득한 가난의
한 여자를 사랑하면서부터
헤어지기 위하여
부지런케 함께 있길 원했습니다

더는 감당할 수 없는
슬픔의 궂은 늪에서
억센 머리칼 감아쥐고
더불어 멱감기도 했습니다

살곶이강(江)의 상류에 올라서는
달빛 껴안는 꿈도 저어보고
서해바다로 내려서는
시린 가슴 헤집기도 했습니다

나의 하느님이시여,
온몸으로 파람소리 내는

강 너머 마을의
한 여자를 보면서부터
당신 가슴의 바닥까지
자아올리는 버릇 또한 생겼습니다

오, 여자여
너를 사랑하기까지
혼자 나를 버려두지 마시고
죽음의 얕은 지혜 갖지 않게 합소서.

내 어찌 너를

겨우내 약봉지만 털어 뵈던 너의
구름밭을 타고
만덕(萬德) 고개 깊은 터널에서
내 비로소 비에 젖은
바다를 떠올렸다

스물 대여섯은 됨직한
시샘 많고 변덕 잦은
젊은 바다, 그 한가운데
허기진 나를 세운다 한들
내 어찌 너를 탓하랴

쉿소리만 내던 너의
길게 드러누운 길섶
한잠도 붙여보지 못한 눈으로
보이지 않게 떨군
동백꽃 이파리 주워
하루의 공복도 메꾸었다

잘 닦인 창 하나
찬 가슴으로 비바람 쓸며
울음소리 그득한 밤바다를
한 접시의 숭어회로 감아올린들
내 어찌 너를 탓할 수 있으랴.

살미를 지나며

빌었다
살미를 지나며

빨간 궁둥이만 내어민
구름 속
언 발을 녹이며
대추 한 톨로
고깔 쓴 미륵의 손을 얻어
빌 밖에는

한동안은
빈 밭에서
고춧대로 매운 불 일으켜
소출 없는 땅과
우리가 하지 못한 일들을
합장으로 거듭 세우다가

금세 눈으로 쏟아져 내릴
천정 올려다보며
돌산 어느 자락이든 붙들고
흰 낙엽의 향산(香山)나무 되어
온 세상 두루 살피다가

개울 저 건너

두고온 너에게 꼭 맞을
엉성한 비탈의
양지 바른 데
등 구부리고 앉아서
손 부비며
시린 너를 빌 밖에는.

편지쓰기

안부만으로는 성이 덜 차서
한 주일의 엿새쯤
헌 망태기를 꿰어차고
넝마주이를 한다

사랑하고 있노라
부지런히 쓸어담는 손은
목줄에 이어져 넉넉하지만
두레박으로 옮아앉는 것은 없다

누더기만 펄럭이는 저물녘
갈쿠리는 종내 볼 수 없는 날로
그대는 내 집 담을 넘는다
와서는 북받침의 내 손톱을 자르며
난장판을 벌인다

쉽게 돌아서는 그대의 아침
새 줄 잡기의 놀음을 원하는
엿새 또는 이레의
도리 없이 버림받을
내 젖은 꿈
이젠 말려야 할까부다

일찌감치 속차릴
한 양푼의 햇살 퍼담아
진흙의 그대 발자국
오늘은 말끔히
내 속에서 닦아야겠다.

굳은 손으로

조금씩
아주 조금씩
그리워하다가
드디어 서러운 자만이 갖는
그런 손으로 헤매어 다니다가

미친 돌개바람마저 발을 묶는
그리 멀지 않은 곳,
무릎 일으킬 힘도 없는 너겁으로
나를 세우게 된다

어느 날
문득 나는 빈손이고
길은 먼 데 있어
네가 내 곁이 아님을
내가 아무 의미 아님을
깨우치게 되어도

꼭 닫아건 창밖으로
마구 팔매질해대는 너를
지켜보고 있노라면
근심만 좇던 너의 열어젖힘 앞
난 또 신명을 다할 수 있다

조금씩
아주 조금씩
신명으로 그리워하다가
이내 사그라질 검정의
굳은 손으로나마
너를 빌고 있으마.

비 속에서

어제는 종일 비 속에 갇혔으나
아예 오늘은 젖기로 한다

아침이면 양식 걱정과 함께
내일의 내 저녁까지도 잊지 않던
당신의 어제
오늘은 절름거리다가 발을 벗고
내 앞에 쓰러졌고

몇 끼니쯤 찻잔으로 메워도
예사로울 수밖에 없는 일들을
그렇지, 얼마든 살아갈 수 있는
오직 하나인 그 길을
나도 절뚝이며 걷는다

다스려도 줄어들지 않는
긴 바짓가랑이를 추스르며
반은 더 죽음인 비 속을
젖을대로 달려본다

이미 다 해어져
속이 빈 신발의 끈을
한 끼의 저녁 요기로 동여매고
한 잔의 빗물에

속조차 적시고 있다

아예 젖기로 한 날은
여자여
적당한 보슬비가 아니어도
당신 남자의 이름으로
나를 흠뻑 적시기로 한다.

신발을 고르면서

쫓기다가도
되돌아설 수 있는
든든하게 발을 동여맬
너의 신발을 고르면서
얼마든 난 달아나리란 생각을 했다

날쌘 부리와 날갯죽지
먼지 하나 묻지 않을 높다란 굽
너의 두 발을 단단히 싸매어 줄
한 켤레의 운동화를

단 한 번 밖에는
주어지지 않을 기회 같은 것을
저물녘의 어둑살로 뭉개며
세차게 날 떠밀 수 있으리란
심술의 신발을 싸 들었다

너의 맨발을 틀어쥐자
내 손바닥은 숨찬 바람이었다
이빨을 악물고
될수록 단단히 끈을 조이면서
나로부터 멀찍이 달아나기를 바랐다

한 켤레의 신발로

나는 너를 좇고 있었다
다시 너를 새로 들어올리는,
너를 묻어놓을 강한 잔(盞)이기를
나는 바라고 있었다.

술래야

네가 떠나고 나면
무엇이 남을까

네 속에 들어앉아
편히 두 발을 뻗고
가슴 깊은 골을 파고 있는데
바람처럼 일어난 너는
술래잡기만 하구나

두루마기로 펼쳐놓은
귀 넓은 마당,
살피고 찾아도 미궁(迷宮)인
너는
신열만 옮기누나

살아 있는 자의 거리만큼
지독한 몸살로
아픔보다 더한 사랑을,
어떤 입맞춤으로도 구원될 수 없는
여기 나는 그대로 서 있노라

속의 속것 다 헤쳐놓고
바람으로 왔다가 쓰러져가는
두려움이여

소리치고 두드려도 술래로 숨는
비어 있음이여

돌아와 안겨라
돌아와 안겨라.

기다리며 · 1

수은등이 허리를 굽힌
내 기다림의 가로수에
흰 등허리를 걸고
시위를 얹는다

될수록 꼿꼿하게
발치만을 밝히는
분명한 불빛 아래
화살을 꽂고 겨냥을 한다

시위를 벗어나는 살,
한 바퀴 나의 둘레를 돌고나서
나와는 무관한 향방을 정한다

초록 잎새들이 눈을 번득이는
이른 봄밤의 하늘이 흔들리고
후미진 곳에서나 허리 펴는
내 기다림의 때가
화살에 찍혀 날아간다

어둠 저켠에선
돌이킬 수 없는 걸음이
돌아올 수 없는 것으로
잔뜩 기지개를 켜며
나를 안고 달린다.

그냥 그대로

아무도 없는 벌판을
쌩 쌩
너 혼자 바람소리로 달리고
깍지 낀 손가락 사이
눈물의 한바다가 떠올라도
그대로 살아라

네가 이미 알아 지켜왔던
이승의 기둥 몇 낱 쓰러지고
거듭 몇 목숨 동강나는
소낙비의 구정물이 목에 차와도
한 번 더 살아라

너의 말마따나
그만두어도 서운할 것 없다면
이왕지사 그럴 바엔
네가 없어 평안할 그 내일을
그냥 살아라

그렇게 살다 보면
마른 가지에 물기 올라
잘못 든 길도 주름 잡히는
나처럼의 어떤 날
마주하는 자리도 나설 법
살아라, 제발.

우리들의 하늘

바닥이 끝나면
벽이 오르고
그 끝의 끄트머리께
시간을 여닫는
문이 놓인다

문은
더는 흔들리지 않을 창의
조롱(鳥籠)으로 매달려
몰려가는 바람도 채울 수 있고

거기
사랑의 한없는 복사(複寫)와
우리의 자유를 위하여
하나 가득
그림자를 채운다

발을 모으고 손을 맞잡는,
입맞춤으로
다시는 흐트러지지 않을
줄기찬 몸짓에다
또 살아 있음의 증표(證票)를 한다

가지런하게

머리를 곧추세운
순백의 날개,
우리의 하늘 또한 넓기만 하다

항상 열려 있는 창
항상 열려 있는 조롱
항상 열려 있는 하늘과
그리고 여닫을 수 있는 시간

그 엄청난 삶의
새삼스런 규칙을 위하여
순종의 문은 여기 놓이게 되고
마음과 마음을 다하게 하는
환한 빛이 흐른다.

내 너를 만나러

빨간 벚단풍 한 잎으로
겨울 찬 바람을 안고
너를 만나러 갈 수 있구나

별반 서툴 것도 없는
그 비탈과 들을 질러
언제나 앞서 달리는,
담쟁이덩굴의 여러 발보다
더 잽싼 걸음으로
너를 찾아 나섰다

맞배지붕이 올려다보이는
물속 깊은 길을 열어
내 작은 비밀을 묻어둘
은밀한 곳,
너의 등 뒤로 빠지는
나의 초조로움도 찾아야겠다

뭍으로 기어오른 두 척의
배의 이물이 가리키는 등성이에 올라
겨울답잖은 햇살에 코를 묻고
돌릴 수 없는 문의(文義)마을의
옛길을 되돌리는 손,
손은 손과 어깨로 하여금

우릴 하나로 묶게 해주었다

그 손이 맞닿는
또 어깨가 부딪는 힘은
겨울을 엉뚱한 데서
꽃 피우게 하구나.

바람사설(辭說)

바람이라 하네
꽃잎을 스치는 옷깃도
체온 같은 것, 목례(目禮) 같은 것
발자국소리와 숨소리마저
바람, 바람이라고 하네

물결 밀어제치던,
밀리던 물살이 얼어붙은
저 호수의 한가운데
하얀 빗살켜까지도
한 바람의 가닥이라 하네

겨울 눈발 속
부신 햇살로 번쩍이는,
세상 소문 얻으려는
복숭아나무의 빨간 귀도
바람의 흔적이라 하네

새벽까치 두어 마리
낯선 울음만 보내어와도
내 탓의 바람,
바람 아닌 것들 모두
바람, 바람이라 하네, 그대는.

너의 이름을

나의 삶을 기억하기 위해
부지런히 너의 진실을 적어둔다
사랑과 미움
권태로움과 긴장
내가 가진 모든 것 속에
너의 이름을 밝혀둔다
그리고 구체적인 너의
죽음까지 확인하기 위하여
내 육신의 곳곳과
초월하는 것의 안팎에도
일일이
너의 이름을 새겨둔다.

당신을 당신에게 돌리기 위하여

가장 어두운 밤에
당신을 당신에게 돌리기 위해
물 한가운데서도
벽을 쌓게 합소서

사람들의 눈동자 사이
다시 세우는 당신이게
보다 깊은 곳까지
빛을 닿게 합소서

육신을 밀고 나서서
당신도 충분한 자유이게
가장 가벼운 것으로 기운
목숨의 정원을 걷게 합소서

그 숱한 세월 속
당신이 진정 당신이게끔
죽음보다 더한 나도 밟으시고
한껏 당신의 뜻을 채웁소서.

지금은

눈을 감으면
떠오른다
화가 난 듯한
짜증스런 얼굴이,
투정과 불평의
그리고 눈물과 변덕의
눈빛이 나를 흔들어 놓는다

들려 줄 길이 없다
후회도 하고 나무라지만
더할나위 없이 답답해지고
내처 찬물만 찾게 된다

너를 두고 온 것
용서를 빌고
이해도 구하고
할 수 없이 안타까울 뿐
더욱 사랑함이 소중한
깨달음의 좋은 때임을.

복사꽃제(祭)

묵은 잠을 일구는
밭은 숨소리가
말발굽으로 달린다
젖은 바닷바람과 함께

생애를 마감하고
거듭 시작을 보이는
매듭의 끝가지를 타고
꽃이 심한 기침을 해댄다

우리들의 마음보다 더 얕게
무릎으로 지쳐가는
바닷가 안개,
그 풋풋한 텃밭

한동안의 신기루(蜃氣樓)
어떤 불로도 지울 수 없는
빛의 한가운데
꽃은 튀어오른다

단숨의 재치로운 걸음으로
바다와 바람과 안개가
꽃을 밀어 올린다
복사꽃밭의 꽃을.

열이렛날의 새벽차(茶)

천둥과 함께 오는
성긴 빗방울 속에서도
모든 빗장을 거두고
열어젖힌 그리움으로
차(茶)를 대할 수 있고

굵은 가지만을 남긴
은행나무 한 그루가
성큼 내 곁으로 다가와
훤칠한 키를 보여주는
겨울 새벽녘에도
맑음 하나로 문을 닫아걸고
차와 함께 자리할 수 있다

이런 날은
아직도 서천(西天)에
열이렛날의 달이 차고
그 그림자 속에 부리를 감춘
다른 세월의 까치와 더불어
어둠 속에 혼자 남아
차를 만날 수 있다

얼어붙은 잔디밭께로 떨어진
맨발의 까치,

그 발자국에 고이는
순수의 물
먼 나라 숲에나 있을
다사로운 햇볕을 모아
새벽을 녹게 하고
길 틔움을 시작한다

돌아누워 마셔도 좋을
그러나 일어나
그득함으로 크게 넘치는
나이 든 사람의 울음,
이 한 모금의 물
드디어 나는 외로운 섬으로
고개를 들어
나의 근원(根源) 앞에 선다.

콜롬비아 커피

이른 새벽의
어둠을 걸러내는 한 잔의 차
짙은 빛깔의 콜롬비아 커피로
다시 하루를 맞는다

바다를 가로질러
높은 산맥의 저쪽 구릉,
칼브리의 바닷바람이
곧장 창 앞에 와 엎딘다

작은 단추로 꿰어맞춘
잠옷 속의 시신(屍身),
피 속으로 역류해 드는
보드라운 차 한 모금

더러는 묵은 시간과 덩달은 환영(幻影)이
아침을 끓게 하고
체온을 새롭게 한다
신선한 아침이 보인다.

미명(未明)의 차

어둠과 밝음의 어름
미명의 문을 닫아걸고
차를 끓인다

한 잔의 맑은 물을 위해
밤은 비를 내리고
안개는 또 길을 비킨다

수렁의 꿈을 지나
청명하게 돋는 새벽의 생명,
나는 거듭 일어나 앉는다

빈 찻잔에 담긴
진한 색깔의 그림자 하나
나는 놀라 문 뒤에 숨는다.

미포(尾浦) 가는 길

내 다시 어깨를 세우며
유년(幼年)의 그 뜨락을 지나
미포에 이르렀네

바다로 닿는
끝의 끄트머리께
든든한 기슭만 부여잡고
몇 마리의 가재와 함께
세찬 물줄기를 가르며
바다에 서 본다네

시간의 아득한 벼랑 아랜
물과 안개로만 채워진 골짜기
어린 날의 우렁쉥이와 성게들,
아직도 그 달이 거기 있는
미포로 향한다네

고운 모래로 둑을 쌓고
투명한 삶을 퍼 모으던
바다, 고향의 그 바다에
하나도 빚지지 않은 마음으로
다시 서 본다네.

수유(茱萸)꽃 필 때

누가 불을 지필까
내 청승의 새벽을 지키고 앉아
지극히 순종하는 자의
마지막 관뚜껑을 열어 보이듯
이리도 수선을 피울까

그럴 수밖에는,
맨 먼저 깨어나 가장 밝게
아니 더 없는 부드러움으로
가지마다 그늘을 매어달고
부지런의 큰 풍선을
키울 수밖에는

누가 이 찬 바람 앞에
노래의 요령을 달고 있나
시린 손을 담 너머로 옮겨
겨우내 뛰어온 숨찬 턱 밑에
빛의 또렷한 방울을
또 누가 흔들어대고 있나.

고백조(告白調)

난 언제나 그러했다
열두 살이나 열아홉에도
그리고 스물의 대여섯 때와
서른여덟쯤의 나이에도

서툴고 어리석은
엉뚱하고 되통스런 몸짓으로
별난 탈만 뒤집어쓰고
그저 그렇게 살아왔었다

몸집 큰 어린애의
푼수 모르는 어설픔,
남의 그림자나 밟으며
쉰 가까이 서툰 부지럼만 피우는
난 그렇게 살아왔었다

줄창 한길가에 나와 앉아
먼 산이나 치어다보는
머리의 희어짐,
뚫린 길도 곧잘 잃어버리는
어리석음과 함께
그렇게 살아왔었다

언제나 그러했듯

건성으로 옮아가는
내 길 한복판에
한껏 가슴 풀어제치고
먹은 것 다 쏟아놓는
갑작스런 시원함,
때론 그런 일도 있었다.

계단성당초(抄)

내 어릴 적의 집
몇 개의 돌층계를 헛디디고
어둔 길을 뚫어야
측간(厠間) 곁의 몸통을 다 비치던
두 그루 무화과나무 머리 떠올리며
다시 살아 돌아온 그대
어렴풋한 발자국 찾아
두 눈 닦고 씻으며
무릎으로 당신의 계단을 올려다봅니다.

예수(耶蘇)여
그대 벗은 발
피의 자국 헤며
내 키 몇 곱은 더 보태어야 할
골고다의 가 없는 데서부터
아래로 굴러내리던 이 땅
엄청난 몸무게를 비로소 다루며
거기 당신의 발치라 짐작되는 곳
오늘, 또 신발끈을 풀어 헤칩니다

온몸 무릎으로 받치고
한 아름의 꽃으로 배밀이하는
그대 가까이 뻗치는 중생들 속에서
예수여

내 가련도 동냥하노니
고향 집
예사스런 땅 된
묻힌 층계 어디쯤
아직 그대로 서 있는 나를
긍휼히 여깁소서.

베드로의 샘

신발을 끌고는
더 오를 수 없는 층계의
난간을 맨발로 미끄럼질 하면서
건너편 언덕 아래
깊고 아득한 계단을 타고
내려선다

옛날도 옛적
베드로의 환상이었고
우리들의 지혜인
어둠의 그 방,
벽으로 닫힌 문을 밀치고
능력의 샘을 찾아간다

퍼담을 그릇 하나 없이
한껏 감로수(甘露水)를 떠올려
등잔불로 밝히는
잊혀진 길
그 길을 따라
오늘 또 다른 여망을 본다.

버팀돌 하나

몇 방울의 증류수와도 같은
흔들거리며 매달려 있는 것
우리들 주위와
내부의 가장 견고한 관계

참 오랜만의,
진정한 친구 사이라면
몇 개의 술병쯤 가로누이고
그 한가운데를 몰고 나갈
힘도 생길 법

지금 바깥세상은 어떤가
흔들며 떨어져 오는 것
눈보라나 비는 아닌가
우리들의 순결에 세우는
한 개의 버팀돌.

마리아여

지극한 사랑의 여자
오, 어머니여
언제나 새로 시작하는 삶을
이젠 용서합시고
다시 태어남의 다리로
내 고달픔의 때를 잊게 합시오

즐겁고 아린 꿈
당신의 가슴으로 잠재웁시고
진정 내가 무언가
내 안에 살아 있어
나를 흔들어 봅시오

은밀한 귓속말이
나의 주인이 되는
당신의 꿈
꿈의 눈으로 사랑하게 하는
나의 세상
나로 하여금 보게 합시오

할 일이 얼마든
나를 젊게 두시옵고
더욱 가까이
내 곁에 있어서

나를 거두고
항상 자유이게 합시오

오, 지극한 사랑이여
여자여, 어머니여
나보다 키 낮추어
내 안에 머뭅소서.

아침 식단(食單)

빵 한 조각에 계란 한 톨,
덩그렇게 고양이가 세워 올린
허리뼈의 식탁에 앉아
때아닌 소나기로 목을 축인다

한낮이야 어디로 뻗쳤건
감미로왔던 날의 시원함
이상스런 감동과
냉기 서리는 풀밭으로
우리를 출발시키는 일

산과 짐승들의 늦잠을 피해
몰래 뜯어온 엊저녁의 구름조각
두 발굽에다 수선스럼 달고
오늘만의 아침을 즐길 수 있다

한 끼도 거르지 않고 굴리는
내 삶의 바퀴
내심(內心)의 불을 지피는
아침 식탁 앞에
무한의 식단을 꾸려본다.

꽃잎의 춤

꽃잎이 걷는다
제가끔의 작은 깃털을 일으켜
층계를 밟듯
채색된 지붕을 날은다

따갑게 달아오른
둥지를 뛰어내려
어린 뿌리로도 감당할 수 있는
그럴싸한 충격의 춤을 춘다

철마다 다른 모자를 갈아쓰고
활짝 문을 연 마당의
꽃밭 저 너머
약속된 건강을 찾아나선다

하나씩
한 꺼풀씩
옮겨 쌓는 삶
허탈을 지워나가는 고깔 쓰고
꽃잎은 춤을 춘다.

대둔산 근처

마흔 몇 번째의
겨울을 보내고
때아닌 진눈깨비가 쏟아지던
그 다음 다음 다음날,
나날이 깊어가는 골짝을 따라
다시 너를 찾아나선다

살아 있는 자의 훈계 앞에서
되물릴 수 없던 너,
억센 손톱으로만 살아남은
옛날의 너는 지금
무엇을 생각하고 있는가

인간의 가슴 한복판
내가 겨냥하던 그 표적,
스스로를 접어 뉘던 그날의 산도
이젠 머쓱한 바다의
아침 햇살로 매달려 있고

가랑잎이 뿌리로 변하고
흩어진 가지가 다시 일으키는
이 충격의 벼랑에
아직도 차가운 바람은
그때의 폭풍으로 들레고 있다.

내가 동반했던 것은

새벽인지도 몰라
그리고 매듭의 다른 끝인지도 몰라
반짝이다가 스러지는
단 한 번뿐인 그것은

지나치도록 모자라며
때로는 넘치도록 가득한
내 생애의 불성실
인연의 한 자락인 그 끄트머리

나의 생활이었고 방편이었으며
또 어쩔 수 없는 난간이었던
그것은 살아있음의
단 하나뿐인 소유(所有)

끝간 데 없는 층계인지도 몰라
한때의 왕성한 식욕
혹은 꿈속의 투명한 사물
내가 동반했던
그것은.

아내의 치마

허망스런 여자의 치마로
나는 걸려 있다
천장의 한 귀퉁이
큼직한 벽면의 그림자로 펴져
나는 매달려 있다
바깥으로 나서지 못하는
부끄럼 많은 내의(內衣)
잔뜩 바람만 머금고
단순한 꽃으로 삭아내리는
얇은 천조각
더러 문밖으로도 펄럭인다지만
나는 높직이 묶여
흔들림 속에 있다
아내의 무서운 속치마로.

처음 해본 기도

두 죽음이 맞닿아
되레 하나의 삶이기를 원하는
청평(淸平)의 저켠 골짝
한 주검을 일으켜
그 주검의 다른 죽음을 돌이키며
그림자의 그림자로 딸려
끝내 나는 뒤돌아보지 못했다

산의 막바지에 세운 그대
헤어지는 강 건너 쪽에서
부르기만 하던 나,
느닷없는 비의 질척이는 길을 치달으며
우린 우리의 집을 택했다

오, 하느님
내게도 내가 부를 수 있는
당신이 만일 있다면
또한 이 하룻밤만이라도
한세상으로 마감하는 법이 주어진다면
제발 나로 하여금 이 두려움만을
서글픔과 나는 무력(無力)을
스스로 알게 하지는 맙소서.

아내의 병

아내는 혼자였다
낡고 병든 내 집으로
옮겨 살던 때부터
그는 혼자이기를 원했다

그는 항상 중년이었다
난데없는 인연의 자락을 붙들고
마멸되어가는 수도꼭지의
파람소릴 흉내내는 중년이길 원했다

그리고 병이었다
얇은 문지방을 높게 드나들며
문풍지를 울리고
중년의 치레로 깊게 단장한 그는
스스로 병이기를 원했다

그는 또한 장단(長短)이었다
밥풀과 흐트러진 머리칼의 엉킴에서
새로움을 찾고
미친 걸음으로
세월을 튕기는
일몰의 흥(興)이길 원했다

아내는 오히려 죽음이었다

언제나 혼자이듯
중년이었고 병인
빛바랜 풀잎으로 반듯하게 누워
한 조각 돌로 몰아가는
죽음이길 원했다.

주말여행

우리의 주말은 비 속에 있었다
곧은 길이 트이는 한길 가
부음(訃音)과도 같은 네모진 들판의
바람을 잡으며 날아오르곤 했다

바람은 줄곧 달리기만 하고
길은 아직 멀었지만
주머니 속의 시계는 멎은 채
들판의 끝간 데서
날카로운 비명을 울렸다

간혹 바람이 돌아설 때면
뜨거운 살(肉)이 굳고
길은 좁아져 비늘로 쌓이며
시간은 또 이들을 위해
번쩍이며 되돌아섰다

허리를 잘리운 들풀 위
조팝나무의 그것처럼
죽은 것들만 흔들거리는 주말
시각(時刻)에 매달린 끄나풀로
우리는 돌아와 있었다.

들판에서

진눈깨비가 날으고
나뭇가지가 튕기면
마음도 잠긴다

갑자기 산들이 키를 낮추고
난데없는 길이 트이면서
바람이 몰려든다

날으는 머리칼
날으는 옷자락
한 낯선 사내가 급히 다가선다

간간이 앞이 잘 보이도록
그림자를 밀쳐내면서
내 어깨를 잡아흔든다

여기 손시린 세월이 있노라
고운 햇살까지 잡아 뉘면서
들판을 가로지른다

그림자와 함께
바람으로 가는 사람
나도 그 뒤를 쫓는다.

무서운 사람들과 여름을

듬성듬성
올리브나무가 주리를 틀고
마른 덤불들이
모랫바람을 타고 달리는
사막의 저켠
트리폴리, 골짝처럼 들앉은 리비아의

지중해의 깊숙한
침몰하는 옛 영화 다시 일구는
우리들의 한 여로,
나는 그곳에서 여름을 지냈다

화살처럼 꼿꼿한 햇살이 닿기 전
조그만 빈터도 넓게 빌어
그 사람들마냥
한껏 가슴을 밀어대며
마구 아침을 흔들어 보았다

엇둘, 엇둘
일과가 시작되기 앞서
뜀박질과 함께
보이지 않는 길을 주워담으며
천연스레 남의 땅을 가꾸는
거룩한 노동

정갈한 식탁과
식탁보에 펴놓은 깔밋한 언어들
땀으로 얼룩진 그만큼의
새 이삭을 줍기 위해
그들은 새로운 인정을 뱉았다

잘 알지 못하는 사람들과
알 수 없이 몰려드는 사람들과
낯선 나라의 낯선 사람들까지도
우리 말을 익히게 하고
그래서 때로는 식물처럼 웃어대는
일터의 사람들

더욱 깊숙한 오지(奧地)의
그 끝에서도 더 아득한
낭떠러지의 끝간 데를 부여잡고
새 우물로 우리의 채소도 가꾸어 먹는
사람들,

그런 사람들과
허공에 매달려서도
하얀 이빨을 드러내 웃어보이는
어쩔 수 없는 코리언들
나는 그 무더운 여름의 한때를
그들 속에서 보냈다.

늘 이맘때면

늘 이맘때가 되면
내 곁을 떠난
아우 생각이다
난데없는 비를 뚫고
속말을 씹어대며
피멍 짙은 자목련으로
곧추서 가던 너를

내 너를 불러보노니
싸리꽃 쏟아지는 비탈 좇아
산상(山上)으로 치닫는 진달래 꽃발
그 밭은 걸음의
잊어버린 젊은 때 찾아
너를 묻은 그 자리에서
다시 불러보노니

수유꽃은 바래지고
살구꽃도 이미 이운,
어깨 풀어제친 나무들 아래
네가 사랑하는 이맘때의
꽃비

내 맞고 서 있느니
아우여
혼자라도 결코 외롭지 않을
다 저문 4월의
이 들녘으로 나와서
나와 함께 걸어보지 않으련.

승천하는 자의 넋은

그제는 북해(北海)의
차디찬 물 가운데
우리의 무덤을 파려고 했다
어제는 뜨거운 땅
낯선 하늘 아래
우리의 주검을 두려고 했다

우리가 우리임을
살아있음을 확인하려 들 때
그들은 몰래 다가와
우리를 죽음이게 하려 했다

우리의 땅만이 무덤인 것을
우리의 하늘만이 죽음인 것을
너무도 잘 알고 있기에
우리는 일어날 줄도 알았고

비록 남의 둥지에 엎어져
얼굴 없는 몸뚱이로 쓰러져도
우린 일어나
살아 일어나 걸어야 했다

팔다리가 잘려나가고
온몸이 조각나도

또렷한 걸음의 당당한
몸짓이길 우리는 바랐었다

불붙는 독의 화살이
바다 한가운데서 겨냥되고
핏발 선 눈동자가 가슴 파고들어
다른 슬픔으로 살아난다 해도
우린 거뜬해야만 했다

모든 사람의 이름으로
진실의 모든 것으로
그리고 명분과 뜻으로
우린 살아남아야 했다

살아남아
승천하는 자
그 넋은 부활하는 법

거듭 재생되어
우리는 우리이고자 더욱 분명하게
일어나야만 했다
일어나 걸어야 했다.

북악(北岳)의 해돋이

북악의
새벽 안개 속에서
한 마리 까치가
아침으로 솟는다

새로 다려 입은
빛 고운 예복
맨발로도 부끄럼 없이
뛰닫는 정신을 걸치고
맑은 목청의
아침을 맞이한다

친구여
예쯤서 돌이켜 보자
한 마리 작은 새가
지켜보는 지평 저 너머와
깊은 골짜구니
낭랑한 목소리를 쪼아
돌 틈으로 뽑어 올리는
예지(叡智)의 물줄기를

볼품없던 옹달샘으로부터
여기 마련된 진실의 큰 강과
그대 어머니의 긴 팔로도

다 보듬을 수 없는
보이지 않는 곳까지 달려
팻말을 꽂는
이 뜨거운 조망(眺望)을

친구여
우리들 가슴의 은밀한 것
젊음을, 보람을, 눈부심을
사랑을, 순수를, 자유로움을
이 모든 소망을 세울
크고 넓은 문을 열자꾸나

이제 멋 모르던 때도 지나고
약속의 시간 앞에 선
배밭골의 눈밝음, 귀밝이
우리들 가슴엔
뚜렷한 해가 솟고 있구나.

밤의 숲길

어두움이 내리는 숲길로 나서면
나무와 새들
그리고 별들과도 얘기할 수가 있다

낮게 드리운 장막 뒤
조금만 손을 뻗쳐도
내 정신의 상류에 가 닿을 수 있고

좁고 긴 골짜기엔
무관심의 너울이
내 어린 시절까지 비추고 있다

먼빛으로 살아남은
전생의 오두막,
사금파리와 헌 신발짝이 늘여 놓이고

이빨자국 투성이인 알몸의 계집애가
아직도 자라지 못한 키로
그때의 그 불을 지피고 있다

그러나 억척스러웠던 세월은
뜨거운 정경으로 시간을 겹쳐 쌓고
오래지 않은 앞길을 비춰 보인다

밤의 숲길로 들어서면
어릴 적 일들이 줄지어 선
멀지 않은 내 길도 볼 수가 있다.

경주에 가면

나날의 길목을 떠난
어떤 하룻날
꽃을 꽃 속에 두고 사는
신라엘 가면
다람쥐도 날개를 달고
날은다, 날아

나무와 하늘 사이
아무도 보듬을 수 없는
좁은 공간의 높이에서
몇백 년쯤 거푸 주름잡는
아득한 곡예
개인 날의 등천(登天)

겨드랑 사이로 빠지는 산길을 따라
낭떠러지의 깊이까지
천년을 벗는 가쁜 숨소리
빛의 날아야 할 세월이여
헐거운 것은 모두 벗어던지고
알몸으로 날자, 날아

우리들 앞 저만치
잔잔하게 헤엄쳐 오는
물살 무늬의 시간들,

엄청난 함정으로 이끄는
고도의 세찬 바람에
우리도 날개가 돋쳐
날은다, 날아.

공지(空地)에서

막막한 세상이라고 하는데
그 한 끝을 감아쥐고
뛰닫는 사람이 있다
좁은 오지그릇 속의
빤히 들여다보이는 길을
만만찮게 신발끈 조이고
바람 한 점 없는 예의 그 길을
치닫고 있다
그럴 수밖에
달리 어쩔 도리도 없는
오직 한 틀의 송곳니만 뽑아들고
늦은 햇살을 모으는 사람,
가장 어려웠던 시대의
작은 공지를
열심히 찾고 있다.

오건(吳建) 및 그 이웃의 손

몇 굽이 들과 바다를 돌다 보면
인간이 버린 마지막 마을의
야트막한 산과 산

멀리 저주하는 사람을,
즐겨 남의 소리로 대답하는
이승 사람들과 등을 진 곳

한 마리 새끼염소의 건강과
한 줌의 흙, 한 가닥 나무를 위해
다시 시작하는 약속

반짝이는 세월과 인간의
모든 정신을 바람으로 내리는
두터운 하늘 속의 물줄기

그 변화의 동굴을 찾아
벌레처럼 파고드는
은밀한 당신의 손.

가을 안부

수화기를 들면
참새들이 쏟아져 나온다
"안녕하세요"

가파른 줄을 딛고
맨발로 뛰다가
곡예가 싫증나면
이내 범벅이 되는 말

그럴테지
곧은 길만 쫓으면
기찻소리를 낼 수도 있고
산 위로 치달을 땐
수수깡에 걸려 핏자국으로 남는다

거칠 것 없는 달음질의
벌판을 가로질러
새떼와 더불어 날으다보면
우람한 나무의 높이와 굵기도 되지만

깜깜한 터널 앞에 와서는
허공으로 튀면서
뜻의 허물만 소나기로 내려준다

추수가 끝날 무렵
새와 안부의 말은
꽃송이 속의 한때를 조각내며
이삭줍기로 인사치레도 한다

수화기를 내리자
말은 물이 되어 흐른다
"안·녕·하·세·요"

동학사(東鶴寺)

다락같은 세상을
꿈엔가 생시엔가
조금은 한기(寒氣)에
또 좀은 두통에
어지럼으로 살아갈 뿐

채울 수도 없는 얘기만 던져놓고
떠나버린 자리의 주인
단 하나의 손에
허리 아프도록 짊어 싣고
비탈을 달린다

사잇길을 물으면
낯설지도 않은 곳
갈수록 높은 벼랑
빈집 두드리듯
살아가는 일

준비 없는 비를 맞으며
다락에 혼자 올라
자며 깨며 걷는 길
산사 동학.

잠에서 깨어

때아니게 일어나
허깨비의 사닥다리를 놓고
한 번은 비구름
또 한 차례는 땡볕의
마당귀를 훑는다

손가락마다 불을 지펴
예비의 시간을 밝히며
밤 안개를 뚫고
마냥 펼쳐 보이는 것들

심술스런 몰골과
느닷없는 욕심
그리고 방종의 내 어질증

아직 나는 잠 속에 있다.

이야기

꽃집에 들르면
사랑의 시름 같은
때 잃은 이파리들

그 가운데서
높다랗게 올라버린
숨소리 고운 여자의 창

내가 들고간 것은
꽃이 아니다
울음보다 더한 자국
번지는 살내음

버릴 것 모두 버리며
또한 노래할 수도 있는
건강했던 날의 이야기.

열어놓은 골목

딱 하나인 과일과
그런 과일의 조림을 위한
여럿의 더미,
볼수록 두렵거나
아직도 열기(熱氣)인 비탈길이 있다

늘 푸름에 눈 떠 있어
깊은 숨소리가 들리고
사유에 비유될
좁고 긴 회랑(回廊)은 달리고 있다

마냥 그대로인 과일과
변화 속의 길목을 지키는 불빛,
풍광으로 살아가는 좌판
그 언저리에 열어놓은 골목
마냥 환하다.

추억

팔을 휘젓지 않아도
바람은 곧잘
아랫도리를 걷어붙이고
제 자리를 빠져 달아난다

따스한 날이면
상체를 모두 일으켜
안개는 세차게 튕겨오르고
드디어 증발하기 시작한다
별로 소리도 지르지 않고
꼿꼿하게 몸을 일으킨다

지난여름 또는 어느 가을
불타던 들녘에 파놓은
달구지의 땀내 나는 자국들
흔들리지 않는 수확

바닷지느러미와 함께
바람과 안개는 드러눕고
몇몇 지난 계절이 스쳐간다
오, 추억들이여.

무등가(無等歌)

바람도 잠이 든 숲길
이끼 묻은 산의
몇 굽이를 돌아서 가면
냇물소리 낮춰 흐르는
거기, 문도채(文道采)와 박홍원(朴洪元)의 맨발

다시 한 자락
산을 접어나가면
움막을 이루는 안개
큼직한 느티가 서고
골짝의 친구 두엇
그림자로 손을 잡는다

몇 밤을 거듭 새우며
몰래 만나는 사람들마냥
밤하늘에 노래 띄우고
달빛마저 숨는 구름 밖
새벽 산책길도 찾는다

밤이 다하면
저린 손들을 풀고
어려웠던 날들의
풍경으로 돌아선다.

백양사초(抄)

한 산맥이 꺾이는 골짜기를
손 흔들며 간다
극락전으로 향하는 사람을 따라
홍도(紅桃)의 자리 물으며
봄날의 산으로 간다
빈손의 그런 마음으로

저고리를 벗은 아이 두엇
좋은 햇살을 개울에 던져넣고
씻던 손 멈추어 나를 서게 한다
뾰얗게 부푼 산은 저만치 있게 하고

다시 덤덤한 비탈
낯간지러운 꽃길
한 세상의 끝간 데서
깊은 잠에 취한 북

두 손 부비며
명부전(冥府殿)에 이른 여자도
날 따라 일어설 수 있을까

한 모금의 생수에
길은 급히 돌아서고
흔들며 흔들어대며
빈손의 그런 마음으로
산을 간다
나는 간다.

원수(怨讐)여

원수여
불로 된 바다의
그 불명(不明)한 것들에 미쳐
한정없이 기다려나 볼까

잠이라도 청할까
거듭 놀라서
죽은 것의 헛됨으로 비롯되는
가난한 꿈이라도 꾸어볼까

노래라도 하나,
떠났던 길의 정든 옛집
사랑의 안방쯤
모서리와 벽을 통해
허튼소리의 자장가나 들려줄까

원수여
허전함과 막막함 끌어모아
완벽한 출발의 가능 앞에
내 너를 불러 세우나니

원수여
나의 원수여
내 앞에 설지라.

나는 이 땅에

거듭거듭 사랑을 위하여
나는 이 땅에 산다
산의 아득한 높이로부터
강의 깊은 곳까지
부르며 답하기 위해
나는 이 땅에 머문다

거센 바람이
꽃을 부스러뜨리고
길도 끊어 놓는다지만
희한한 웃음이
구름을 헤쳐놓는
그 하늘 아래
그 안에 산다

끝에서 끝까지
비록 한 뼘의 땅속에
내가 갇힌다 해도
샘물에 혀 적시는 그런 즐거움
거듭하는 사랑을 향해
나는 이 땅에 산다.

5.

바깥세상에 띄우나니

바깥세상에 띄우는 가슴

전혀 알 수가 없는 바깥세상에 대하여 나는 부지런히 엽서 같은 것을 써서 띄웠다. 내가 사는 집의, 내가 늘 지나다니는 길목이나 동네의, 내 신분이 못 박혀 있는 고을이나 본적지의, 또는 친구들이 더러 나가 살고 있는 타향이나 타국의, 그리고 바다 건너 낯선 땅의 모든 곳에 시선을 보내 봤다.

그러나 쉽게 답을 얻어내지는 못했다. 실제로 나는 안간힘을 다하며 발길 닿는 데까지, 그야말로 천방지축 헤매어 돌았다. 그 가운데서 지난번 시집에 실었던 「베드로의 샘」과 「계단성당초」와 「무서운 사람들과 여름을」은 로마와 트리폴리에서 돌아오자 얻어 발표했던 작품이고 나머지는 내 안에 회의와 더불어 갇혀 있었다.

그것은 시란 무엇인가, 어떤 것이 시적인 것인가 하는 나의 오랜 의구였고, 시를 써 오는 동안도 줄곧 품어왔던 의문의 꼬리표였다. 시의 숱한 정의와 많은 이론을 갖다 맞추어 보아도 얻는 것은 없었다. 마냥 의문 부호였고 더욱 머리만 갸우뚱하게 했다.

지금도 그런 꼬리표를 뒷덜미에 달고 시를 쓰고, 그에 관해 말하고 있다. 하기사 그런 역사도 '오류의 역사'라는 말이 있지만, 거듭하는 이런 헛짚음에 자신마저 잃는 것이 아닌가 생각되어 무척 걱정하고 안타깝게 여겼다.

한 번쯤은 누가 되었건 돌이켜 봄직도 하고 과감히 시도해 볼 만한데 하는 생각뿐이었지 좀체 눈에 띄는 일은 없었던 것도 사실이다. 구체적인 예로, 나는 저번의 시집 『복사꽃祭』를 통하여 연가(戀歌)로서 그 일단의 막을 잡아 보려 했었다.

그 결실이야 아직 잡히지 않는 바이지만, 나의 다섯 번째 책인 이 『바깥 세상에 띄우나니』에서도 그러한 노력을 계속하면서 달리 내 나름의 생각을 시험해 본 셈이다.

제1부의 작품들이 복사꽃에 연결된 계속되는 노력이지만, 제2부의 「묵은 엽서들」은 그동안 훑고 다닌 외계에서 얻은 경험으로 엮어져 있다. 바꾸어 말하면 그 전까지의 침잠되고 응결되었던 나의 내적 세계를 바깥으로 끌어내어 펼쳐 보인 일단의 시험이랄 수 있다.

다시 이 말을 뒤집으면, 어려움의 세계를 푸는 쉬운 시에서의 한 지향이 여기 깃들 수 있다는 얘기도 된다. 무작정의 쉬움이 우리의 현대시를 망가뜨려 놓은 보기를 이룬 데 대한 반발이기도 하려니와, 내 딴은 내 속의 것과 바깥을 이어 보자는 셈도 여기 덧붙이고 싶었던 것이다.

활짝 문을 열어젖히면 방 안 공기도 새로워지려니와 속도 환히 다 들여다보일 것이기 때문이다. 부끄러움, 치졸함도 던지고 알몸을 심판받고 싶었다. 그것이 또한 시인이라 믿기 때문이다.

제3부는, 남미의 해방자 시몬 볼리바르에 대하여 얼마 전에 관심을 보여 대충 초를 잡아둔 것을 이번 기회에 약간 손질하여 장시로 보이는 것이다.

작은 나의 시험을 펴 보이게 해 준 많은 이들에게 깊은 감사를 드린다.

1985년 4월

尙南齋에서

성 춘 복

귀로(歸路)

돌아가야 한다
강바닥을 훑으며
젖은 몸 일으켜
바람으로 달려야 한다

버릇처럼 치달아
허리 애써 굽히는
내 어리석음과 함께
비는 어디쯤 가고 있을까

돌아서기 위하여
먼지 이는 자갈밭길을
신나게 달려야 한다
무얼 심어도 솟을 바 없는
묶인 땅 너머로

몹쓸 곳에 갇힌
나의 무덤
한 손에 들려진
독한 술 한 잔

허망하고 허망하다
네 앞에 끌려 나와
몇 방울 남지 않은 눈물로

비바람 몰아세우다니

좋은 춤 한 번이면
돌이킬 나의 사무침,
갖은 시늉으로 몰아가는
내 꿈은 어디 있던가.

우리 함께

친구여
날이 밝으면
낡은 빗장을 거두어 버리세

문이 열리면
바깥 찬 공기가
다른 방을 보여 주듯
빛은 다른 한계(限界)의 벽도
뽑아 버리지 않는다는가

혼자 깨어 있어
썰렁한 자리와
간밤의 두렵고 무섭던
그 시각의 매듭을
소리쳐 외쳐도 가슴만 찧던 울음
꿰매고 달래도
아물지 않던 상처와 흔적

그래, 친구여
어줍잖은 이 모든 일
그제의 흐름에 치부하고
깊이깊이 묻어 버리세
뛰어도 오지 않는 그런 벼랑
헤쳐도 닿지 않는 그런 늪

마셔도 가실 줄 모르는 그런 목마름
밝힐수록 더욱 감감한 그런 새벽

친구여
이제 비롯하는 이 확실한 뜨락에
묵은 빗장 끌러 놓고
든든한 창이나 세우세.

연하장

오늘 아침
무릎 꿇고 앉아
문득 손을 모으고
새삼스런 문안 여짜옴은
지나쳐 버린 것에의 서글픔
다가오는 시간에의 막막함
그 때문만은 아닙니다

케케묵은 살림을 털고
어둠 같은 묵(墨)을 갈며
곰곰 생각타가
두 눈 다시 씻고
두 귀 거듭 후비며
춘분(春分)의 좋은 날 한아름 잡아
다짐과도 같은 닦음
그런 비질일 따름입니다

잠시
여우비에 해가 가려
이름 모를 풀잎이 돋아 지고
속절없이 또한 꽃은 져서
마른 검불로 삭아내리는
한 해와 또 다른 해의 겹침
이 하릴없는 쌓임의
허전 때문은 더욱 아닙니다

노상 하던 버릇
이미 이골 나 있어서
쉽게 되돌아보고
설핏 건너다보는
시원스럼 같은 일
두려움 같은 것

그래서 스스로에
잘도 속아 넘어가던
마음의 평안
거푸 하는 그런 일만은
더더욱 아닙니다

'선생님, 어떠하옵니까'
'선배, 아우님, 잘 해 보시오'

모든 새로움 거두어
답답증도 걸러내고
마냥이던 저림의 몹쓸 병
말끔하게 씻어
크고 또렷한 즐거움의 때
마음으로 다스리는 보람
아뢰임일 뿐입니다.

아침에 서서
멀리 건너다보는,
새로 올려다보는 삶
삼가, 복록(福祿) 누립소서.

한 모금의 물

구름 몇 조각이
아침 식탁보에 깔린다
하루의 양식으로 일어선다

긴 잠에서 깨어나
기지개 켜며
세한(歲寒)에도 화끈
불길로 오는
깔밋한 말
시원스레 바람으로 오는 것

곧바로 달려와
화살처럼 꽂히며
새순으로 돋아
풀숲이 되기도
푼푼한 나무로 치솟기도 한다

더러는 빈 이랑을 헤매다가
청청산(青青山)으로 옮아앉아
진한 물보라의
빛줄기로 쏟아져 내린다

톡 톡
애초엔 잔기침 소리로

또 울림소리로 굴러 스미다가
홍수와도 같게
크고 든든한 둑이 된다

밤새 얘기를 나눠도
목이 타지 않는
종일 뛰달아도 기진하지 않는
강한 목숨의 근원이 된다

발끝에서 골 속까지
그득하게 넘쳐
온몸을 휘감아 도는
이 한 모금의 물

그 물줄기의 뜻으로
넉넉한 마음의 우리들
다시 하루를 마련케 한다.

강둑에서

풀어 놓았던 신발끈을 조이며
제자리로 돌아설 수밖에 없는
강물을 생각한다

안개 속에
꼬리를 말아올리는
뿌연 봄의 강물을

강의 머리맡께는
반쯤 몸을 뜯긴
그제의 그 낮달이
아직도 울음으로 떠 있고

키의 몇몇 곱은 더 될
나뭇가지가 발을 추켜들고
얼어붙었던 물을
어깻짓으로 치고 있다

신발을 찾아
다시 끈을 엮듯
묶였던 몸을 풀며
강이 가서 돌아오듯
봄의 둑길을 내려선다.

월탄(月灘) 묘소를 다녀와서

선생님
올해는 진달래가 유난스럽습니다
봄비 뒤의 찰랑대는
징검다리를 건너뛰어
뜨거워진 꽃발로
쑥과 돌나물 사이사이
보랏빛 파랭이꽃
뱀딸기꽃이며 개별꽃 밟으며
당신의 자리로
저희 여럿이 몰려 올랐습니다

손에 집히는 대로
할미꽃 몇 송이 뽑아
당신이 누워 계신 산정(山頂)의
흙더미 앞에 꽂아 놓고
두어 번의 절 다음
고루 음복(飮福)들도 했습니다

술잔의 순배에
부신 햇살 모두 눠고
평소 꺼려하시던 얘기까지
마음 놓고 높다랗게 세우다가
붉게 붉게 물드는
당신의 산도 밀어 보았습니다

선생님
산천(山川)이 유난스런 오늘
생전의 선생님처럼
진달래꽃 함빡 되어
10년은 더 됨직한
잣나무 높이만큼이나
저희 모든 문하(門下)가
붉게 붉게 타다가
집으로 돌아왔습니다.

옥중기(獄中記)

거칠 데란 없이
마음껏 누비고
아무것도 볼 수 없는 곳
짠지조각과 콩
푸성귀로 속을 채우다가
다 썩어 문드러질 다리만 안고
밤낮 잠을 청했다

뜻 아니게도
깊숙이 묻은 무릎
저리고도 아렸지만
며칠만에 들이켜 보는
한 모금의 담배연기
불현듯한 현기증
세상 뒤트는 어지럼증으로
몸을 땅바닥에 가로누였다

높은 창 아래로
피범벅된 상채기의
아랫도릴 끌어다 놓고
담 바깥의 저 자유의 땅
비나 내려야 달이 뜬다는
그 못도 지나
그 땅의 끝머리에다

두어 개의 손가락 폈다 접으며
흰 총구를 겨냥했다

내가 쏘아붙인 총알
산지사방을 헤매고 다니다가
내게로 다시 와서
심장 가까운 곳에 자리 잡고
악몽의 밤을
이렌가 여드렌가

드디어 햇빛 닿는 쪽으로
내동댕이쳐졌을 때
아무것도 볼 수 없던
이 세상의 허망
녹슨 쇠붙이의 무게로
땅에 엎디어 있었다

친구여
모두 어디로 갔는가.

승천(昇天)하는 자의 넋은

그제는 북빙양(北氷洋)의
차디찬 물 가운데
우리의 무덤을 파려고 했다

어제는 뜨거운 땅 끝
낯선 하늘 아래
우리의 주검을 두려고 했다

우리가 우리임을,
살아 있음을 보여주려 할 때
저들은 몰래 다가들어
우리를 죽음이게 하려 했다

우리의 땅만이 무덤인 것을
우리의 바다만이 주검인 것을
우리의 하늘만이 죽음인 것을
너무도 잘 알고 있기에
우리는 일어설 줄도 알았고

비록 남의 둥지에 엎어져
얼굴 가린 몸뚱이로 쓰러져도
우리는 일어나
살아 일어나 걸어야 했다

팔다리가 잘려나가고
온몸이 조각져도
또렷한 걸음의 우리
언제나 당당하길 원했다

불붙는 독(毒)의
화산으로 겨냥되고
핏빛 선 눈총이 가슴을 파헤쳐
가눌 수 없는 아픔이
다른 슬픔으로 태어난다 해도
우린 거뜬함 하나로 일어나야 했다

겨레의 모든 이름으로
인류의 모든 양심으로
그리고 모든 이의 진실과 명분으로
우린 뜻의 일어남이어야 했다.

승천(昇天)하는 자의 넋은 부활하는 법
거듭 재생되고 재생되어
우리이고자 더욱 분명한 일어섬
우린 일어나 걸어야 했다.

기내(機內)에서

어둘 녘에 출발하여
어둔 녘으로만 달렸으니
이 켠도 어둠일 수밖에

인디아라든가 아랍의 바다
내처 서쪽으로 달려
그 껌껌한 속
잠시 발을 멈추어 서면

천지사방 어둠
황급한 그림자는 숨고
돌아갈 길도 놓치고.

북빙양(北氷洋)을 건너며

파김치가 다 된
몸골로 쓰러질 일

짐짝을 풀어젖히고
드러눕기를 원함

잠자리에 들어서는
반듯하게 몸을 뉨

당신의 성급함
쪼음마저 여기 실어 와

비어 있을 한 귀퉁이
나와 더불어 놓을 일

허전함만 끌어안고
코 골 듯 이 세상 잊는다.

로마의 소나무

레오날드 다빈치 공항으로부터
역사의 산맥으로 들어가는,
긴 칼 차고 사람의 목숨
파리 베어 넘기듯 했던 교황의
고도(古都)의 한가운데를
우리나라 소나무들이 이민을 와
떼지어 살고 있었다

바다를 건너오면서
짠 물에 멱을 감았는지
송충이는 땟국으로 떨쳐내고
야무진 매무새의
큰 키 나무로 기다리고 있었다

옛적 이곳 사람들이 그러했듯
한쪽 어깨는 풀어내고
다른 쪽은 깃으로 들어올린 토가의
옛스런 자태
아랫도리를 드러내놓고
신발들을 꿰어차고 있었다

이역의 서울, 만리의 잡답 속에서도
제 나라 인정과 산천의 아기자기함
적당한 산, 적당한 골짝
적당한 강기슭을 그리다가
고향 사람 만나는 기꺼움
두 팔 추켜들고 춤추고 있었다.

쥬리히 연서(戀書)

낯선 나라
외딴 고을
잠시 차를 갈아타는 곳

우표딱지의 급한 뜀질에
뾰족탑이 무너져 내리고
눈 덮인 산이 물로 녹는다

손에 든 엽서 두셋
시간은 줄다리기에 매이고
먹먹한 귀로 말을 삼키며

하루를 더 살아온
지구의 건너편
안녕을, 당신을 빈다.

파리 입성(入城)

안개구름 헤쳐 내고
오락가락
비 사이를 달리고 있소

아홉 시간을 꼬박
구경도 이쯤이면
신물이 날 법

괜하다는 후회와
있는 대로의 신경 세워
덩달으고 덩달으고

입을 다물고 차라리
잠이라도 청해
멋대로의 공상이고 싶소

함께하면, 그대
이럴 수야 없을 텐데
이럴 수는 없을 텐데.

르와르 강변(江邊)

한 여로의 마지막
오늘 도성으로 들어간다

마지막 영업을 하고
어제와 똑같이
무사를 빌어 본다

오래 떨어져 있어
얻어내는 당신의 생각
분명 삶의 속이라
내 심지였음 다짐하고

투정과 불신
불투명과 공연의 트집
모두 쓸어 끌어 묻고

우리들 찾아내어
거듭거듭 손질하며
오늘 입성(入城)을 한다
다시 떠나기 위하여.

워털루 언덕

옛 싸움터를 지나며
키를 세운
나폴레옹의 코
묘한 모자에만 눈길을 보냈습니다

흙을 모아 단(壇)을 쌓고
바람 거둬 제(祭)를 지내는
사자 한 마리
소리쳐 울고 있습니다

바람결 따르는
당신의 목소리
"그래, 오늘은 좀 어떠하오"

몰아치는 흙더미 앞의 바람
키를 훔씬 낮춰
"오늘은 그대 어디쯤"

죽은 자의 모자 빌어
바람을 털며
옛 싸움터를 내립니다.

유람(遊覽) 함부르그

말도 모르고
손짓 발짓도 잃어버린
어정쩡한 매무새로
붉은 전등불만 켜진
여자들의 가게를 돌았다오

빨간 표지의 책을
빨간 찻잔을
빨간 콜라병을
빨간 허리띠를
빨간 자전거를
빨간 사탕과자를
빨간 신발을

널찍하고 두툼한 유리창 너머
하루살이나 날파리로 날았다오
빨간 장갑의 빨강머리
빨간 살갗을 택했다오

머리띠는 풀 것 없고
안경은 뺄 것 없고
틀금니는 뱉을 것 없고
목걸이는 뗄 것 없고
구두 또한 벗을 것 없이

얇은 윗옷 단추 따는 데
두 팔 뻗어 옷 걸어붙이는 데
바짝 붙은 바지 던지는 데
주머니 하나씩 속을 보였다오

의자에 한 번 걸치는 일
침대 귀퉁이 걸터앉는 일
어깨에 손을 걸쳐 보는 일

더 이상의 주머니가 붙어 있지 않아
멍텅구리는 알몸이 다 되어
빨간 빛이 보이지 않는
바깥세상의 끝으로
쫓겨나고 말았다오.

프랑크푸르트의 비

여드레만에 우리 음식을 입에 대어 보았소. 너무 짜게 먹었는지 찬물만, 가스가 부글거리는 그 맹숭맹숭한 물만 들이키다가 날을 밝히고 말았소. 대륙의 기차가 떠나는 역 앞으로 나서며 측간부터 찾았소.

무엇이라도 하나 사 들어야 한다기에 쳐다보니 하늘엔 온통 구름. 이어 비, 어찌나 빨리 헤엄치듯 달렸는지 땀인지 비인지. 비옷 밖엔 내 머리가 미치지 못하오.

걱정이오, 비가 억수같이 쏟아져 내리니. 내 뱃속도 더 엉망일테니. 비마저 내 속을 잦아든다니. 걱정이오, 다음 역은 어딘지, 그 때까지 견딜지.

암스텔담의 새벽운동

어두운 색깔의
어두운 눈으로
램브란트상(像)이 서 있는
공원의 나무 밑에서 자고 일어나
그 쪽의 젊은 그 애들처럼
한 번으로 흙을 털어낸다

이슬방울 간간한
물자국 문지르며
언제 거기 내 있었다냐
낯선 시침도 훑어낸다

하늘 맑고
기분 괜찮은
오늘은 예상기후

몇 장의 엽서
고르다 고르다 다시 쑤셔박고
벤치 아래 배낭 감추고
새벽 뜀질하기

개똥만 치우면
더 할 일이 없는
청소부의 뒤를 따라
쏴 쏴 오줌줄기 같은
보도의 물줄기 좇아
아침운동을 한다.

루체른을 앞두고

천리 길도 멀다 않고
한 시골스런 마을
한적한 곳에 닻을 내렸다오

우리네 아이들처럼
때늦은 문을 두드리며
욕질로 고개도 넘어
여기 와 있다오

좁은 골목이 있다면
누비고 다니다 들어와
오늘 저녁쯤은
하릴없는 사람이나 될까 한다오

텔레비전이나 틀다가
막막한 높이의 나라에서
좋은 잠이나 청할밖에

워낙 조요로운 데라서
바깥세상은 까먹고
어둠 속 깊은 곳에
고향길을 묻는다오.

호반(湖畔)에서의 하룻밤

떠나와서
처음으로 길고 긴 잠을
나는 즐겼습니다

물을 끼고
지붕 밑의 조촐한 방
덧문까지 닫아걸고
은밀한 꿈에 취했습니다

그날의 새벽은
산책길도 가뿐했고
그리르의 그 호수보다 맑은
루체른 호반의 나무다리를
언제나처럼
당신의 새벽눈으로 걸었습니다

푸근한 잠이 주는
산뜻함
환한 호반의 아침이었습니다.

샤모니 산장

산을 오르는 사람은
하나도 보이지 않았다
산을 내리는 사람은
더욱 없었다

나와 같은 착한 사람에게만
그 모습을 드러낸다는
얼굴을 가진
샤모니의 만년설산(萬年雪山)

그대나 나와 같은
시(詩)를 아끼는 선한 심성에
커튼을 달아 놓은 곳에 와서
차디찬 빛깔, 눈부심의
새소린 잘 듣지 못했다

포도주 한 잔에
싱숭스런 마음 달래 가며
돌아갈 날만 믿는
빈손의 나그네

인생은 그러하다며
또한 빌기를
도탑고 따갑게

산을 치닫는 사람
하나 보이지 않고
산을 굴리는 사람
더욱 없는 공산(空山)

공수래(空手來)
공수거(空手去).

33번 도로

분간이 가지 않는
적막 속에 던져져
굶주림
배를 채우고
새벽 두 시는 됨직한
잠자리에 쭈그리고 앉아
낮의 흔들거림
그대로 달리고 있음
스위스행 33번 도로
황태자나 입는다는
저고리 하나 접어 넣고
아주 고풍스런 솟을대문의
천정 높은 대리석 바닥에 엎디어
백작 혹은 공작이 되어 감

그러나 낙엽으로 흩날리는
하이델베르그의 다리를 건너
비어 있을 내 집을 찾아
전혀 어둠 속
나는 아직도 달리고 있음.

몽블랑으로 향하기 앞서

이르기가 무섭게
직통전화를 들었소
그마저 미진하여
까맣게 그을은 나무등걸 뒤
무슨 꽃일까
발갛게 번져나는 들꽃의
엽서 하나 구해다가
당신의 목소릴 옮기오

간밤엔 몹쓸 꿈
내가 흘린 식은 땀만큼
더할 나위 없는 피로
거듭 고갤 저으며
빈대떡 같은 지지미 들고
이제 막 달려나갈 참이오

아무 일 없노라는
당신의 그 목소리
숲으로만 이어지는
이 산천에, 들판에 흩뿌리며
떠날 참이오
나갈 참이오.

룩셈부르그 공원이 건너다보인다

옆자리는 지금
곤한 잠
질펀대는 거리를
나는 헤매고 있소
두 바퀴를 달고

장애물이 수두룩한
안타까움에 발을 구르다가
땀만 내리쏟은
두렵고 무서운 밤
아니나 다를까 바깥은 비

엊저녁에 본 '사랑과 죽음'의
의미 도통 모르는 장면에
핑계를 대며
"아니길, 그렇지 않기를"
옆자리의 꿈을 내가 샀소

지금 이 곳은 겨울
우기(雨期)의 비가 한창이라든가요.

브뤼셀 아스토리아 호텔

오늘만큼은 나도
엄청난 귀족입니다
품삯이 비싸
사람의 그림자도 한둘 비치고 마는
대리석 기둥 가운데로
붉은 양탄자를 딛고
어깨 젖혀가며 오릅니다
내 나라에선 볼품없는 몰골도
웬만큼 낯선 데 던져지면
제법 의젓해지고
거리의 곳곳
오줌싸개 아이들만 늘어놓인
오스트리아의 브뤼셀
아스토리아 국빈여숙(國賓旅宿)에서
예복차림 아니어도
남작이나 후작쯤의 태세로
저녁비 쓸어가는 바깥세상 버려두고
대리석 넓은 층계를 오릅니다
결코 어리석은 모습 아닌
누가 보아도 당당한
당신의 걸음걸이입니다.

국제전화

며칠만의 귀환(歸還) 인가
우주복을 벌어 입고
허겁지겁 돌아와
고향에 온 듯
당신을 불러냅니다

땅의 중심을 뚫고
거미줄 다 엮어 모아
지구의 저 밖
멀고 아득한 곳
당신이 계신 대로
줄을 대어 놓습니다

동전 몇 닢
금방 지워질세라
손짓 연거푸하며
꾸어다 씀 어찌나 헤픈지
이내 당신은 숨고 맙니다

오랜만의 평안
남은 일정은 순탄
항상 당신께 닿아 있는
줄을 끊고
수화기를 내립니다.

지중해 통신

무적(霧笛)과 함께
거대한 돛폭이 펼쳐졌다
청람빛 동해 바다가
지중해안(地中海岸)으로 다가왔다

옛 로마의 신전(神殿)이
허리에 물풀을 감고
무릎으로 모래사장을 기었다
피투성이의 얼굴로 치솟았다

허물어진 신탁(神託)이
내 발치에 조개껍질을 마구 뿌리며
팔을 휘저어댔다
아니오, 아니오

드디어 햇살이 번졌다
나는 구릿빛으로 익어 가고
콧수염이 자라올랐다
리비아인의 게으른 몸짓을
자못 닮고 있었다

올리브나무 그늘에 몸을 던진
노파의 옴팡진 눈을 쳐다보자
아무것도 말할 수가 없었다

내 입처럼 문은 열리지 않는다고

뚝딱뚝딱
통통배가 지중해 속으로 가라앉고
삐거덕 삐거덕거리며
동해 바닷가 안개에
몸을 풀고 있었다.

마라케시초(抄)

서울이여, 오 옛날이여
가난의 설움
줄 대어 이어 가며
말똥내음 그득한
올리브의 농장이여

빈터 골라잡아
떡을 굽든
차를 달이든
분뇨 말려 불을 놓고
영화의 빈터 누립소서

길은 좁고 길어
높고 아득한 담벼락
그곳을 뛰어 넘어
지중해로 건너가서
무어의 왕국이게 합소서

오늘 다시 다른 왕 세워
흙벽돌로 집을 짓고
흙벽돌로 성을 쌓아
배를 줄여 받드노니
왕이여 만세를 살읍소서

꿇어앉아 절하노니
비옵고 또 비옵나니
삼신할멈 꾸어다가
여기 큰 장날 마련합소서
옛 때 다시 이룹소서.

쌍두마차를 끌며

애시당초의 두려움 가시고
제법 걸음마다웁다오
집 앞이나 거리
공원의 산책 같음 아니어도
눈치볼 것 없이
제 난 척 살고 간다는
딱한 길도 있다오

슬픈 눈의 나귀가 이끄는
쌍두마차가 줄지어 서고
물푸레나무나 수양버들 같은
흐느적대는 채찍
맵고 짠 가지로
말똥내음 엉킨 동네
곧은 길로 몰아가는 중이오

열대 지방의
따가운 햇빛 아래
간이 바싹 타들어 가는
흙탕의 동네
처마 밑으로 바짝
'안녕'이란 인사 던지며
가난의 사람 만나 보러
가난의 나귀 등에 올라

가난의 사람이 가는 중이오

때론 딱하기도 한
당신의 그 가난 닮으며
믿고 또한 믿는다며
허공에 채찍 둘러
당신 가까이 한 발짝씩
쌍두마차를 몰아가는 중이오.

사막의 저물녘

시장 어귀에다
사원(寺院)을 세우고
있으나 마나 한 과일 몇
탑으로 올려 쌓아
절 몇 번으로
나눠 먹을 일이지

잘 못 길 들어
알지 못할 음식
악어며 도마뱀 따위
희한스럼 늘어놓고
굶주림에 이기다 못하면
뉘가 그 값 치르랴

모래 언덕 너머
저기 바깥세상
활활 불붙는
끝없는 노을녘
온 세상 다 태우는
마음도 저물녘

저승의 내 근심
황혼처럼 씻었으면.

마라케시를 떠나며

모래판에서의 일정은
무료하기 그지없고
법석을 떨어대며
대단하다는 저 애들의
오우리카 계곡
병풍으로 몇 폭 펼쳐 보였다
쫄쫄
시냇물이 흐르다만,
우이동의 어떤 골짝보다
정릉의 한 계곡 한 수목만큼도 아닌
감탄과 어깨 추스림
추장과도 같은 이와
나란히 둘러앉아
대추며 석류며
그런저런 음식 들고
이곳에서의 막막한 희망
모래 밑에 깊이 묻힌 샘
사하라사막 저 켠에 있을 듯한
푸짐하고 깊은 초원
나귀라도 빌어 타고
끈끈한 손의 소녀와
석류알 비집고 튀듯이
오아시스나 등에 태워
떠난다, 사막을
모로코 왕국을.

카사블랑카여

도끼자루야 썩든 말든
시간의 모래톱을
길고 먼 모랫길을
버그만의 미녀와
미남의 어떤 배우가
주인이었다는 이곳
기어코 카사블랑카에 온다
연일 입맛으로 다시다가
서울의 길모퉁이와 다를 바 없는
분수와 답답증도 보고
음모의 카페는
땅 밑 어딘가에 두고
배꼽춤 추는 아낙도 버리고
안개 이슥한 지중해의 모래언덕
다시 돌아 키를 잡는다
얻은 것이란
살아 움직이는 생물
'예쁜 사람 있으면 이것쯤'
동행의 추스림에
엉겁결 감춘 배불뚜기
새끼악어 한 마리
살아서 돌아가리
집으로 돌아가리.

사하라 사막

걱정이라오
그렇게는 아니되어야 하는데

피할 언덕 하나 없는 길을
반나절은 좋이 달렸소

"가도 가도 사막의 길
꿈속에도 사막의 길"

한 소절밖에 없는 기억을
의지의 영웅 묵타르에 물었소

옛사랑은 모래 속에 묻히고
그림자만 솟아 있는 땅

허탈과 저주의
끝도 없는 길에 졸음만 남았소

몹쓸 시간, 몹쓸 버릇
걱정이라오, 그래선 안되는데.

모로코를 버림

황량함으로 성을 쌓는다. 이상한 나라의 습벽대로 나도 내가 젊어지고 온 내 나라 흙으로 성벽 옆에 집을 짓는다. 약간은 두려워하며 더위에 지붕을 올리고 치마를 벗어 그들마냥 벽으로 한다. 찢어지게 가난한 그 가난을 끼니로 하고 이리 몰리고 저리 몰려 한통속이 되기 위해서 나도 남의 나라에 나의 성을 쌓는다.

짬을 얻으면 아득한 높이의 탑을 올리고, 지키다 쉴 만한 병졸이나 하인들의 쉼터, 깊깊이 감춘 우물도 하나 파내어 높고 푸른 나무그늘도 마련하련다.

이역만리 타향의 집도 싫증이 나면 흙까지 모두 거두어 나귀에 싣고 낙타에 싣고 금의환향하리라.

하와이에서 추는 춤

그래, 그럴 듯하데요
전생의 어디선가
한 차례 꼭 만난 것 같은
카라카의 한 처녀
꽃레이 걸어 주며
내 목 껴안고 입을 맞추데요

춤도 함께 추자기에
손 붙들어 세우고
있는 대로의 옷 벗어 팽개치며
맨발에 알몸 되어
잔디밭을 뒹굴다가
전생의 바로 그 길목쯤
빤히 내 눈 속 들여다보데요

까맣다 못해 파란 불길 도는
바다의 여신
분명 내 뒤를 야금야금 따라온
당신의 겉옷도 앗아 던져버리고
나와 더불어 누벼 다니게 하데요

그래, 그렇대요
수수만 년 붙어 다니다가
예까지 흘러 들어

'구운몽'의 어느 대목
남과 남이 되어서
새까맣게 잊은 듯
우린 춤을 추었대요.

맨하탄 45번가

섬의 한가운데로 와서
섬의 주인이 되고 싶었다

촌스런 사람이지만
시골스런 일행 떼치고
하루라도 반듯하게 쉬고 싶었다

아주 값싼 여관이라
엘리베이터에 웃옷 반은 찢기고
동냥으로 하루를 때우는
이 나라 사람들에 혼도 떼어 주고
혼자라도 갇혀 살고 싶었다

나설래야 눈이 먼 곳
안경을 찾아 써도
666클럽밖엔 알지 못하는,
긴 소매 둥둥 걷어붙이고
빌어온 댕기로 부끄러운 데까지
가리고 싶었다

묘한 웃음의 흑인녀 옆
자장가 들으며
밤새 앉아 있다가
새벽녘이 가까우면

그녀의 허리에 기대어 꿈꾸고 싶었다

흔들거리는 섬의
아메리카의 혼을 베고
섬의 섬 한가운데
문 두드리는 사람 없는
곤한 잠을 부르고 싶었다.

방콕의 부처님

황금빛 절 앞을 지나
한 탕 더위를 식히기 위해
지아비가 문밖에서 기다리는
지어미의 사우나탕에
목만 삐죽이 내어놓고
내 고향 공중탕을 생각합니다
두고 온 사람도 떠올립니다

파란 살갗의 여자여
온몸 다 씻어내리거든
지아비의 땀도 말끔히
아이들의 코도 문질러 주고
두고 온 내 사람의
두 손발도 씻어줍시다

바닷바람만 안고 돌다가
짠 마음 잔뜩 품어
목만 들어내고
탕 깊숙이 들어앉아
다시 태어나길 바랍니다

금빛의 부처여
황금의 보살이여
천 개의 손, 수수만의 손가락

모두 펴서 마디마다 불 지펴
빌고 또 절하노니

깨끗한 마음
그대 곁 내 고향
돌아가기 비옵니다.

기착(寄着) 마닐라

할 일도 없고
오갈 데 없는 사람들이
구경마냥 나와 손을 저어대는
마닐라의 비행장
나도 손을 흔들며
그들의 가난을 사러 갔다

낡고 삭은 널빤지로
가리고 막아도
하루에 한 차례
쏟아져 내리는 비
촉촉이 스며들도록 맞아야
살맛이 난다는
눈먼 땅의 사람들

산 높고 들 넓어
코끼리 사냥이나 가자며
앞뜰의 장원(莊園), 미로 찾아
세 발 자전거 함께 밀며
유람의 배를 띄웠다

조각 조각 부서져
지닐 수도 버릴 수도 없는
빈 섬의 숲

깊고 깊은 바다
유모차 하나가
우산을 받치고
햇살을 헤고 있다

눈부신 모랫벌
그 수만큼의 가난한 땅바닥에
주저앉듯 쪼그린
발가벗은 아이들과 발가벗은 나
오늘은 가난도 잊고 설움도 잊고
값싼 조개껍질만 줍는다

해운대 바닷가
모랫벌에 던져둔 당신의 신발
비치파라솔 밑에 걸쳐 놓은
당신의 옷가질 줍는다.

1. 죽은 대륙(大陸)

대륙은 일어설 줄을 몰랐다
죽은 것이나 진배없는
그 크다란 몸뚱이로,
깊은 잠 속의 단순한 예속물로
거기 던져져 있을 뿐
깨어나지를 못했다

가장 깊고 은밀한 외계인 양
전혀 알 수도 없고
알려지지도 않은
무덤의 축적(蓄積)
덩그렇게 솟은 죽음의 그림자만
너울을 쓰고 엎디어 있었다

두터운 장막으로 가리워져
잊혀진 땅
버림받은 그곳에도
어둠을 가르는 빛은 쌓이고
시간의 매듭을 푸는
바람이 일어
동은 트고
날은 밝아 왔다
약속된 은총처럼

어둠과 미명
참담과 비극이
혼돈의 그것마냥 얽히고설킨
이 미지의 땅에
부자유(不自由)의 함지박 속에
기적과도 같은 당연함의
너무나도 자연스런 힘
하나씩 겉옷을 벗고 있었다.

2. 말씀 그대로

태초의 말씀 그대로
역사의 긴 고랑을 누비며
씨앗 뿌려 싹 틔우는
벅찬 가슴, 가쁜 숨소리
한 가닥 빛의 줄기를 가려
또렷한 나무 가꾸는
이적(異蹟)과도 같은 일이
거기 있었다

하나님의 뜻에 따른
자애롭고도 엄연한,
본래 우리들이 가졌었고
그들 또한 지니고 있던
자유로움의 이유
그에 의한 인간 의지를
애써 나누는 소리 있었다

너무나도 당연하고 의젓한
결코 허황된 꿈이 아닌
현실음(現實音)의 그것
내일을 보고 내일을 생각하는
그래서 잎새마다 빛과 사랑을
가꾸고 다듬는 사람

비바람도 아랑곳하지 않고
천둥 번개도 두려워하지 않고
무딘 괭이 곧추세워
영원의 새 샘을
자유의 참뜻을
깊고 넓게 퍼 담는
아메리카의 사람
거기 있었다

날카로운 눈을 가지고
카랑카랑한 목소리를 가지고
밝은 등불 밝혀 들고
빛나는 꿈 걸머쥐고
맑은 하늘 찾아서
본래의 재산
그들에게 돌리는
소망의 사람
그 사람이 아메리카에 있었다.

3. 황금양털

남쪽의 땅 아메리카
아마존의 원대한 물줄기를 쫓아
오리노꼬의 실버들 같은
치렁치렁한 숲을 헤치며
두 색깔의 물이 하나로 보이는
두물머리의 때까지
채찍을 들어 외치며
혼자 치닫는 사람
거기 있었다

끝간 데 없는 평원의
끄트머리를 확인하는 행진
걸음마다 돋는 성스런 피
그 자국 되짚으며
차곡차곡 평화 평등 다지는
자유의 일군이 거기 있었다

막델레나 휘도는 물거품으로
갈증나는 목 추기며
자중과 자애, 자주와 자유
두 어깨에 짊어지고
'검붉은 피의 아이'와 더불어
멍에의 긴 끄나풀 자르며
길 밝혀 달리는 사람

몬테 오이스에서 비롯하는
양심의 횃불
비로소 진정한 모습 들춰내는
바스코의 힘찬 땅
거듭 다짐을 하고
거듭 헤쳐 가는
위대한 대륙의 야망

아르고나다스의 황금양이 아니라
숱한 노예의
건강한 팔뚝이 보였고
검은 마테아의 흰 젖으로부터
연하고 보드라운 힘을 찾았다
로드리게스의 보살핌
인간의 위대도 보았었다.

4. 화약내 나는 길

거듭하는 봄
새 대륙에선 찾을 수 없던
인간의 존엄
목마른 계절의 둔덕을 넘어
낡은 고장에서 발견해 내는 사랑
사랑의 위엄
사랑의 원리
끄리오요의 이정표를 찾은
그 사람
거기 있었다

사랑의 완성처럼
묵시(默示)의 땅
그 그늘마다
화약내 풍겨 앓던 길
때로는 좌절
때로는 보람
큰 깨우침이 아니라 해도
더욱 열심일 수밖에 없는
대륙의 해방자

새 땅엔 새 원리가
새 나라엔 새 진리가
영광된 날을 맞기까지

모든 사람의 의구(疑懼)가 풀리는
자학의 나날들
오카나, 팜플로나, 카르타헤나
해방자의 걸음은 멈출 줄 몰랐다
단단하고 잽쌌다

무분별의 막아서던 그의 길
질시(嫉視)가 가리는 그의 눈
그러나 확신은 기대에 호응하고
열정은 새 도정(道程)을 가리켰다

길이 있기에
달려야 했고
개울이 있어
뛰어야 했던
그 사람
아메리카 남녘의 단 한 사람

보이지 않는 사슬로 묶어 두고
비탄과 초조를 삶으로 여기는
절망과 고통의 흙탕지대
허지만 되물릴 수 없는
역사 속의 현장
거기
시몬은 던져져 있었다.

5. 카라카스의 빛

  "쇠사슬이 풀리는 그날까지
  이 팔은 쉬지 않을 것이며
  이 마음 또한 쉬지 않을 것"
속 깊이 되새기며
누에바 그라나다를 지키고 선
대륙의 새 발견자
오, 시몬 볼리바르여

그가 있음으로 하여
거기 아메리카가 존재하고
그의 신념이 있었기에
거기 남쪽 사람들이 살아 있는
사랑과 투쟁의 승리자
해방자 시몬 볼리바르

안데스 산보다 큰 모반도
작은 언덕처럼 넘어서고
대서양보다 깊은 증오도
얕은 개울로 건너
다시 용서와 이해가 주어지는
난장판 속의
난장이들 속의 거인
키다리 시몬 볼리바르

땅의 주인이자 인도자였던
위대한 대륙의 원동력
시몬 호세 안토니오 데 라 산띠스마 뜨리니다드
오히려 낡은 대륙을 새 대륙으로 개척한
해방자 그 사람
발견자 그 사람

7월의 밤하늘을 영롱케 하고
대자연의 어둠을 샅샅이 내몰던
카라카스의 그 빛
비운의 땅 그곳
거기 태어난
눈 밝은 큰 별
등불마냥 매달린 행운의 땅
남쪽 아메리카

시원(始原)의 말씀이 마련해 주고
조물주의 기껍게 던져 준
성스런 그 권리
  "늙은 독사가 우리를
  가장 아름다운 부분을
  탐식하도록 바라다보고만"
있을 수 없던
고집스런 쾌한 볼리바르

교활하고 앙증스런 적에겐

한 뼘의 땅도
한 톨의 양식도
양보할 수 없었던
자연적 권리의 상징
볼리바르
안팎의 모든 병균 내몰기 위해
주저함 없던 의사 시몬 볼리바르여.

6. 자유인(自由人)이여

버려져 있었으나
분명 새 땅인
그 땅의 버림받은 사람
결코 살지 않기 위하여
스스로의 뜻대로
다시 살기 위하여
노예 아닌 자유인
자유인으로 물려주기 위하여
그의 짐을 그것으로 하기 위하여
영혼의 새 뜨락을 마련하는
아메리카의 주인

영원한 땅의 과거를 짚어 보고
그 땅의 삶을 미래로 점쳐 보고
그 나라의 내일을 예측하는
승리의 전사(戰士) 시몬
자기의 것을 앗아 찾는
쟁취의 주인이여

다시 그라나다에 나타날
영광을 위하여
알토 페루, 키토, 퉁하
트루히요, 차야쿠초, 자마이카
또는 산 마테오의 농장에서

의당한 행운을 기도하던
믿음과 기량(器量)의 대명사
시몬 볼리바르

죽은 땅에서 새 삶 찾는
부활
되새겨지는 그 이름
콜롬비아, 베네수엘라, 페루
에쿠아도르, 칠레
남에서 북에 이르기까지
대서양에서 태평양 끝까지
'숲속의 부처' 께살꼬아틀의 깃털을
미래의 광영으로 삼던
인간의 인간의 우상

예언자이기도 하고 용사인
시몬 볼리바르여.

7. 대서양에서 태평양까지

발견자이며 개척자인
해방자이며 치유자인
주민의 노예이기도 한
시몬 호세 안토니오 데 라 산띠스마 뜨리니다드
그의 어머니요 그의 집인
소망의 남 아메리카

열망과 희생의 보답으로
성취된 자유 아메리카
혼자이면서 언제나 함께였던
승리자 시몬 볼리바르
그가 있음으로써
거기 대륙이 놓이는
남녘 땅 아메리카

영원 불멸의 그 이름으로 새겨진
새 정신의 대륙
그 이름 모든 이의 자유

드디어 거대한 날개를 펴기 시작한
드디어 거대한 돛을 올리기 시작한
거침없는 자유
한껏 하늘 높이 솟아오르는
시비의 대륙

그 땅을 이어 주고
빛을 내어 주는 이름
볼리바르여

시몬 볼리바르
시몬 호세 안토니오 데 라 산띠스마 뜨리니다드여!

6.

꽃잎 띄운 물 마신 듯

기원(祈願)

깨우침이게 하소서
얼른 잠에서 벗어나
언제나 외톨박이인 나를
혼자 아닌 둘이나 셋이게 하소서

무릎 꿇고 앉아
수수만의 손이 가리키는
그 손가락 끝으로 새기는
밝음녘이게 하소서

갈고리에 긁힌 관습과
얽혀 매듭진 마음의 군살
그래서 더욱 내가 살아있음을 아는
당신의 아침이게 하소서

땀에 절어 물든 말들
거리에 바장이는 사람들
결코 내 것일 수 없는 것들 거두어
모두 새것으로 있게 하소서

풀 길 없는 번뇌의 탑 쌓으며
다가올 봄날의 내 진흙길에
다사로움으로 펴 놓는
그대의 햇살

황금의 아침이여
오, 보살이여
간절함 뭉뚱그려
당신의 자비로 서게 하소서.

폭풍의 노래

바람이었네, 천둥이었네
가슴 깊은 모랫벌을 쓸고 가는
가을밤의 폭풍이었네

고목 사이 손을 뻗으면
새 한 마리
슬퍼도 울지 않는 둥지였네

빗소리였네, 어둠이었네
뱃머릴 흔드는
사나운 흐름이었네

곤히 잠들었던 내 출항지
한 방울의 파문으로도
가라앉으려 하네

바람은 없었네, 어둠은 없었네
썰물과 밀물에 들고날
나의 길은 없었네.

산문(山門)에 들며

높은 산 깊은 골
강물 접던 귀라도
열어 보여라

늦게 밝고 일찍 저무는
두멧골 외딴 길
닫아걸고 홀쳐맨
너의 집 너의 방

굳어진 자물통
챙겨 넣은 마음
그 가닥 거두러 네 앞에 섰으니
활짝 웃음기로 맞아라

광 속의 그 깜깜
아득한 먼지 떨어내게
윽박치는 푸념으로
바람이라도 흩어라

융성한 대접 아니어도
깎아내고 다지면
내 쉬 너를 맞으리니
대답 좀 하여라

비록 어리석긴 하지만
두드리고 소리칠 순 있나니
걸린 빗장 따내고
손짓으로 맞아라

문 좀 열어라
제발 문 열어 보아라.

네가 없는 이 하루는

이 가을밤
갈꽃 다시 피어 지든가

세월의 다른 자락마냥
마구 고개 저어 대다가
어둘녘에 손조차 흔드는구나

살며
스쳐 지나는 일
또한 사랑해 가는 일까지도
다 고개 저을 뿐이라지만

갈꽃
안개로 번져 묻히는
나들이 그 다음 나절

어둑살로 숨는
먼 산 허리께의 은사시나무
그 서글픔

네가 없는
오늘 이 하루도
고개 저어 옳을 것만 같다.

심정적(心情的)

돌아가는 길은
가본 적 없는 낯선 곳
나이 먹은 사람이 우는
서글픔 짊어지고
그 깜깜의 속을
사랑의 사람아
나는 가고 있다

죄 많은 사람의 턱으로
넘쳐나는 눈물 받아
잔뜩 몸 적시며
섭섭과 쓸쓸
한껏 문지르다가

무엇이 귀하고 어떻게 아쉬운지
깨우치게 될 무렵
사람아
힘 안 들이고 씽긋 웃어주는 일

때로 손을 쳐들어
잔등 한 번 쓸어 주며
이 세상 모두 그리워하게
넓게 손바닥 펴보이는 일

애써 말린 그대의
꽃잎 하나에 감겨
탓하지 못할 마음이게
사랑아
내 그 길 눈감고 가마.

빈집을 향하여

누가 없느냐
누가 없느냐

네가 살던 집의
한길 건너
빤히 비쳐 보이는 골목
외등에 붙어서
너를 불러 본다

바람이 드센 날은
휑한 목소리 날리며
감출 것도 없이
크게 너를 찾고

비에 젖은 날은
깔판이라도 마련하여
설부른 노래
숫제 묻기로 했다

네가 달아난 길의 끝에서
성냥개비 마구 그어대며
어둔 내 눈 밝히듯
낯선 문 두드리나니

거기, 아무도 없느냐
누구 없느냐.

이승 벗어나

넋이려니
피 토하도록 마시는
술이려니

꽃잎 띄운 물 마신 듯
비틀거리며 가는
취한 걸음이려니

손만 들어올려도
가슴 밀어붙이는
아프고 쓰린 병

그 병만큼이나
깊이 묻힌 믿음이려니
또 아린 사랑이려니

풀잎에 올라앉아
산그림자에 발 담그고
혼자 외롬 타는 버릇

지닐 수 있는 것 모두
거느릴 수 있는 것 다
허물어뜨리는 어리석음이려니

보이지 않기에 설움 잊고
닿지 못하기에 살고 싶은
비굴의 내 욕심

이승을 달아나는 서글픔
내 넋이려니
어져, 살아가는 일이여.

하관(下棺)

한 아름 흙을 받아
꼭꼭 너를 묻었다

넘치는 바다 어디 있으랴만
끓어오르는 눈물에
너를 태워보낼 큰 연(鳶)만 생각했다

억울할 테지
잘 닦인 창 너머
빤히 바라보이는 너의 집
당찮은 헛기침으로 허물다니

능수화가 가다 멈춘 아득한 길
등 굽은 돌살구 뒤켠
시린 손도 함께 흩다가
자갈소리로 난 돌아섰다

모질게 두 발로 다지며
너를 버리고 오던 날
옷자락엔 안타까움만 묻혔지
쩍쩍 갈라지는 논바닥같이.

저자후기

떠도는 자의 노래

그리움은 나의 반대쪽에 있었다. 살필 수 있는 겉쪽에 대하여 그리움은 오히려 내 안쪽에 도사리고 있었다. 그러므로 안과 밖은 서로 등을 대고 있는, 연결된 것이나 다름없다.

그렇다면 하나의 통합체가 그 한쪽을 그리워하는 것은 모순이다. 이 모순을 극복하고자 나는 다른 켠을 열심히 사모하는 버릇이 생겼다.

안을 향할 때 나는 바깥에 있었고, 바깥을 향할 때 나는 안쪽에 깊이 들어와 숨었다. 그래서 나의 '너'는 나의 안이면서도 항상 달아나는 바깥쪽을 향해 열려 있는 셈이다. 사랑은 모순이었고, 자신을 소모하는 일이었으며, 대상을 죽이는 작업이었다.

그러나 어쩔 도리가 없었다. 나는 그래서 사랑할 수밖에 없었다. 나를 압도하는 것이 바로 나의 충족이었고, 그 욕구가 나를 방황하게 했으며, 내심으로 또 안착하기를 원하고 있었다.

이런 모순과 불안은 본래의 상태로 돌아가기를 간절히 원하고 그 방법을 찾아 스스로 묻히기를 바랐다.

살아가는 일이 조금씩 죽어가는 일이듯, 나를 채우기 위해 나는 사랑을 갈구했다. 이 갈구는 나의 목숨을 조금씩 비워내는 일이기도 했다. 그러나 그런 충동과 채우기며 비워내기가 아니면 나의 피는 곧 멎고 마는 것이다.

피는 멎으면 굳기 마련이다. 심장은 고동을 멈추게 되고 활동을 정지한다. 죽은 것이나 다를 바 없다. 죽지 않기 위해서 삶의 실타래를 나는 조금씩 풀어 간다. 스스로를 조금씩 죽여 가는 방도밖엔 사랑의 딴 도리가 없는 것이다.

비워내고 줄이고 죽이는 일은 나의 입장이다. 그런 처지는 언제나 억울하며 서글프다. 설움이 쌓이고 한이 맺히면 헤맬 수밖에 없다. '떠도는 자의 노래'가 내 시이다.

7.

네가 없는 이 하루는

시인의 말

나의 일곱 번째 시집이 되는 이 시집 『네가 없는 이 하루는』은 1985년 5월에 상재한 『바깥세상에 띄우나니』 이후의 작품들로 엮어진다. 네 번째 시집인 『복사꽃제』와 다섯 번째 시집에서 집중적으로 보였던 내 나름의 관심과 시적 시도는 그 결과가 이제 크게 두 가닥으로 나누어져 이 시집에 두드러지고 있음을 발견하게 된다.

그중의 한쪽인 제1부는, 개인적 욕망으로부터 출발하여 내적 성찰을 거쳐 얻어 들이게 되는 허망함 같은 것이고, 다른 한쪽인 제2부는 매듭지어지지 않는 분방의 내 출입처인 허공을 거처로 삼기 위한 노력의 일단으로 거둬들이게 되는 갈증의 의문부호 같은 것이다. 나머지 제3부와 제4부는 이런 갈등 속에서 빚게 된 나의 참으로 딱한 시선들인 셈이다.

어떠하든 나는 이런 내 속성적인 것의 한 귀퉁이를 비집고 들어와 있는 감성적 요소, 그 감성이 우리말의 음색 혹은 음영을 타고 드러내 보여주는 미묘 혹은 경쾌에 내 딴의 상상력과 경험을 업게 하는 데 주력해 왔다.

1987년 10월
尙南齋에서
성 춘 복

문 앞에서

이리 오너라
이리 오너라

눈 내려 막힌 길
구름 속을 헤매다가
낯선 집 흔드나니

목청 돋워 찾아도
문짝은 녹아 붙어
속소리로 울리나니

이리 오너라
이리 오너라

하루해를 다 버려도
듣고 본 것 한결로
눈물 닦을 일밖엔

바람 불어 물살 일 듯
날 새면 풀솜 같고
길 밖은 저승이라

"이리 오너라
이리 오너라"
부름소리뿐이러니.

그댄 알리니

그댄 알리니
깨어 있어 아득함
혼자 서 있음

둘러 테두리 지운 다음
그림자마저 벗어던짐
모두 알리니

떠나 있어 망망함
홀로 민망함
걱정할 바 가이없고

그대의 말씀
알 턱 없이 순종함
잘 값하여 견딜지니

지우며 나서는 손 흔듦
애써 믿으려 함
또한 알리니

모아 빌고
바쳐 다함
아, 그댄 알리니.

탑문(塔門)

문 열어라
문 열어라

감추고 살아온 세월
가위눌린 밤
바람으로 흩을 테니
문 좀 열어라

법천사(法泉寺) 굳은 돌문
현묘탑(玄妙塔) 여닫이
돌쩌귀며 녹슨 자물쇠
두 손 거둔 눈물겨움

푸념으로 접어넣은
사랑의 말씀
사람의 내음
어지럼으로 헤칠 테니
문 좀 열어라

가난하게 살았으나
고기 한 칼 장만해
웃음기로 흔드나니
제발 문 좀 열어라

내 너 앞에 다가앉아
걸리고 닫힌 신세
아득함이라

문 열어라
문 좀 열어라.

자조(自嘲)의 노래 · 1

조요로움이 뼈를 깎는구나
차라리 절간이라도 되었으면
풍경소리나 들을 것이고
그윽함 한 겹쯤 둘러쓸 터인데

쓸쓸하고 씁쓸하구나
더는 맞출 데가 없어
눈만 허공에 띄웠다가
미친 것의 너울이 되어 앉다니

찬비에 낙엽이라면
외려 더운 속이나 풀어보련만
외진 곳에 나앉아 운신조차 게으르니
막막하고 서글프구나.

자조(自嘲)의 노래 · 2

답답하고 서운하다
가까움이 멀다 생각될 때
세상은 돌아서느니
노상 눈물로만 다스릴 뿐

그럴까, 그마저 기댈 데 없다면
가슴의 시림이사 단내뿐
한낮도 깜깜한 것이어서
불쌍하고 딱도 하다

삭인 길 되짚어도
이 저림, 이 시림
혼자 갈 수 있을지
아득하고 까마득하다.

산소리나 들으며

숨어서 살까보다
좋은 햇살에 팔다리 엮고
덕대에 걸려 말려지듯
엎어져 살까보다

웬만큼한 내 속도
이젠 희고 바래어졌거늘
꼭 꼭 그림자나 묻으며
산속 같게 살까보다

어느 산 어느 골짝
찬 기운만 도는 곳
손발 다 찬물에 담가
몸 줄이며 살까보다

입 다문 부처님의
눈 또는 귀나 얻어
큰 세상 소식 보는
그 즐거움
물소리에 섞여 살까보다

바람소리 새소리
들릴락말락
내 정신도 흘려 흩는
산소리나 들으며 살까보다.

입관(入棺) 이후

말끔히 닦아내고
반듯이 자리에 들었다
덧문도 닫아걸었다
타는 가슴속
오금이 저렸다
땀에 절어 며칠
보고 싶다는 생각이었다
보고 싶기에 진무르는 눈
그 눈으로 달력을 넘겼다
해가 뜨고 지는 일조차
까맣게 까맣게 덧칠을 해댔다
숯검정 같은 봉분만
하늘 높은 줄을 몰랐다

떠날 것을 믿었듯
돌아올 것도 내 알거니
돌아와 다시 볼
너의 집, 너의 하늘
너의 사랑, 너의 식솔
모두 내 곁에 있을 것도 알아
한솥밥 함께 퍼담으며
머리 맞대고 꼿꼿이 앉아 있을
그날의 내 점괘여.

만중(萬重)의 타령

태어남을
떨어져감을
묻혀 잦아듦을
손끝에서 바라보거니

먼지로 얽혀들어
한 매듭의 끄나풀
무지리어 나아감도
손 모아 풀어보거니

오고가는 일
흩는 아스라함까지
세우고 낮추기를
혓으로 살펴보거니

반김이건 흘김이건
흐름이건 바뀜이건
모두 거두어
눈꺼풀 밖으로 두었거니

사람들아
보살이든 요정이든
이승의 한낮을
어찌 인간으로 삼을 텐가.

층층다리

허물어진 집, 헐뜯긴 집
쓰러져가는 계단
계단 사람들

까물쳐 포개앉고 겹쳐 누운
무너져 허술해진
층층다리들

넓적다리, 넓적다리, 넓적다리
넓적다리 사이의 문
문틀에 낀 사람

나자빠져 있음, 엎어져 있음
그래서 살아 있음
오줌을 갈김

한 모금의 쓴 차로 하루를
하루치의 목숨인 것을
버려진 시간들

빵은 벨 것, 술병은 높다랗게
날아다니는 넝마쪽
그 어지럼증

허물어진 땅, 기울어진 세상
까맣게 속이 타버린
깜장 사람들.

종이학

온통 구름뿐인 하늘을
붉은 눈의 종이학이
훨훨 날고 있다

암스트레르담 가 112번지
뉴욕의 세인트 존 성당 안을
무리지어 날면서
부리를 흔들어대고 있다

잣나무 푸른 가지에
센 바람 일 날만 기다리며
이승의 모든 사람들에게
손을 건네주고

"당신이 나를 풀어줄 수 있다면
나도 그대를……."
겨냥으로 얻어낸 이 기도소리가
내 가련마저 동냥하고 있다

신라사람의 그 신심(信心)에
허리 묶여 땀 흘리는
한낮의 꿈
오늘은 나도 낯선 고장에 묶여
남의 입을 떼게 한다.

서북항공편(西北航空便)

한여름에 떠나와
남의 집 문간
빌어 입은 저고리
강보에 싸이듯 헐렁하게
혼자 울고 섰다니

서북항로(西北航路)
단출의 걸음
당신들의 하나님이 계시다는
넓고 평안한 데
내 이곳까지 나앉다니

겁 많은 눈
곱은 머리
낯빛 다른 여자와 팔꿈치 꼬며
검은 손바닥에 목마름 놓아주고 있다니

오갈 데 없어 마주하며
유리 술잔 엇바꾸는
이 불쌍한 것들

키도 대어보고
조금씩 다리도 맞추어보며
흐려지는 거울 속에

내 잦아들고 말다니

무심하여라
가 없는 이 땅
가장 높은 자리로 올라
하릴없이 다시 동댕이쳐지다니

방 안 가득 들이차는
다른 내 신세
낯선 영혼들의 나락으로 실려와
푸념으로 지치다니

허망하고 허망하여라
마른하늘 우러르며
풀길 없는 매듭에 눈물 떨치고
한정없이 목메여하다니.

항해일지

남해바다가 끝나는
다도해(多島海)에서 몸 일으켜
태평양 저 너머
옥수수밭을 일구며 갔다
땅덩어리 모두 갈아엎으며
대서양의 저켠까지

부끄럼 온몸으로 동여매고
강물에 몸 띄워
너겁으로 흐르다가
짠물에 멱을 감는
낯선 해변가

좋이 여남은 시간
땀 흘리며 무릎으로 달리다가
변방의 어느 골짝
나이아가라 폭포수라는 데서
떨어지며 떨어지며 떨어지며
떨어뜨리는 것을 보며
우리가 애써 할 일
헌 옷가지 벗어 씻어 말리는 짓 따위

빨래를 하고 얼굴을 씻고
손발이며 머리칼까지 말끔히

그리하여 잔디밭으로 나뒹굴며
벗었던 알몸 챙겨 말리다가
몇백 년은 됨직한 외로운 혼
개척자의 넋을 하나 얻어
위로의 말 던지기

그리운 시대의 옛노래
신세놀음이라든가 영가(靈歌)
씻어주며 씻어내며
골 빈 해골이 다 되어
둥실둥실 두둥실
고향으로 되돌아서는 일

태평양을 가로질러
남제주의 천지연
섬진강의 맑은 여울
또는 하단의 을숙도 같은
황강의 턱밑까지
물고기모양 돌고 돌아
고향에 깊숙이 들앉는 일이다.

반 고흐 미술관을 찾아가는 법

암스테르담 중앙역에서
몇 발자국 옆으로 비켜선 저쯤
쬐그만 두 어깨에 간신히 별 두 개를 올려
그 무게만도 지탱키 어려운
성(聖) 니콜라이 호텔의 구석방
층계를 딛고 이 다락방을 벗어나
난 어엿한 그곳 사람으로 전차를 기다린다

5번과 17번을 떠나보낸 다음
덜커덩거리며 다가서는
2번 전차에 올라
거스름돈도 차분히 받아쥐고
라이드 스트라드
네 개의 흙탕물이 골로 트인
운하를 내려다보다가
뮤즘 플라인의 한 모서리
급히 두 발을 땅에 던진다

큼직한 유리창 앞
검정의 두 사람
반바지에 러닝셔츠 차림의
앳된 처녀애들 등 뒤에 붙어
차례로 나도 넓은 마루에 나선다
벽엔 Vincent Van Gogh

그쯤의 화가가 날 기다림직도 한
그러나 글자들만 소복하게 쌓여
악동(惡童)은 보이지 않는다

쏜살같이 삼층으로 치달아
막 날갯죽지를 펴
공중곡예를 시작하려는 까마귀떼들
짐승의 울음소리를 붙들어매고
아직도 활활 불이 붙고 있는
태양과 잘 익어가는 밀밭
그 아래
뚝뚝 떨어지는 땀방울을 난 훔친다

1987년 5월 25일
오전 10시를 조금 지나
맑고 깨끗한 초여름의 하늘을
가슴엔지 머리엔지
아, 작은 구멍으로밖엔 볼 수 없는
네덜란드의 세든 집
그의 고국 미술관에서
나도 잘 타고 있었다.

해바라기송(頌)

손때도 지워지지 않을
어리숙한 흙손의 큰 주둥아리
아주 잘 빚은
조선 항아리에
해 하나 꽂힌다

쪽빛 하늘
하얀 구름
무늬살의 바람
드세게 휘저으며
불의 바다는 넘실댄다

땅의 열기 속으로
바람벽에 휘감겨
몇 마리의 검정새로 떠오르는
혹은
연(鳶)으로 띄워지는
죽음 같은 것

그 땅의 주인이 이룬
오, 해바라기여
고흐의 꽃이며.

피렌체의 저녁

단테의 집을 나설 때
첩첩 산 속 같에
노을은 퍼지고 있었다

어둑살을 따라
나직이 흐르던 아르노 강
하늘로 기어올랐다

우리나라 소나무와 아카시아
중세의 길가엔 낡은 벽돌집
갈매긴가 까마귄가

새들은 서녘으로 몰려가고
우린 어깨에 어스름을 낀 채
분별없는 곳의 그늘로 퍼져갔다

모든 일이 다 용서된다던
넉넉한 땅의 기슭
사랑은 다리로 뻗고 씨앗 또한 터지는데

베아트리체의 가죽신 내음
귀걸이와 팔찌의 웅얼거림
좁은 골목길이 더워졌다

뼈다귀 속의 그림자
'다 빈치'가 새긴 머릿골까지 등을 돌리고
도읍을 떠나는 나의 길을 메우고 있었다.

햄릿의 성(城)

맨발로 달려갔다
나와 닮은 선남(善男)을 만날 때까지
보드라운 흙만 밟고
신발은 벗어 허리에 뀐 채

유채꽃이 구름으로 뜨고
지천으로 민들레가 길을 숨긴
안개 속의 성채
포른버그의 바닷가를 나는 헤맸다

한갓진 뭍의 끝에서
적의 땅에 꽂을 창을 갈고
물이 다 빠질 때를 기다리며
가당을 듯 화살도 퉁겨보았다

고여 가득 흐르는 바닷비늘
썩은 뗏목이 내 꿈을 실어나르고
부러진 돛대 위의 적을 향해
힘껏 나는 소리쳐보았다

왕자여
허위적대는 나그네여
바다에 선 햄릿이여
나의 밤도깨비여.

코르푸에서의 일주일

두오모나 그런저런 이름의
예배당이 즐비하지 않아도
우리의 고해(告解)는 이루어졌다

올리브며 유도화 나뭇가지
수다스런 꽃잎 헤아리며
깡마른 모래땅에 발목 묻으면
죄도 한결 가벼워져갔다

수련이나 물풀이 아니어도
거뜬해지는 몸짓
다른 빛깔의 웃통 벗은 아낙들과
떠다니며 멱을 감았다

아드리아의 바닷물이건
기적의 샘에서 퍼올린 것이건
이레 동안을 꼬박
우린 물속에 턱만 내고 잠겨 있었다

아침이면 그 해가 그대로 뜨고
저녁이면 그 달을 또 끌어들이는
언제나의 별빛
우리의 방탕을 더욱 부채질했다

이레째가 되는 날
퉁퉁 부어올라
해탈문(解脫門)을 밀어붙이기도 하였건만
우리의 무게는 마냥 그대로였다.

허탈의 북극(北極)까지

다시 가기로 마음먹는다
짤랑대는 두어 개의 조선 동전을
연거푸 등뒤로 젖히면서
바람을 얻어 타고
로마에서 프로렌스로 가기로 한다

귀 곁으론 전차소리 낡고
이후로는 두 마리의 건강한 말이 끄는
쌍두마차를 빌어 타고
고함과 채찍
베로나와 중세를 거쳐
코모 호수까지 나가기로 한다

높직이 돛폭 올린
쌍칼잡이의 해골들
빈 뜰에 쏠리는 낙엽의 가닥처럼
아무것도 잡히지 않는 허공을
물거품 같게, 회오리 같게
길어올리기로 한다

극점(極點) 가까이까지
꽃으로 누웠다가 풀잎으로 일어나는
깜깜의 빈 들녘을
무릎과 맨발로 더듬으며

자유로운 멧새 되어
약속의 내 땅도 갖기로 한다

로마에서 코펜하겐까지
허탈의 북극까지.

내가 떠난 서울

내가 떠난 서울은
지금 텅텅 비었다 한다
이곳 소식통에 의하면
여름의 한가운데로 접어들어
30℃ 이상의 열탕에다
스스로의 몸을 마구 태운다 한다

한갓진 땅의 어눌한 곳을
내 찾아와서
가을날씨 같은 자리를 펴놓고
두어 마리의 청어로 배를 두드린다 한들
터실터실하게 달라붙는 양파즙
또는 그 내음을 어찌 버릴 수 있으랴

덩그런 호롱불 달아매고
번듯하게 드러누워
천정으로부터 머리 들이박는
이 홀랜드 청어의 비린맛을
몇차례의 시워나 가스내음으로 비겨본들
호흐스트라트 152번지 하얀 집
그 껍질 번지르르르한 치즈 맛이 맞물릴 수 있으랴

내가 떠난 서울
집을 비우고 있는 사이

고향산천과 세간살이는
연기와 불길 속에 있고
내가 먹고 다니는 더위만큼
속이 텅텅 빈 날들이
소식통으로 허공을 날고 있다.

인바네스에서 가뭄의 그곳으로

산이라곤 할 수 없지만
드문드문 흰 눈썹을 지닌
고원지대를 내려서며
게으른 개나리꽃 같은 것을,
진달래며 동백이며
그런저런 잡다의 꽃 같은 것을
온 들판에다 뿌리며 다녔죠

양떼들, 소떼들, 당나귀떼들
전혀 한가로운 풀밭 곁을
쏜살같은 카누 띄워 몰며
다시 거슬러 급류를 만들고
뚜우 뚜
기적소리 울리며 기차로 달려보았죠

대서양의 저 큰 바다 너머
다시 태평양의 수심(水深)을 건너질러
황량하기는 내 고향땅

불볕 속에 가슴 조일
메마른 가뭄에다
나는 마구 흰눈 가루를 뿌려댔죠

되는 대로의 생각에 꽃들 옮겨심으며

급한 물줄기 들이대고
배를 몰아 나아들 갔죠
낡은 기다림도 속도를 붙이면
북해가 보이는 꼭지점에서
내 고향땅이 보이는 그곳으로
건너뛸 수도 있으니 말입니다.

떠돌이의 노래

– 시인 워즈워스의 산천에서

비가 온다는 예보도 없이
그래스미어의 새벽은 밝는다
까마귀의 검은 울음소리와 함께
비좁은 창틈을 빗소리가 열어놓으면
나무들 이파리들
저희끼리 손을 비벼대다가
몸을 쪼개는 배냇짓을 하며
이내 호숫빛으로 묽어간다

어디를 돌다 예까지 왔을까
특별히 비가 오지 않는 날도
엷은 터키석의 밤을 지키노라면
갑자기 물빛과 어우러져
붉힌 얼굴이 되기도 하고
잔뜩 본내음이나 풍기며
콧날 반듯이 세운 워즈워스의 고향에서
메어리 클라라의 청 좋은 대꾸와 맞서다니

아, 시인은 반가운 사람
수선화 만발한 호숫가의 길을
안개 자욱한 당신의 깊은 골짝을
내가 떠돌고 있다니.

바닷가 잔솔밭

두어 순배
잔이 돌아나가도
바다는 계속 몸을 틀었다

도다리와 꼬시래기
낙지와 홍합
우렁쉥이와 성게까지도
기를 잃진 않았고
잰걸음으로 달려온
모래밭의 끝
잔솔밭에 너부죽이 엎드렸다

바다의 곳곳에선
연미복 차림의 물새떼들
펴지지 않는 무릎을 탓하며
그늘 속의 소나무를
넉살 좋게 꾸짖어댔다

웃통마저 벗어던진 채
주전부리를 해대며
살피는 버릇 그대로
상 위로 오른 바닷것들
소나무와 햇살과 바람을
내 겨드랑 밑으로 흘려보냈다.

떡갈나무

우리의 나무입니다
그 나무 위에서
한 마리의 다람쥐가
열심히 손뼉을 보냅니다

손뼉치는 동안
우리나라의 떡갈나무는
몇 번 도토리를 굴려 받다가
속에 든 씨앗이 뿌리 되도록
물줄기도 크게 손짓해 부릅니다

잎이 나고 가지가 뻗으면
떡갈잎엔 햇빛이
그 씨앗엔 바람이
소나무의 늘푸른 향기를
다람쥐의 집에다 묻습니다

떨기나무이기는 하지만
심어서 숲이 되진 않았고
손뼉을 두드려 숲을 이루어
순수의 물에 띄운 뗏목입니다

긴 겨울잠에 젖었다가
어느 날 숯검정으로 마음 태워

호랑이 같은 무서운, 토끼 같은 눈의
그림으로 살아오릅니다

손뼉을 보낼 수밖에 없는
다람쥐와 떡갈나무의 숲
고향은 어디에나 있고
우리의 나무, 떡갈도 있습니다.

점입가경(漸入佳境)

꼬부라진 길을 미나리꽝에 묻고
잃어봤자 그것이라는
돌아볼 바 없는
오륜대못의 저 끝머리
민물 횟집 앞에서 신발끈을 푼다

겨울 가뭄이 심하면
고기 속 물자리도 탓하고
지난날 꽃이 한창이던
장미의 좋은 한때를
풍물 같게 도마질소리로 듣노라면

두 사람이 함께 나섰다가
하나쯤 그 맛에 죽어나도
눈 한 번 깜짝이겠느냐
어림 반푼 없다는 맞수끼리의
그 우정에 나도 풍각소릴 해댄다

남의 산수(山水) 베어먹듯
삼동초 억센 잎새에
초봄 연한 살코기 말아올리는
시인 차한수와 조의홍
그들의 풀밭을 덩달아 기다가

언제나 넓기만 하다는
두어 평 남짓의 평상 위
점입가경의 얼굴 펼쳐놓고
또 한 해의 봄을 맞는다
남의 봄도 찾는다.

비

떨어진다, 떨어진다, 떨어진다
우산을 받쳐들고
긴 장화를 찾아 신는다
젖지 않는 땅을 향해
도랑을 비켜 미끄러든다

물받이가 된 강과
홍수가 되는 바다
거센 노 휘저으며
사막의 저켠까지
크게 우산을 펼쳐든다

맑은 날의 여우비
무지갯빛 세월
우산 속으로 접혀드는 세상
마른 동굴의 우물에서
나는 아픈 머리를 식힌다

낮은 곳으로, 낮은 곳으로, 낮은 곳으로
웅덩이에 몸을 합쳤다가
틔는 길을 따라
사태가 일지 않는 마른 땅으로
나는 우산을 받쳐들고 간다.

엽서 고르기

엽서를 고른다
색깔이 묻은 쪽보다는
의자나 하나 놓이고
놓인 자리에 앉을 사람을 찾는다
흑백의 사진틀로 짠
엽서 한 장을,
조선 등잔과도 같은
벽에 걸어 환할 것을,
요람도 나무로 되어 흔들거리는
하나의 얼굴그림을 택한다
고르면서 생각하는 일은
잃어버린 우리들의 고향과
땅속 깊이 묻힐
돌아갈 곳의 우표값
도둑맞아 없어진 내 정신의
딱한 형편도 아우른다
네모나고 흩색으로 된
미끈한 종잇장
태어난 장소와 시간이며
쉴 곳의 번지수도 확실한,
속아 살아 알면서도
또 빈 엽서를 고른다.

설악운(雪嶽韻)

다 저문 봄을 찾아
안쪽 설악을 갔다
푸른 발의 겨우살이가
하늘을 딛고 선
신우대의 산턱을 흔들며 올랐다

다문 입술을 열면
쉬 무너져내릴 봄기운
산오얏 엷은 그늘 비켜
난 또 입속 사설을 해댔다
사랑하며 왔노라고

허리 굽혀 달려드는 바람
울음으로 대꾸하는 나를 위해
마루턱 이켠에다
든든한 바람막이도 했다

그래
얼마든지 좋은 값으로 셈할
재 너머의
한철의 바다 일으켜세워
다시 너를 보도록 하마

식은땀 한 줄기면
봄의 설악쯤이야
나도 너끈히 넘을 수는 있지.

구용(丘庸) 시인

요즈음은
헤어져가는 사람들조차
손도 들어 보이지 않는데
보십시오
말려들지 않을 완고한 품으로
여태 거기 그대로 서서
손바닥을 펴 보이며
어깨를 흔들고 있는 사람을

고개라도 가로저으면
흐르던 강도 두 쪽이 나고
그래, 하다못해 눈이라도 감으면
세상도 그만 깜깜하게 끝나고 마는
그 세상의 막바지를
가슴 치듯 마구 주먹으로 까뭉개는
서슬을 우리는 알고 있지요

생각해보십시오
아무 일도 할 수 없는
아주 조그맣고 볼품 아닌 손
그 손이 뻗고 있는 손가락
홍차봉지나 간신히 비틀고
괜스런 남의 허벅지나 꼬느는
하지만 우리의 만남을 확실케 하는

이 방식을 우리에게 주었죠

타령인지 염불인지 모를
갈매기의 바다울음 같게
꺼억꺼억
한정없이 울어젖히다가
'원수여, 원수여'
그마저 몇 잔의 술이면
아예 물빛으로 헹구고
돈암동 어둔 골목으로 스러지는
허리 굽은 시인을
우리는 기억하고 있죠

안개 속인지 구름밭인지
눈이 시려 보이지 않는
알쏭달쏭한 삼선교 옛길을
넘어질 듯 달려나와
서양사람의 두 볼 입맞춤같이
껴안음을 예사롭게 남기고
휘이휘이 흔들거리며 가는
잊을 수 없는 사람 중의 사람을
우리 모두는 알고 있죠.

감기

휘어진 가지
잔솔밭의 비탈
미끄럼틀만 타게 된다

팔랑개비
벨레소리
노상 어지럼증이고

열에 뜬 눈
부르터 세운 입
목마름도 몸져눕는다

두어 개의 알약
한 모금의 물
여태 나는 감기로 앓고 있다.

그런 줄 알고

싹도 나지 않는
이 수절(守節)의 밭을
그런 줄 알라 한다

아무나 붙들고 물어도
그 목청 그냥 그거라며
그런 줄이나 알라 한다

누구 사랑
누구 말씀
누구 슬픔

뿌리도 제대로 굳히지 못하고
거푸 쉿소리만 쏟아놓아
그저 그런 부름이라 하거늘

따돌림뿐인 세상을
내 얼굴, 내 이름 어떠하냐 물은들
그런 줄 그냥 알고 살라 한다.

송정리(松亭里) 솔숲에서

소나무숲에 들면
솔내음으로 빠져오는 바람
밤비 쏟아진 날의 아침 같게
잘 바스러진 햇살이 있다

햇살은 깨어나
솔가리도 쌓아가고
흩어진 너비만큼
파도소리도 모래밭에 묻는다

저쯤 널브러진 바다
열심히 살아가는 사람들의 눈이듯
안개의 덧문 열어젖히고
한마당 마음을 깐다

솔숲을 기어다니는 바람
그 바람 같게 등이 휜 소나무
그 소나무 같게 깊숙이
나도 발을 묻고 선다.

강

멀리 있는 것보다 더 멀리
산은 떨어져 있어
은회색 또는 청회색의
희뿌연 그림자로 번지다가

아득한 것보다 더 아득히
보이진 않으나 잡힐 듯
녹청의 색깔로 다가들며
군청색 연봉으로 드러난다

골짝들은 또 그런대로
먼 데보다 더 멀리
어슷비슷한 구름들을 이고
안개 같은 운예를 피워내다가

억새풀이나 토끼풀
토란잎이나 호박잎에 올라
또렷한 방울로 퉁기며
구슬소리로 영근다

또랑또랑 잰걸음으로
물소리 같게 떨어져 내리다가
산소리도 걸치고 바람소리도 묻혀
푸르고 질긴 칡넌출을 타고 내리다가

활짝 옷을 벗어던지고
맨몸 섞어 살 비비는
차가운 도랑이 된다, 여울이 된다
소리가 된다, 몸짓이 된다

닫았던 말문의 봄
여름엔 소나기를 따라 줄기찼다가
가을 들판으로 치달으면서
부질없는 설움, 까닭 모를 욕설도 실어내다가

나무들이 발을 담그는
짐승들이 목을 축이는
착한 물결 이루어 강은 흐른다
흘러 드디어 바다를 만든다

보이잖는 곳에서 허투루 떠돌다가
작은 씨앗으로 길을 얻어
개울에선 소리 되고 몸짓 된다
무겁고 두려운 힘이 된다

강은 늘 가고 있는 것
맨발로 종일 뛰고 있는 것
내내 넘실대며 뜨거워지는 것
그렇게 스스로 죽는 것이 된다

태백의 저 금강, 대덕에서 눈떠

갈래진 두물머리에서 만나보는 일
만나서는 우리의 땅 밟아보고
서해바다에서 비로소 몸 낮추는 일

물의 그 강
그렇게 한강도
또 그처럼 흐르는 것이 된다.

방파제

잠자러 들어가던 물새의
꽁지가 어둠 속에 떨어졌다
한 가닥 바람이 너풀거리고
칼날 같은 불길이
내 가슴을 도려냈다

출렁대기 시작하는 바다
쏟아질 듯 숨을 몰아쉬며
내 목숨의 줄에 닿아 철썩댔다

무릎까지 옷을 걷어붙였다
한 마리의 뱀장어가 물구나무서듯
바닷새의 파람소리에 휘감겨
마구 손짓했다, 파도는

앞선 바다는 쉬 잠겨들고
내 속도 짠물로 채워져갔다
턱에 닿는 숨소리
나는 살아있음을 가쁘게 고백했다
오, 내 무덤인 파도여.

길이 있는 곳에

길을 주소서
뜻이 있는 곳엔
반드시 길이 나서듯
우리에게도 그 길이 있게 하소서

부서진 다리
끊어진 물줄기
물속의 길 솟아나도록
오, 우리들의 고향땅
언제나 오갈 수 있게
그 길에 닿게 하소서

살아선 못 가보고
죽어서도 가지 못할
막히고 잘린 길
우리 슬픔의 그 길

물 건너의 길
산 너머의 길
들 저켠의 길

다리 맞은편의 길
울타리 바깥의 길
철망에 갇힌 길

숲속에 묻힌 길

보이지 않고 닿지 못하는
그 길
우리로 하여금 뚫린 길을 갖게 하소서

갈잎 흔들어대며
바람이 치닫는 길
그렇게 우리를 달리게 하소서

사각대는 나뭇잎
이웃과 한정없이 나누는
멀지 않은 길을 보게 하소서

별들이 나와 줄지어 서서
총총한 밤하늘의 남과 북을 잇듯
우리가 하나 되는 길을 주소서

강물은 흘러흘러
동과 서
거침없이 뻗는 물줄기의 향방
우리도 그런 권리 누리게 하소서

뒷짐 지고
신발 끌며
자유, 자주가 거니는
그 길로 찬찬히 산보하게 하소서

눈 홉뜨고 버캐 빼문
험상스런 얼굴 아닌
평화와 민주의 그 길에 닿게 하소서

동래포에서 시작하여
압록강의 저 외진 데까지
한줄기 소나기로 내려서는
그 길 달리게 하소서

이젠 더는 억울하지 않게
맘껏 하늘을 오가는 구름이라도 되어
자유와 평화의 거룩한 이름
그런 길을
그런 땅에 살게 하소서.

한강의 소리

한강은
아침이슬로 시작한다
미명의 희뿌연 빛깔로 영글다가
차고 매끄러운 껍질
또옥 똑, 톡 토옥
얕은 소리로 잦아들며 떨어져내린다
똑딱배가 거슬러 오르듯
안개 속을 누비는 물갈퀴
차근한 흐름으로 굳어져
드디어 억센 강의 도도함이 된다

부신 햇살
우리들의 추억은 어디에 있는가
발을 담가 몸을 식히던 냇돌은?
흰 두루마기를 헹구던 빨래터는?
소금배기가 와 닿던 나루는?
연을 띄워올리던 미류의 둑은?
제기를 차며 먼지 일으키던 황톳길은?
장작더미를 실어나르던 배들은?
딸각대며 달려와 멎던 전차는?
또 목마른 자의 물이었던 샘터는?

무서운 발자국소리인 둑강
한의 살풀이로 주저앉은 살곶이강

발가벗은 정신의 마포강
저물녘으로 겨냥되는 샛강
분망의 한 시대가 지나고
이제 다시 강의 시대는 오지 않는가
죽었다가 일어나 소리를 친다
한강은 일어나 아우성친다
살려다오, 살려다오, 너희들처럼.

나무

풍진 세상 산속 같게
골목길도 들판 같게
도랑물도 강물 같게
마음도 옛날 같게
나무를 세운다

그 마음 산새 되는
그 마음 들꽃 되는
그 마음 하늘 되는
그 마음 샘물 되는
그 마음 그늘 되는
그 마음 열매 되는
그 마음 고향 되는
나무, 나무를 일으킨다.

한 보시기의 모래
자투리의 뼘땅에도
마음의 흙을 쌓아
우리들의 마당 되게
나무, 나무, 나무를 심는다
나무를 심는다
한 줌의
한 뿌리의
한 그루의
마음, 마음, 마음을 세운다.

송계(松界) 미륵

눈도 떼지 못한 채
귀만 틔워놓고
미륵은 잠속이다

손가락마다 고추잠자리
건넛산 너머의
저 세상은 그러하다며
이쯤에 떨어져 서서
아직도 생각중이다

소나기가 부어놓고 간
개울물소리나 듣자며
여름매미의 목을 훑어
울음으로 가슴 뚫고
언제나 감긴 눈이다

떼지어 몰려들 와서
무릎에 엉기는 아낙
한 방울씩의 땀을 건네고
그대로 그 몸짓이다

손가락마다 봉선화물을
신라나 고려적의 약조로
그 자리에서 그대로 하며
오늘도 미륵은 곰곰이다.

이런 아침

깨었다가 다시 잠든
이 새벽
이불을 개키다가
꿈에서 잊은 발자국 하나 주웠다

스산한 바람 몰려오고
바람만큼이나 비틀거리던
답답의 내 귀가길
어젯날은 쓸려나는 나뭇잎과
노을빛에 온통 취해 있었다

오늘은 이른 아침부터
먹구름이 창문을 두드리고
겨울 찬비가 넘나들며
내 속마저 젖게 한다

버려야 하리
살아있는 자가 숨은 이불이며
잠옷 속에 감춘 지워야 할 것들
은행잎이며 노을빛 발자국이며
뜬구름 따위는

서둘러야 하리
이런 날의 아침은
궂고 추운 때의 허물이랑
되도록 던져야 하리.

꿈

잎이었다가 이내 줄기가 되는
봄의 좋은 햇살
크고 곧은 하늘이었다

더위가 다가서자
한 톨의 작고 예쁜 떡잎은
널따란 마음자리
썩 우람한 그림자로 번져갔다

바람과 샘
산새 날아들고 꽃들은 엉켜
짙고 선명한 그늘의
울타리로 굳어갔다

귀뚤, 귀뚤
대들보나 서까래 사이
우리들 마음 편한 집도 벌레소리 되어
가벼운 바람으로 떠올랐다

겨울 지나고
다시 따가운 햇살
한 톨의 작은 씨앗이
부드러운 꿈으로 영글어갔다.

겨울 한복판에서

우리가 왔던 그 골목이
바람에 쫓기고 있다

높다랗게 옷깃 여미고
노란 색깔의 헝겊조각으로
가을은 길을 돌아나갔다
허기진 마른 잎들과 함께

가을 지나고
다시 한철
나무들도 알몸이 되어
말문 닫아걸고
눈 속에서 몸살을 시작했다

다음 벌판은 눈밭
털옷을 껴입어도 더워지지 않고
볕이 좋아도 좀처럼 깨어나지 않는 정신
아득한 길에
아득한 생각 끓여
문풍지소리만 일게 한다

"오갈 데 없이
해는 다시 뜰 것이고
봄은 또 오리라"고
혼자 된다.

한 해를 보내며

속절없이 잎은 지고
바람이 몰린다
눈은 내려 쌓이고
만상(萬象)의 얼굴이 묻혀 간다

도란도란
모여서 얘기하던
하얀 머리의 갈대숲들
어리석음도 안아 감고
까마득한 세월 접어
깊은 생각으로 담는다

형체 없이 사라지는 것
해는 기울고
울음 또한 삼켜
미어지는 속가슴을
굳게 닫아걸기로 한다

떠도는 나그네라지만
이제 우리
다시 솟을 저 해와도 같게
얼마를 더 살아야 하는
새 길은 틔우기로 한다

가진 것은 없으나
다가서는 날들이
한결로 따뜻하게
두 손 거머잡고
주머니 가득 채울 빛의
가뿐하고 흔쾌한 걸음이게 한다.

자화상

한번도 만난 적이 없는
그래서 더욱 알 수 없는
그림자의 그림자
어둠 속에선 흔적을 버리고
밝음 안쪽에선 뚜렷하게 서는
검정 빛깔만의 눈
검정 빛깔만의 머리
투명한 머리칼의 그림자.

은어(銀魚)의 떼

속살 환히 드러낸
물빛 청포도 한아름
무릎 위로 올라앉을 무렵

풀잎 사이엔 곧은 햇살
나무 사이엔 잔바람
가을은 잘도 익어간다

철철 넘쳐 흐르던 수박내
탑리(塔里)의 자갈여울도
미류 그림자만큼 길게 누웠고

섬진강 안개가 달음질해대는
은어(銀魚)의 하루해
내 등받이의 땀도 식어갔다.

신새벽에 일어나

아직 희망 같은 게 있어
우리에게도 트인 길은 나서고
묵은 해 깊이 묻어
새날 밝혀 세우나니

긴 겨울잠 속에서도
부딪쳐오던 것
와서 소란 피우던 것들
모두 꿇어 엎디게 하나니

고통스럽고 답답한
불안과 탄식과 뉘우침
기지개 켜며
내 마음 깊은 곳보다 더 안에
엎디어 쉬게 하나니

풀 길 없는 갈증
죄어오는 덜미
옭아매는 팔다리
헐떡이는 가슴
이제 밝음 쪽에 서게 하나니

아직 희망 같은 게 있다면
거듭하는 귀밝이로

더욱 크게 눈을 떠
다시는 바장이게 하지 않으리니

살아온 날만큼의
오, 빛나는 죽음이여
무덤으로부터 날은 밝아
우리가 비로소 살아있음을
드디어 신새벽은 가르쳐주나니

모든 걱정 풀어젖히고
이 세상에 희망 같은 게 있듯
새해, 새날, 새 아침
새 뜻으로 서보리니.

젖은 봄빛

턱밑까지 후끈 다는
좋은 봄날엔 편지를 쓴다

먼산 가까이 불러 앉히는
글발의 목청 높이 띄우고

곰곰 가려 뽑아 앉힌 말들
묵은 인사도 닦아낸다

사랑하는 사람들의 그런 눈웃음
환한 얼굴도 그려 넣고

아, 이젠 때가 되나보다
속살내의 그 잎새 젖는 봄빛이

숨차오르는 이런 때는
아지랑이 같은 사연 읊어야 한다.

청와헌(聽蛙軒) 나서며

삽짝 밖
먼산

일었다가 지고 꺼졌다가 다시 솟는
잡풀 속의 세월

길의 뿌리 같은 자갈 밟아 나섰다가
오늘은 얽힌 걸음으로 돌아서는
발밑의 돌

문득 손으로도 만져질 듯
더욱 썰렁함

아
하얗게 등이 바랜 어깨여.

오직 하나뿐인 소리와 빛

들리지 않느냐
활활 타오르는 불길의
횃불이 뿜어대는 저 소리가

보이지 않느냐
세상의 온갖 것
하나같이 눈떠 밝히는 저 빛이

단 하나의 말
오직 그뿐인 노래
산이며 강이며 나무며 바람이며
모두가 보고 듣고 있음도

목말라 부르는 소리 같은
자유로이 흔들어대는 깃발 같은
사람들아
저 부름소리도 알지를 않느냐

걸음마로 뜀박질로
고대의 그리스
올림피아에서 출발하여
에게 해와 홍해
아랍 바다와 인도양을 거쳐
대서양과 태평양 두루 밟고

눈 밝혀오는 소리, 그 빛을
우리 다 알지 않느냐

가느다란 햇살 하나 하늘에서 거둬
꼿꼿하게 땅바닥에 꽂는
그리하여 꼬리 달린 불씨
영원의 빛으로 달리게 하는 그것
사람들아, 알지를 않느냐

한라에서 북악까지
섬진에서 한강까지
오직 하나뿐인 그 노래
"세계는 서울로, 서울은 세계로"

십자성에서 북두까지
골목길에서 한길까지
서울 곳곳, 구석지고 어두운 자리까지
환하게 우리의 그림자까지 밝히는
오직 하나인 그 등불
그 빛을, 사람아 보지 않느냐.

예사스런 날도

꽃이 꽃을 딛고 일어서는
염거(廉居) 화상(和尙)의 부도(浮屠) 옆
작은 풀밭
그 사이
하릴없는 사람의 뒷짐지는 걸음으로
부산함의 길을 펴면
예사스런 날도
등나무 그늘 아래
내 하루도 묵은 것인 양
젖은 풀씨 떨어내듯
밭은 걸음이 되어 간다.

나에게 띄우는 연하장

나로 하여금 날게 하소서
정말이지 새해는
큼직한 날개라도 주어
밤이면 달을 지고
낮이면 해를 이고
뒤돌아보지 않는 버릇으로
마음껏 날게 하소서
옭는 끄나풀 모두 끊어버리고
높직이 자유이게 하소서
나를 묶는 세상사
헌옷 벗어던지듯
부디 벗게 하소서
가고자 하는 데 있어
아무런 곳이거나
스스로 가게 하소서
탈탈 주머니 털어
차삯 모자라도
가볍고 단출한 행색
더욱 깊이 날게 하소서
하늘의 저 새떼
물속의 저 고기떼
그들과 한가지로
나도 자유 그것이게 하소서

이 한 해
나로 하여금 날게 하소서
충분히 자유이게 하소서.

대학로를 내려가며

삼각산 물받이 우암로에서
하늘로 연방 물줄기 뿜어대는
혜화동 분수대 로터리를 돌아나가면
저만치 동소문께가 바라보이고
낙산도 허리를 꺾고 고쳐 앉는다

그래, 옛날의 대학천이
졸, 조올
시냇물소리를 땅속 깊이 묻던
이 길을 따라가다보면
율곡로의 끝머리 이화로쯤
아니, 그곳까지 내려서지 않아도
널찍한 놀이터가 몇 군데 나선다

지금은 건강한 젊음들이
뒷짐들 지고
어깨들 겯고
손에 손목을 주고받으며
가지런한 사랑 속삭이고
신명도 한마당 흥으로 풀어주는
언제나의 계절이 매달려 있다

이 널브러진 잔치 마당에
버드나무, 은행나무, 너도밤나무, 물푸레나무

돌덩이며 청동이며 항아리들도 줄지어 늘어서고
저녁이나 안개 속 같은 어둑살엔
두 눈박이 세 눈박이 가로등이 오솔길을 이뤄
보이지 않는 것까지 환히 불밝혀 세운다

가장 아름답고 마음 푸근한
이 자유로운 놀이마당의 한가운데로
아, 젖은 내일의 풀씨들이 쏟아져 모인다
언제나의 푸름 속을 누비는 벌레소리 들으며
새롭게 열어젖히는 날
이곳에 젊음이 있다, 대학로엔.

올해는

자유롭게 하소서
정말이지 마음껏
큼직한 날개라도 붙게 하소서
뒤돌아보지 않는 버릇
옮는 끄나풀
나로 하여금 높게 하소서
주머니 비워 가볍게
아무런 곳이나 제 것이게
물속의
혹은 하늘의
그들과 같게 하소서
제발 자유롭게 하소서.

집시의 자화상

박이도(朴利道)

1.

한 권의 시집에서 시인이 무엇에 집중적으로 관심을 보였는가를 읽을 수 있었다면 그것은 감상의 의의를 충분히 제시했다고 볼 수 있다.

성춘복의 『네가 없는 이 하루는』은 시집 제목을 상징적으로 받아들일 수밖에 없듯이 죽음에의 두려움과 외경의 뜻이 상징화되어 있다. 또 이것은 허무와 절망의 함축성이 진하게 드러난다. 그래서 외로움에서 소외의 감정으로까지 확대되고 그것은 또 하나의 집중적인 관심이 되는 떠돌이, 즉 집시(Gypsy)의 풍부한 체험의 에스프리이다. 보고 듣는 풍물, 나아가서 문화적 구조에 대한 경이의 발견 등은 집시의 넋을 빼어버릴 수밖에 없다.

구조주의는 문화인류학의 차원에서 인간집단의 각종 제도가 마치 언어가 문법에 의해 분별되는 것과 같이 특유의 문법을 지닌 언어로서의 구조를 지칭한다. 이 시집 제2부에 속한 시편들이 여기에 속한다.

전반적으로 성춘복의 『네가 없는 이 하루는』은 감각이나 격정 혹은 형식면의 실험 같은 차원이 아니다. 사실성에 충실하면서 유순한 어휘와 구문으로 전개된다. 극적인 파탄에 의한 충격보다는 직관에 의한 차분한 호소력으로 이어지고 있다. 이는 H. 융거가 지적했던 언어의 세 가지 기능 가운데 속하는 환기와 묘사의 기능을 통해 인상적이고 사실적인 요소를 담고 있다.

2.

누가 없느냐
누가 없느냐
…(중략)…
네가 달아난 길의 끝에서
성냥개비 마구 그어대며
어둔 내 눈 밝히듯
낯선 문 두드리나니

거기 아무도 없느냐
누구 없느냐.

-「빈집을 향하여」에서

이리 오너라
이리 오너라
눈 내려 막힌 길
구름 속을 헤매다가
낯선 집 흔드나니

목청 돋워 찾아도
문짝은 녹아 붙어
속소리로 울리나니……

-「문 앞에서」에서

앞의 「빈집에서」의 '빈집'과 뒤의 「문 앞에서」의 '낯선 집'은 무엇을 상징하는가, 죽음의 실체로 드러나는 영혼이 방문하는 형식을 취하고 있다. 그러니까 살아서 살던 집을 죽어서 찾아온 영혼이 육신을 부르거나 더불어 나누는 독백이요 절규인 것이다. 죽음에 관한 명상이라고 생각할 수도 있다. 죽음에 관한 이모저모를 의식할 때 인간은 삶의 기본이 되는 원형, 즉 영원한 주제의식을 잡았다고 볼 수 있는 것이다.

가까운 주변에서의 한 죽음을 볼 때 그것은 바로 살아있는 자의 죽음으로 환치되어 떠돌게 된다. 내가 죽으면, 살아서도 외로운 내가 죽으면 나의 현실은 얼마나 더 쓸쓸하고 외로운 것이 될까. 여기까지 상상해낼 수 있는 것이 위에 인용한 두 편의 시편들이다.

'네가 달아난 길의 끝에서'의 '네가'란 영혼 자신의 육신을 두고 하는 말이다. 그 이하의 '성냥개비 마구 그어대며/ 어둔 내 눈 밝히듯' 찾아온 이승에의 안부와 수심에 찬 그리고 호기심에 넘치는 간절한 심정이다. 그래서 '거기, 아무도 없느냐/ 누구 없느냐'고 소리 없는 절규를 하고 있다. 문득, 죽음처럼 느껴지는 스스로의 결여의식이 살아날 수도 있다. 「문 앞에서」의 '이리 오너라/ 이리 오너라'는 위치만 바뀌었을 뿐이다. '눈 내려 막힌 길/ 구름 속을 헤매다가' 돌아와 낯설게만 보이는 자기 집 앞에 선 영혼의 서글픔이 '속소리로 들리나니'로 절실함을 호소하고 있다. 낯선 집, 빈집으로 인생의 외로움 개별성 따위를 상징하고 있다. 더 나아가 살아있음의 허무감을 제시함으로써 죽음에 대한 좌절과 두려움 등을 생각하게 한다. 형식상 살아있는 자와 죽어 영혼으로 돌아온 자, 즉 자아의 이원성(二元性)을 축으로 진전시킴으로 감상자의 인식을 돕는다. 인간은 지상에서도 집시의 운명이나 영혼으로 돌아가도 역시 떠돌이의 외로움을 면키 어려운 것일까.

제1부 '눈감고도 가는 길'에 수록된 시편들은 대부분이 죽음을 소재로 하고 있다.

> 한아름 흙을 받아
> 꼭꼭 너를 묻었다.
>
> -「하관(下棺)」의 첫 연

이렇게 침착한 톤이 마지막 연에 가면 '너를 버리고 오던 날/ 옷자락엔 안타까움만 묻었지/ 쩍쩍 갈라지는 논바닥같이'라고 스스로 혼란에 빠지는 자괴감에 빠지고 만다. 사실 구문 자체는 계속 침착성을 잃지 않고 있다. 그러나 그 내부에서부터 솟아오르는 자괴감을 강하게 느낄 수밖에 없다. 죽은 자를 생각하는 것은 바로 산 자의 의미를 생각하는 것일 수밖에 없다. 이 「하관(下棺)」 속에도 '잘 닦인 창 너머/ 빤히 바라 보이는 너의 집'이라는 구절이 나온다. 여기서 말하는 '너의 집'도 결국은 앞에 인용했던 시편들의 '낯선 집'이나 '빈집'과 같이 죽음의 영혼으로 돌아와 보는 자기 집에 해당한다. 상징주의자들이 즐겨 다루는 지적인 사색과 명상의 루트로 발견되는 어휘들이다.

떠날 것을 믿었듯
돌아올 것도 내 알거니
돌아와 다시 볼
너의 집, 너의 하늘 　　　　　　　　　　　　－「입관(入棺) 이후」에서

이 시에서 성춘복이 넘나드는 죽음과 삶의 계곡에 끼었던 안개가 걷히고 있다. 죽어 떠날지라도 영혼으로 다시 돌아와 들어앉게 될 너는 누구일까, 그것을 생각하게 해준다.

3.

바람이었네, 천둥이었네
가슴 깊은 모랫벌을 쓸고 가는
가을밤의 폭풍이었네

고목 사이 손을 뻗으면
새 한 마리
슬퍼도 울지 않는 둥지였네

빗소리였네, 어둠이었네
뱃머릴 흔드는
사나운 흐름이었네

곤히 잠들었던 내 출항지

한 방울의 파문으로도
가라앉으려 하네

바람은 없었네, 어둠은 없었네
썰물과 밀물에 들고날
나의 길은 없었네.

-「폭풍의 노래」 전문

한 편의 시로서 완벽하다. 소위 형식과 내용, 내용과 주제의식이 제 멋에 맞게 짜여진 것이다. 우선 어휘의 낭비가 없이 절제된 점, 어휘 선택의 적절성이 이 시를 읽는데 부담을 주지 않는다.

'바람이었네, 천둥이었네'라는 경험의지의 긍정적 정조가 적절한 패러다임으로 짜여 있다. 이런 형식상의 흐름은 마지막 연에서만 '바람은 없었네, 어둠은 없었네'라는 부정문으로 노래한다. 이것은 일종의 반어적 표현이요, 아이러니컬한 심리적 의도에 해당한다. 그것은 시의 구문이 모두 과거형으로 되어 있는 것과 같이 과거의 경험세계를 되살리고 정의를 내림으로써 생애적인 허무감을 자각하고 각성하는 여운을 남기게 한다.

이 시는 주정적(主情的) 흐름을 지녔음에도 불구하고, 감각적 호소력보다는 지적 뉘앙스를 많이 품고 있다. 즉 제1연에서 제4연에 이르기까지의 과정은 바로 한 생애의 과정을 비유적으로 설득하고 있다. 마지막 연에서 이 모든 과정을 부정하는 구문으로 '썰물과 밀물이 들고날/ 나의 길은 없었네'라는 방향전환은 지금까지의 인생도정에 대한 정의요 규정에 해당한다. 그 정의가 '…없었네'로 그쳐 과거의 경험세계를 부정하는 것 같으나 이를 부정할 수는 없는 성질이기에 과거에의 자성(自省)으로 허무감을 강렬하게 도출해내고 있다. 그러므로 이 시는 과거지향적이다. 과거지향으로 오늘의 위치를 확인하는 동시에 앞으로의 삶을 정리할 수 있는 여유의 감동을 발산한다. 그런 차원에서 주제의식이 뚜렷하게 드러난다.

깨우침이게 하소서
얼른 잠에서 벗어나
언제나 외톨박이인 나를
혼자 아닌 둘이나 셋이게 하소서

-「기원」에서

조요로움이 뼈를 깎는구나
차라리 절간이라도 되었으면

-「백조의 노래·1」에서

삭인 길 되짚어도
이 저림, 이 시림
혼자 갈 수 있을지
아득하고 까마득하다

-「백조의 노래·2」에서

여기 인용한 시편들은「폭풍의 노래」에서 보여준 허무감에 대한 구체적인 편린들이다. 한 생애를 살다보면 이런 일 저런 일 지나간 것들에 대한 회상에 빠지게 된다. 그것을 추억의 차원에서 그리움으로 살려낸다. 이것은 다시 외로움의 정조(情調)로서 구성된다. 인간의 허무의지란 가장 손쉽게 전달되는 감상적 속성을 지니고 있다. 그런 속성에 힘입어 인용한 시편들을 비롯「그댄 알리니」「탑문(塔門)」등 일련의 시들이 외로움과 허무의지의 절실함을 호소하고 있다.

4.

① 성(聖) 니콜라이 호텔의 구석방
층계를 딛고 이 다락방을 벗어나
난 어엿한 그곳 사람으로 전차를 기다린다

② 1987년 5월 25일
오전 10시를 조금 지나
맑고 깨끗한 초여름의 하늘을

가슴엔지 머리엔지
아, 작은 구멍으로밖엔 볼 수 없는

「반 고호 미술관을 찾아가는 법」의 시에서 두 군데를 인용했다. 사실적인 서술이다. 여행자가 빠지기 쉬운 자기도취가 없고 흥분이 없다. 사실적인 구문이 오히려 간결성의 선명한 인상을 준다.

제2부 「남의 집 문간에서」에 묶인 시편들은 기행시이다. 서사시가 필요로 하는 인물·성지(聖地)·사건 따위들을 단편적으로 활용, 서정적 기조로 이끌어가고 있다. 이때 시야에 들어오는 모든 사물은 하나의 상징물로서 의식하게 된다. 이것은 대상을 주체적으로 받아들이는 것이며 동시에 언어의 기호화로써 상징적인 세계로 구성하는 것이 된다. 이와 같이 기행시에서 볼 수 있는 이질감, 정서적 저항감 내지 반(反)예술성의 사물들까지도 자연스럽게 시적 상징성을 획득하게 된다. ①과 ②의 부분에서 우리는 한 시대를 되돌아가 고전적 회고조의 공간을 확보한다. 그것이 사실적이어서 섬세한 시적 상상력을 유발하는 데 기여한다.

유체꽃이 구름으로 피고
지천으로 민들레가 길을 숨긴
안개 속의 성체
포른버그의 바닷가를 나는 헤맸다.

—「햄릭의 성(城)」에서

기행시에서 얻을 수 있는 이국 풍경이 서정적으로 승화된 시이다. 아름다운 풍경화, 그 정취에 흠뻑 빠져버릴 수밖에 없는 서정성이 살아난다. 기대하고 꿈꾸었던 세계에 대한 신비감으로의 용해이다. 그것은 호기심에 찬 묘사로써 시의 멋을 살려내고 있다.

두오모나 그런저런 이름의
예배당이 즐비하지 않아도
우리의 고해(告解)는 이루어졌다

올리브며 유도화 나뭇가지
수다스런 꽃잎 헤아리며
깡마른 모래땅에 발목 묻으면
죄(罪)도 한결 가벼져갔다

-「코르푸에서의 일주일」에서

정신적인 긴장감의 해소법이다. 궁극적으로 자기해방감, 자유로운 정신의 여행, 즉 집시의 애환을 노래하고 있다. 여행에서 얻을 수 있는 것, 애당초 그 여행의 목적에 따라 그 성과의 차이는 크게 달라질 수밖에 없다. 무엇을 얻기 위한 여행이었을까. 예술적 모험으로서의 여행, 그 집시의 애환을 담고 떠도는 시정신의 긴장이 스스로 풀어지며 자기탐닉에 빠지는 것을 볼 수 있다.

'우리의 고해는 이루어졌다'든가 '죄도 한결 가벼워져갔다'는 인식은 마치 종교인의 성지순례에서 느낄 수 있는 가치성을 획득한다. 종교적 의식으로 사물을 관찰할 때 모든 것이 성소(聖所)의 상징물로 보일 수 있듯이, 성춘복은 기행지의 역사적 고적에 대해 정서적이며 문학적인 적응력을 보여주고 있다.

또 엽서(葉書) 고르기에서는 문득 외지에 나가서 온통 그곳에 빠져 있던 정신이 자기 고향으로 되돌아간다.

① 조선 등잔과도 같은
벽에 걸어 환할 것을,

② 고르면서 생각하는 일은
잃너버린 우리들의 고향과
땅 속 깊이 묻힐

돌아갈 곳의 우표값
도둑맞아 없어진 내 정신의
딱한 형편도 아우른다

-「엽서(葉書) 고르기」에서

고향에 두고 온 가족과 친지를 생각하는 가장 소박한 자신의 의미를 생각하게 해주는 순간, 떠나온 거리와 시간을 생각한다. 그것은 얼마나 황망한 일인가. 자신이 태어나고 성장한 곳, 자신의 모든 연고가 있는 곳을 생각하게 됨은 바로 그리움에 해당한다. 집시의 방랑벽에서 문득 문득 부딪치는 정신의 원형에 해당하는 감정이다.

멀리 외지에 나와서 고향을 생각하는 의의를 엽서 고르기로 드러낸 것이다. 인간정신은 어디에 있든 미지의 나라, 갈 수 없는 나라, 혹은 되돌아가고 싶은 나라, 과거의 시간으로 거슬러 올라가고 싶은 충동을 지닌 것이다. 우리는 이같은 정신활동을 집시의 자화상이라고 보아도 무방할 것이다.

5.

「방파제」는 감각적이며 저돌적인 시이다. 「폭풍의 노래」가 서정시가 갖춰야 할 요소를 두루 갖춘 것이라면 이 시는 상징성을 고도로 유발시키고 있다.

잠자러 들어가던 물새의/ 꽁지가 어둠 속에 떨어졌다/ 한가닥 바람이 너풀거리고/ 칼날 같은 불길이/ 내 가슴을 도려냈다

-「방파제」의 제1연

걷잡을 수 없는 혼란을 시적으로 압축한 예이다. 무작위로 밀려와 덮치는 파도를 두고 더욱 냉정을 표시한다. '물새의 꽁지가 어둠 속에 떨어지'는 무대책의 순간, 그 정신적 당혹감과 겁에 떨리는 현실 앞의 성

난 사태, 파도를 두고 '칼날 같은 불길이/ 가슴을 도려냈다'고 표현함으로써 그 사태의 처절함을 상징으로 보여준다. 읽는 이로 하여금 성난 파도, 어둠에 잠기는 방파제의 조급하고 두려운 감정을 극적으로 상징화하고 있다.

이 시는 매 연에서 '바닷새의 파람소리에 휘감겨/ 마구 손짓했다', '턱에 닿는 숨소리/ 나는 살아있음을 기쁘게 고백했다/ 오, 내 무덤인 파도여' 등과 같이 강인한 정신으로 맞서는 양을 상징적으로 보여준다.

길을 주소서
뜻이 있는 곳엔
반드시 길이 나서듯
우리에게도 그 길이 있게 하소서

-「길이 있는 곳에」의 제1연

조국의 남북통일을 염원하는 기원의 시이다. 이 시는 신앙의 차원으로 읽어도 좋고 통일의지의 진정한 호소로 읽어도 좋다. 시의 기교를 떠나 진실의 고백, 그 자체로써 한 편의 감동적인 시가 된 것이다.

끝으로 성춘복의 「자화상」을 인용한다. 그는 이제 먼 외지에 나가 집시의 애환을 몸소 체득하고, 자신의 참 고향이 어디인지, 스스로 해답을 얻고 있는 듯하다.

한번도 만난 적이 없는
그래서 더욱 알 수 없는
그림자의 그림자
어둠 속에선 흔적을 버리고
맑음 안쪽에선 뚜렷하게 서는
검정 빛깔만의 눈
검정 빛깔만의 머리
투명한 머리칼의 그림자

-「자화상」 전문

8.

길 하나와 나는

책머리에

잠으로부터 눈이 떨어지는 시간이 꼭두로 치닫는다. 나이 먹는다는 징조일까, 그렇다면 서글픔이리라. 너무도 또렷했던 새벽꿈들, 이 꿈들조차 종잡을 수 없는 것으로 나로부터 달아나고 있다.

더구나 시간이 흐를수록 희미하게 지워지는 내 기억의 영역을 나는 한없이 맴도는 성싶다. 어김없이 내 어리석음을 등에 지고 그 값에 한껏 붙들려 있는 안쓰럼인 것 같다.

비록 안타까움이 아니어도 내가 할 일은 많은데 말이다. 예컨대 사랑하는 일, 세상을 좀 더 넓게 돌아보아야 하는 일, 주어진 시간 속에서 스스로에 보다 충실을 다짐해야 하는 일 따위, 아직은 내가 해야 할 일이 얼마든지 있다.

그 가운데 하나, 아니 둘이나 셋쯤은 이 시집에다 꼭 끼워 넣고 싶었다. 첫 부분 「내가 만든 섬」은 비로소 내가 발견한 나의 처소 혹은 미래이다. 보람이거나 삶의 값이다. 영원한 현재를 추고코자 하는 그리움이고, 약속된 나의 길이다. 이 길을 더욱 추구하는 일이 내가 엮는 시라면 내 인생도 탓할 것은 아니리라.

두 번째의 「사해(死海)와 흑해(黑海) 사이」는 앞의 나를 찾아 헤매던 방랑의 한 기록일 수 있고, 세 번째의 「다시 비바람」은 혼돈과 방황의 내 속을 드러내 보인 것들, 그리고 끝의 「햇살 밝은 세상에선」은 통상적인 감정 혹은 행사에 붙였던 몇 편을 골라 실었다.

「길 하나와 나는」이란 제목도 '환히 비쳐 속 다 보이는/ 구름 위의 우리집/ 네 생각 같은 어지럼도/ 발 벗고 나서는 길 하나다'에서 얻었다.

어쩌면 이 길을 가야 하는 나의 행운은 비록 어지럼일지라도 이승에서 저승까지 뻗을지 모른다는 생각을 나는 이따금 해 본다. 그런 전망이 없었다면 내 인생은 전혀 가망이 없는 것으로 허물어지고 말았으리라. 결코 서글픔이 아니기를 너와 함께 빌고 싶다.

1990년 3월
尙南齋에서
성춘복

하늘나라 가는 길

가슴과 가슴의 높이에다
가늘고 질긴 고무줄 하나 걸어 놓고
탱탱한 벽 그은 듯
너의 땅을 밟아 보는 일
너의 집 살림을
내 버선발로 뛰어 보는 일

앵금 소리밖에 더 귀에 담지 못하고
내 모양새로의 개망초꽃 모두 일으켜 세워
뒤꿈치로 아득한 그림자 드리우게 하는 일
그리하여 부신 햇살 속
높고 그윽한 밤나무꽃 치어다보기며
또는 애기똥풀꽃의 노란 냄새 내리맡기

드디어 발은 땅에 닿지 않고
뜨겁고 단단한 입맞춤으로
무중력(無重力)의 우리들 활공을
둥 두웅 떠다니며
하늘나라로 가는 일.

사흘 여정(旅程)

첫날은
통영 옛 한산(閑山) 바다를
다음날은
다대포의 초승달과
내 고향 여름 바다를 찢어 놓은 파도자락을
다른 하루는
빗물인지 눈물인지 모를
두레박질에 내가 밀리면서
연사흘
밤과 낮
뜬 눈으로 밝히고 나서
가슴 가득 설움만 퍼담아 쌓다가
아주 수심 좋은 데로 가라앉고 말았습니다.

남은 하루

가는 길도 없거니
오는 길도 보이지 않는
남은 하루
거기 엎드려져
다 사라져 버린 한마디의 물길로 나앉고
내내 너의 흰 등허리만 긁어대다가
한정 없는 내 신세
타령으로 읊어대다가
울음 천지의 달빛에 녹고 말 일이라니
어떡헐꼬, 이 노릇을 어쩔꼬.

서천행(舒川行)

바다가 보임직한 길을
우리 내내 달렸습니다
키 작은 해바라기의 천인국
노랗고 뜨거운 길을
맨발로 뛰었습니다

부용꽃 새 빛깔 익히며
너는 꽃게의 붉은 등을 타고
늦은 한낮의 걸음이 되었고
나는 잔솔밭에 허리 꺾여
땀방울로 매달렸습니다

파도 소리 몰려가는 서쪽 하늘
간끼밖에 더 얻을 것 없는
헌 망태기 벗어 놓고
물 빠진 모랫벌 밀어붙이며
진탕길을 손 붙들어 걸었습니다

아무리 살펴도 모랫바람뿐
더운 날의 서해는 구름이었고
내가 쉴 섬 하나
내가 앉을 자리로 점 찍으며
파도 건너 바위로 깊이 묻었습니다.

낮잠

이 겨울 어디쯤
잠시 너는 왔다 가고
나는 더 너를 가질 수가 없어서
빈자리 건너다보다가
솥을 씻고
접시와 국그릇을 닦고
행주마저 짜서 넌 다음
손을 털고
물끄러미 창밖을 살피노라면
해는 아직도 중천(中天)인 것을

네가 떠난 방석 탓해 보아도
네가 남긴 내 가슴의 흔적들
내가 네게 꽂았던
깊은 대못까지 몇 날 뽑아
함께 문질러 키재기를 해 보다가
하릴없는 눈물 받아내다가
이유 없는 낮잠이나 또 청할밖에

잠 속엔 네가 있어
내가 너를 맘놓고 부르고
잔잔한 웃음 짓드는 너의
깊은 눈의 더운 김 맛보기도 하고
그래서 나도 이 겨울을 다습게 보낼

거기 너의 두 팔을
그런 행운을

내 꿈속은 더운 한철
너는 내게 와 있고
활활 나는 불덩이로 달아오르고.

내게도 그리움은

아직도 내게 그리운 것은 있어
온몸으로 너를 안아 들이고
좌판처럼 펼쳐 놓은 옅은 손금
다 문질러 보아도
언제나 너는 거기 머물 뿐

내게 그리운 쪽은 여짓 남아
우리가 다시 만나고
아무렇게 벗어 던진 이승의 옷가지들
급히 주워 입노라면
너는 다시 그리움으로 돌려지고 마는 것을.

새벽에 일어나

잠 묻은 눈 씻고 나면
나는 언제나 꿈 밖이다
가난도 따습던 너의
저쪽 세상 이야기와 함께

환히 비쳐 속 다 보이는
구름 위의 우리 집
네 생각 같은 어지럼도
발 벗고 나서는 길 하나다

쓸쓸의 그 길에다 흩뿌리는
섧으나 아름다운 사랑
언제나 혼자였던 나를
깔끔히 씻어주는 이 찬 바람

얼마나 더 버텨야 할지
아득하고 서글픈 긴 날들을
어떻게 더 살아야 할지
씁쓸하고 혼자인 이 노릇을.

부다와 페스트를 잇는 다리목에서

쑥나물빛의 낡은 돔 위
하나님이 애써 거둔
다발의 햇살을 무더기로 쏟아 흩다가

늦을세라 늦을세라 한참을 졸고는
내 세상으로 새삼 꽁무닐 들이대며
연사흘의 궂은비를 한꺼번에 들이킨다

차라리 바다빛이라도 되라며
공연한 사설을 마음 뒤켠에 세우고
빗줄기나 강줄기나 모두를
깊이 다리 밑 파고 뉘어야겠다는 생각

곱게 땋은 우리들의 빈 주먹이사
단단히 접어 난간에다 묶어놓고
오늘만은 물푸레, 아카시아, 자두꽃내를
몽땅 한 우산 아래 받쳐들기로 한다

내가 살던 저쪽 세상의
아무래도 원통하고 억울하고 분한 사연을
비에 씻어 강물에 띄우기로 한다.

봄 사라예보의 어제

작은 개울 하나를 내려다보고
생애의 평온을 가슴에 안는다는 너의
자유와 자존을 생각하며
씀바귀와 질경이, 토끼풀꽃들의
비탈을 타고
나는 산으로 올랐다

마음 엷은 아낙 곁에 앉아
허수아비처럼 나는 흔들거렸고
창밖을 스치는 먼 오두막의
가족이 모여 앉는 단란을
등잔불 밑 시간으로 재껴 쌓으며
산이 다하는 데까지 올랐다
하늘로 치닫는 길이었다.

봄 사라예보의 오늘

어제 올랐던 산을
오늘은 눈물로 내립니다
이슬 젖은 사라예보에서 점심의 투줄라까지
뱀처럼 허리를 꼬며
울음으로 내쳐 달립니다

사바강(江)의 근원이라는 보스네
땅속의 분수
그 초록빛 물에 몸을 담그고 물방울 줍는
미쳐 늙은 여자에게
내 살아온 나날을
마음마저 다 퍼담아 주고
멀미도 없이 잘도 비탈을 탑니다

가슴 깊은 곳에서 솟는 눈물이
실개천 되어 말없이 흐르기를 빌며
자두꽃 하얀 마을의 안녕도 두고
울음으로 혼자 산을 내립니다.

사라예보의 흙등잔

로마 근방의 지하 무덤에서
나는 길을 잃은 적이 있다
얽동인 굴을 뚫어 나가다가
내 손에 들린
기름등잔의 불심지를 놓쳐
어둠과 벽에 갇힌 때가 있다

그날로부터 십수 성상
바로 어제 그제까지
땅 밑의 얼마인지 모를
층층의 내 삶 뒤집다가
무덤 만들어 헤매다가
수도 없이 아래위를 훑어 내리다가
기름을 다 쏟은 일을 생각했다

이번 봄의 어느 날씨 괜찮은 날
앵두꽃 만발한 언덕배기를
문득 손 붙들어 오르다가
사라예보의 옛 골목 한적한 데 이르러
아직도 장엄한 의식으로
우리들 몸과 넋을 굳히고 있는
마르살라 티타 87번지
중세의 한 낡은 예배당에 발을 멈췄다

성 미카엘 교회
내 정신의 안마당쯤
흙먼지 진득이 뒤집어쓰고
여태 거기 앉은 기름 흙등잔 하나
창문 옆으로 밀려났기에
내 두 눈의 심지로 불붙여
너의 안방에다 걸었다
가슴 속 환히 밝히게.

너는 나의

너는 나의 알몸이다
실오라기 하나 걸치잖은 너는
나의 바깥에 서는 몸짓이다
눈 뜨는 매일 아침의
뚜렷한 과녁이 되어
나의 거기에 멎고
새벽 찬 바람을 타고 내게로 와
온몸 두루 돌다가
둥근 테 안의 붉은 내음으로 겨냥되는
날카로운 화살이 된다
꽂혀 끄덕 않는 내 속의 뿌리
나에게로 돌려지는 손
너는 잘 다듬어진 화살의 촉이다
그리하여 나의 단단한 약속이 된다
언제나 젖어서 내 가슴을 도려내는
너는 칼이다
더는 생각할 여지도 없을 때
나로부터 너는 떠난다
알맞은 높이와 넓이의 병풍이 된다면
까짓것 알약 몇 개
툭 입에 털어 넣고 눈 꼭 감으면
비로소 너는 나에게 닿는 것이 된다
내 곁에 반듯이 드러눕는 너의 역할
드디어 나는 너의 눈물이 된다

너는 나의 울짱이 된다
나에게 던져지는 물음인
너는
너는
너는
나의 죽음이 된다.

낯설지 않는 이곳은

지금 너는 잠들어 있고
차고 매끄러운 침대보에 감겨
나는 벌거숭이다
나는 하얗다

나는 곤죽이고
나는 쫓겨났다
내가 살던 곳의 변방으로 밀려나
미어질 듯 막막한 가슴이다

분명 내 곁에는
나의 위안인 네가 누웠고
나는 내 방에서의 버릇대로
자꾸 손을 뻗어
목마른 새벽 흉내를 한다

생판 모를 너의 얼굴과 육신을
드디어 알 수 없는 너의 적막을
마음껏 비수어대다가
얼어붙은 나의 이름으로 읊어대다가
눅눅토록 너를 짓이겨 놓는다

어딜까
생면부지의 여긴 어딜까
너를 헐뜯을 수 있는 이 자리는
너와 내가 가지런히 누운
결코 낯설지 않는 이곳은.

아니, 아니

무덤이었거나 풀밭이었거나
너와 가지런히 누웠을 때
나는 내가 아니다
나는 너의 회초리이고
너를 겨냥한 손잡이다
한정 없이 퍼담는 너의
표주박이다, 절구다, 웅덩이다
아니, 아니
나는 전혀 내가 아니다

그러다가 달빛 곧은 침대 위
혹은 크고 뽀얀 보자기 속
아무렇게 던져진 껌정으로
나는 숯이고 그 덩이다
타다 지쳐 버린 그것이다
틀리고 꼬여 동댕이쳐진 빨래다
아니, 아니
나는 젖어 드디어 물이다

흙 속에서
아니, 아니
이 세상의 바깥에서
내가 네 가까이 다가들 때
너는 내 옆이 아니다

내가 너를 덮쳤을 경우에도
나는 네 천장은 아니다
너는 나의 바닥이 아니다

너와 내가 한뭉치이고
너와 내가 앞뒤일 때
너는 나의 사랑이고
나는 너의 탓이다
아니, 아니
더욱 너는 네가 아니고
나는 아주 내가 아니다.

낯선 무덤 또 하나

낯선 무덤 앞에
낯선 사내가 섭니다
당신의 무덤만큼이나
또 높직이 두 팔 벌려
홍고랑초 비슷한 열두 다발의 꽃을
진흙 묽은 더미로 받쳐 들고
큰 절 두 번에 호미를 받아듭니다

애초에 아무것도 보이지 않는
깜깜하고 답답한 땅으로 들어와
깊은 산 속 맨손으로라도 뒤질 참인데
시베리아의 얼음꽃 천지와 더불어
아름답다는 말 하나밖엔
더 기억되는 것이 없는 내 어리석음을
가슴 가득 실어 묻을 참입니다

툭툭 털어 뵈는 빈 주먹은 아니게
산을 내리면서
뒤축 깊숙이 당신의 영역 안
빤히 내 집이 바라보이는 데서

손 저어 거듭 떠남을 알리며
내 생애의 모든 기꺼움 실어다가
당신의 자리 옆에
고운 무덤 하나
고운 잔디로 일으켜 봅니다.

하늘을 날다가 문득

내가 가 닿아야 할
그곳과는 아주 동떨어져
더없이 높은 데로 치솟고 싶었다

자취도 없는 산산조각
갑자기 불구덩에 휩쓸려
아무도 알아볼 수 없게 바스러지고 싶었다

가슴 앓음
미련의 겨를 같은 것도 지니지 못하게
먼지가 되어 흩날리고 싶었다

너의 손 꼭 붙들어매고
낯선 땅으로 곤두박이쳐
우리 같은 사람의 세상을 얻고 싶었다

사람의 죽고 사는 일
달갑고 언짢은 연분 다 던져두고
황당에다 몸을 묻는 이 버림치

지금도 나는 그런 생각이다.

사바강(江)을 내려다보며

비둘기처럼 가지런하기를 바랐다가
문득 허공에 혼자 떠 있음을
깨닫게 되었을 때

차라리 된새바람이나 되라며
강줄기를 끌어다 너의 치마폭에 대고
빗줄기를 따라 한껏 나도 목청을 돋운다

다리 밑을 파고 도는 강바닥에 몸 뉘면
한정 없이 불어나는 물
내 고향 산천의 걱정 같은 홍수뿐

오늘 하루만이라도 제발 덕분
너의 가슴 한가운데 내 몸 풀어
가볍게 사바강을 따라 내려보았으면.

어쩌다 나는

나에겐 절망인 여자를
여자뿐인 알몸뚱이의
잎 다 져 벗어제친 등걸을
어쩌다 난 사랑했다

뻗지 못할 우물 속
간신히 내리닫는 두레박
벽이 된 여자의 두려움을
아득할 때 치어다보는 그런 높이를
나는 정말 사랑했다

좋은 가을 햇살
팽팽하게 줄 다려 마름질하다가
뒤켠으로 눈물 펴담은 물러앉음
눅눅한 여자의 자리와
그런 쓸쓸을
나는 아무래도 사랑했다

눈 어두워 성냥불 그어대면
온통 잿더미로 사그라질
그러나 불씨로 내 허기를 사를
그런 여자의 재치를
오랜만의 내 아침 식단처럼
나는 사랑했다

등이 가려운 이 나이쯤
잘 다듬은 손톱으로
핏자국 따라 내 가슴도 도려낼
그런 여자의 설움을
나는 어쩌다 사랑했다.

목숨의 그 몫

이 땅 위의
살아 있는 것
내 사랑하리

살아 내게 닿고
두드려 가슴 데워 주는
모두를 내 사랑하리

나를 편케 하여
더욱 나를 부드럽게 하고
나를 나이게 하는 일

나로 하여 살아 숨 쉬게 하며
더없이 나를 젊어 있게 하는
나를 내 사랑하리

다시없이 소중한
이 세상 가운데의 중심
그런 자유를 내 사랑하리

따로 주어지는 일 없거니
그냥 얻는 법도 없는
너무도 뚜렷한 생존의 그 이유를

권리이자 의무이기도 한
목숨의 몫 그 믿음을
사랑의 뿌리로 내 사랑하리.

네가 뭔데

너는 뭔데
네가 뭔데

내 가진 것
몽땅 털어 네게 줘도
그게 아니고

네 지닌 것
깡그리 앗아 내 속에 품어도
그게 아니고

한 상 그득 차려내
세끼 밥을 나눠도
그게 아니고

하루낮 하룻밤
두 눈 마주해 밝혀도
그게 아니고

주고받아 함께하는
삼백예순 날
애써 손금들 다 지워도
너는 내가 아닌 것을

너는 뭔데
네가 뭔데.

태풍 아래

태풍 호프의 가랭일 붙들고
셀마가 뒤쫓아온다
남태평양 속 깊은 바다에서
손발 한데 엮고
불덩이 되어 다가선다

내 머리의 숫구멍에
작은 우물 하나 모아 두고
꼿꼿이 가슴 뚫어 내리다가
비는 여울 되고 홍수 된다
한바다로 길 트는 네 마음 된다

그 가운데의 어느 골짝
넓직하고 도타운 두 폭짜리 치마
활짝 펼쳐 들어
아주 편안하게 나를 받아 뉘고
한량없이 종요로운 꿈을 너는 준다

어쩌다 눈을 뜨면
닫힌 세상의 저켠
번개와 우레의 사닥다리
우리가 손잡는 마을을 걸고
골목과 뒤안 환히 보여준다

비의 바람이라니
바람의 몸짓이라니
너를 몰아가는 태풍의 눈도
우리들이 버린 시간 위로
나의 손만 뜨겁도록 끓고 있다.

천둥과 번개

다급할 수밖에
우린 흩어져 있고
들먹이는 홍두깨의 몸살로
얻어맞은 듯 퍼른 가슴
앓고 있었지

날마다 죽는 시늉
넝마가 된 마음
꽁꽁 손발들 엮어
보기 힘든 문신에다
스스로를 묶어 둘밖에

봄이 오고 여름, 다시 가을
세월마저 우릴 탓하고 있거니
죄가 될 수 없는 그리움도
춥고 서글픈 노래 되어
그대로 흩뿌려지고 있거니

걷잡을 수 없는 빗줄기에
너는 갇히고
드디어 세찬 흐름 앞에
나는 젖어
여기 멈춰 서 있구나.

연장론(論)

나는 칼이다
용케 너의 가슴을 도려내는
뾰족하고 짝날인 갈이칼이다
단숨에 너를 동강 내어
팔다리 다시 엮고
가장 깊은 마음 뚫어
좀체 지워지지 않은 손금
오롯하게 얻어내는 굽이칼이다
날카롭기 여간 아닌
아니, 불 먹여 달군
아니 아니, 닥치는 대로 너를 조각내는
입 딱 벌린 그레칼이다
너를 만나기 무섭게
바람이 되는 나는 되칼이다
이따금 불이 되어 연기도 뿜는
너를 잡는 나
나는 너의 무딧대이다.

아침이면

해는 기울고
속절없이 잎은 지고
우리들 머리마저 하얗게 세었나니

굳게 닫아건 창문
골짝 같은 구름 덮이고
까마득한 세월만 접고 있나니

당신의 뜻
언제나 부신 아침 햇발로
내 살아 있음 깨우치게 하나니.

알렉산드리아 가는 길

봄물 같은 파도가 일렁이는
녹두빛 바다를 보기 위해
난 알렉산드리아로 갔다

노새 다리에 견줄 만한 가는 바퀴에
목을 들이대고
모랫바람 이는 하늘의 저켠
사하라 사막에다 외줄기 길을 텄다

하얗고 빨간 유도화 피고 지고
따문따문 선인장 몸을 틀어
희한한 눈짓으로 나를 불러도
터키식 커피는 내 마음을 누르지 못했다

유리잔 거꾸로 엎어 굳힌 아랍의 여체(女體)마냥
그 찌꺼기로 내 일진(日辰)과 사주(四柱)를 빗대어 보다가
나는 지중해로 빠지는 샛길을 찾아보았다

거기 갈숲이 있고
갈잎에 쌓인 몸집 큰 메기 한 마리
내 신세처럼 비린내를 흩다가
빨간 소금밭의 항구를 겨냥했다

카이저와 크레오파트라 가(街)가 얽어대는

낯선 전찻길 위
두 마리의 당나귀가 끄는 낡은 마차 앞에서
나는 소리쳐 물었다

"바다 넘어 내 고향은,
내가 갈 곳은 어디냐"

무덤시(市)에서

까마귀처럼
까마귀처럼

나귀를 탄 나그네 하나
호젓이 죽음의 거리를 걷는다

까만 갈비아 옷에
까만 붓다의 머리띠

두 발 가지런히 모아
담 밑 처마에 묻는다

죽은 자의 혼이 쉬는
그 집 위층 바로 이웃

사는 일도 염려 아니라며
울지도 웃지도 않고

죽은 자가 누워 쉬고
산 자도 누워 쉬는

등을 댄 이승과 저승
그 내음 맡으러 내 천 리를 왔다

이웃집이 내세(來世)라
건넌방이 죽음이라

까악까악 까마귀처럼
그렇도록 새까맣게.

베드윈의 집을 바라며

멈추어야 한다
속도를 줄이고 차에서 내려
어엿한 걸음으로 나아가야 한다

턱 밑엔 건삶이 수염을
시나이 반도의 안견 사막 사람답게
안주인을 찾아 나서야 한다

몽당빗자루 거꾸로 꽂아
단삼(單衫)의 하얀 빨래 내다 걸고
손 흔들어 부르는 흰 깃발을 따라야 한다

모래땅에 일군 저 홀홀의 집
거적대기의 홀몸
저녁상은 그래도 잘 받아야 한다

가릴 것이 없는 육신에
부끄럼 따위는 뉘어 쉬게 해야 한다
그림자에 모든 삶을 묻고 살듯이

이미 무덤이 된 다른 사내와는 달리
솟고라져야 한다, 그래서 완곡한 힘이
탓함이 아니게 들앉게 해야 한다

몇 마리의 양떼와 뜨거운 마당 한가운데
반듯이 드러누울 그늘 일으켜
내 나라로 삼아야 한다

내려야지, 내려서는 얼른
우리가 버린 여자를 거둬들이고
모든 설움으로 스스로를 달래야 한다.

사해(死海)에서

작은 돌각문 벗어나
예수 그리스도의 집 뜰 앞
아무것도 세울 수 없는
유대의 광야를 보며
바다보다 얕은 땅의 땅 밑을 갈며 뒤졌다

뚱뚱한 몸이어도 뜨고
죄의 값이어도 뜨고
엎으러져도 뜨고
살아서도 죽어 되뜨는
죽음의 바다로 들어섰다

저 옛날 홍적세의 끝 시대
무너진 돌기둥 헤아려보며
소금기둥의 음탕 낱낱 치떠보며
깊고 짠 소금맛 속
당신의 하나님도 내 우러렀다

온몸 새까맣게 유황으로 덮어
인간의 잘못 진흙으로 짚는 시늉
부끄럼 깡그리 온천에 퍼담는
바다에서의 자연, 내 멱감음

오, 하나님

정말 당신이 여기 계시다면
나와 더불어 목욕으로 물에 떠
그 물이 갈라서는 길
내게 하나 주시어
둥둥, 인간으로 떠 있게 하소서.

수태고지교회(受胎告知敎會)

노란 에셀꽃과 해바라기꽃
또 노란빛의 무슨 무슨 꽃들 천지
그런 밭뙈기 엇바뀐 들판을 달려
석류나무와 감람나무 가지 젖히며
틈과 사이를 흩고
미어지도록 좁은 비탈을 올랐다

가난하기만 했던 아주 오랜
나사렛 마을의 한 아이가 놀다
드디어 풍요로운 세상이 된
아, 어른으로 변한 옛일들처럼
의부(義父)가 흩어놓은 대팻밥의 흙담 곁마당
야트막한 토굴 앞의 겁탈처럼
아주 굵직한 구리대문으로 난 다가섰다

아득한 세월이라더니
애써 날 달래며 잘 길들여온,
다시 열심으로 저어온 이 길을
내 이마에 내리는 땀방울보다 따습게
아니 우리 부처님같이 천연스레
다리를 꼬고 두 팔 벌려
나를 맞는 예법 지키고 있다니

길고 또렷한 손가락 열

모두 펴서 줍는 물방울
내 이 물 거두어 머릴 헹구고
가슴까지 씻어낸 다음
되돌아 거룩한 어머니의 자궁 속
수태(受胎)의 그 어둠 밝히려 들었다

구레나룻 듬성한 한 서양 사람
살아오던 평범을 쫓아
노랗고 노란 꽃밭 언저리
그 땅 내 지성으로 가꾸기와
그 틈새길 가득 메우기와
후련하게 무릎 꿇는 기쁨 하나쯤 얻어
오늘 이 깜깜한 한낮을
빈 내 주머니처럼 채우리니.

고린도 전서

웬걸 사랑이 온유하다는
바울의 어지러운 걸음 따라
모든 남정네의 남성을 따낸
장터 고린도에 내 와서
몇 개 남지 않은 돌기둥
가슴의 불기둥으로 붙안고
묻혀 버린 저 하늘나라
여태 아우성치며 땅속을 누비는 물소리
낱낱 돌계단에 쌓으며
나도 힘을 구했다

아데나이로 빠지는 고향길처럼
실망의 거덜난 이 길을
무궁화 드문드문 보이고
무화과 설익은 채 매달린 그늘
기둥포도 짬짬이 늘어선 신탁의 땅을
서툰 말씀의 디오니소스쯤
내 슬기로 끌며
깊고 넓은 두 바다 에게와 이오니아 사이
험한 비탈길 타고 내리다가
귀향의 양몰이 그 길로
완전히 고린도를 내 벗어날진저.

갈릴리에서의 하루 · 저녁

키레넷 호수는 고깃비늘이었다
달빛에 젖어 번쩍이는 어둑살
종려나무도 허깨비로 서고
두 팔 쳐들어 저어대다가
불빛으로 떠가는 배를 불러
코끝에다 매달았다
나는 이 갈릴리 호면을 걸어
베드로가 먹다 남긴 잉어과의
생선뼈 묻힌 저문 산을 찾아들었다.

갈릴리에서의 하루·밤

파란 잉크빛의 아카시아꽃
그보다는 묽은 엉겅퀴꽃
깊숙이 하늘빛으로 물들이며
말라붙은 가시면류관나무를 흔들어
내 가슴 깊은 데다 바람을 심었다
온몸으로 내뿜는 붉은 피
펑펑 바다로 쏟아붓다가
숯검정 같게 타들어가는 하늘로 잦아들었다
나는 이내 높은 무덤이 되었다.

갈릴리에서의 하루 · 아침

휘파람새 몇 마리와
잡풀 속의 참새떼
엷은 구름 헤치고 나와
닫힌 창문을 두드렸다
"일어나라, 일어나 걸어라"
바다를 버렸던 밤의 티베리아 사람
해 뜨는 곳을 향해 머리를 조아리다가
손을 틀어 나를 배웅했다.
"가라, 가서 영원하라, 요단강 건너서"

예루살렘에서 본 모래땅의 십자가

서글픈 것을 위하여
바다보다 얕은 땅을 위하여
비어 있는 무덤을 위하여
황량한 들판을 위하여
길 잃은 한 마리 양을 위하여
가득한 것을 위하여
그리고 모래땅을 위하여
이 모든 것의 기억과 괴멸을 위하여

아니, 살아 있는 것들을 위하여
아니 아니, 목동을 위하여
간신히 뿌리 박은 몇 안 되는 풀을 위하여
길 잃은 자의 지팡이를 위하여
잘못하는 자의 회초리를 위하여
내가 몸담아 살 몹쓸 세상을 위하여
아니, 아니, 아니, 아니
이승에 딱 하나 또렷한 푯말
검고 아름다운 닮음틀 하나 심어야 했느니.

마르마라해(海)와 흑해(黑海)

오늘도 나는 바다를 훑었다
땅이 다하고
물이 시작되는 그곳을

하늘이 가 닿은
그 바다를 향하여
마구 팔매질을 해댔다

엷은 천이 구름으로 드리워져
유리거울 속의 투명 같다는
인당수의 마르마라 해와 흑해

말문 모두 닫아걸고
갇힌 곳의 한가운데를 뚫어보는 내 생각을
차곡차곡 쌓아갔다

두어 마리의 열대어와
이름조차 거두기 어려운 바닷가재며 고동
튀김에 알맞을 피라미도 만져 보았고

물살 일으키며 갈기 휘날리는 어부의
잘 노 젓는 모습에다
금빛 노을과 무적(霧笛)도 띄워보았다

내 비록 이 해협에 발을 씻지 못해도
다시 이스탄불에 해가 뜨는 날을
속이 타는 내 여행의 소망으로 풀어 보았다.

외지에서의 감기

후두, 후두둑
빗소리든가
바람 소리든가
후두둑 뚝

후박나무 한 그루
큰 손 펴든 채
창을 넘어 들어선다
객지의 찬 방으로

긴가민가, 긴가민가
작은 곳에 갇힌
무거운 몸 하나
열에 뜬 밤의 이 잠

마음은 헝클어지고
두어 개의 알약도
매운 바람 탓
노상 어지럼증이다

이 노릇, 이 허탈
휘어진 몸 꼬듯
비탈에 기대어
누울 자리 하나 마련해 볼까.

인바네스

날은 기울고
등마다 불 밝혀
저문 길 가르네

겨울은 이미 깊어
구름빛도 어설프고
비바람만 들이치네

북녘의 나무들
빈손 나눠주며
쓸쓸히 나를 맞네

길도 얼어붙어
귀신도 오갈 데 없고
그리움의 찻잔만 기울이네

북해(北海)의 저녁 한때
가슴 속 찬 바람 세워
벼랑으로 내 버텨 서네.

새벽에

하루해를 다 감으며
층운협(層雲峽) 골짝의 한 모서리에 올라
온 밤을 나는 물소리에 뜬겼다

노랗게 물들어가던 자작나무잎도
밤새 내린 북해(北海)의 찬비에 씻겨
땅바닥에 가 드러누웠고

대굴대굴 저승으로 흘러드는
산속의 돌 구르는 개울 소리에
내 몸뚱이는 동강나 떠내려간다

인간의 세상이 끝나는 이곳
밤을 거의 설친 허리를 일으켜
젖은 수건으로 새삼 얼굴을 문질러 보거니

느닷없는 갈가마귀 소리에
가눌 길 없는 몸 세워 나를 달랜다
부서져도 안 되고 흘러서도 아니 되노라고.

1989년 4월 23일

일요일의 하오
현지 시각 3시 20분
DC 10기의 기상
시베리아 루트를 타는 모스크바행 SK 982편

기장의,
지금 크레믈린 비에 젖고 있으며
지상의 기온은 섭씨 15도,
라는 안내 방송도 이미 끝났고

드디어 그리 무겁지 않은 몸체를
잠시 흔들어 보이다가
곤두박듯 우릴 땅바닥에 내리꽂음
나도 덩달았다

아니나 다를까
빗방울이 좁은 창유리에
빗금을 긋기 시작하고
그 빗금과는 다른 무늬의
자작나무 상처들이 내 눈에 들어섬

오, 얼어붙은 내 이웃들이여
그런 모습의 내 꺼펑이여
벌판 같은 이 쓸쓸함이여.

모스크바의 자작나무 숲

흠뻑 비에 젖어
자작나무 숲은 하얗게 질려 있었고
나는 꽁꽁 얼어붙은 채
모스크바의 한 귀퉁이에 꽂혔었다

하늘은 구름 천지
나무도 입덧을 하는지
파란 입술을 내밀다 말고
낯선 자리의 우리를 흔들어댔다

긴 겨울잠을 뚫고 나와
비로소 봄의 한 문턱에 선 듯
아지랑이의 보드란 발을 걷어붙이자
수신호가 나를 맞이했다

오리나무 가락나무 굴참나무
미루인가 버들인가 사시인가
노랗게 눈 뜨는 자작나무 숲의
어두우나 벅찬 세상을 내게 보여 주었다.

레닌그라드를 떠나며

내 여자의 다릿살 같은
자작나무 하얀 등피 내려보며
나는 얼음꽃 천지 또는
꽈리풀꽃의 무진장을 생각했다

정신없이 손을 들어 흔들어대면
어리석은 내 고갯짓의 흉내에도
코 먹은 수인사는 연신 날아왔다
사랑한다는 말 하나밖에 기억할 수 없노라고

세상은 온통 보슬비에 젖고
밤이면 나는 뜬 눈
낡은 성곽 한둘쯤은
예사롭게 흔들어 무너뜨릴 듯싶으나

나무마다 촛불 켜 달아
나를 흘려보낸 세월 못잖게
네바강 깊숙이 거슬러 오르며
눈 많은 나라의 모습이길 난 원했다

가는 길이 또한 어디기에
자작, 백양, 향나무 등걸 마구 섞인
하늘나라의 저 울타리 너머
어깨 흔들다 맘 편케 나는 잠들고 말았던가.

타령

천장 얕은 방에
작은 갓등 하나
뽀얀 불빛 아래 낮은 침상
구석자리에 몸을 뉜다

누가 알기나 하랴
늦게 돌아와
양말과 손수건 빨아 널고
외촘으로 드러눕는 이 자리

이른 새벽에 빠져나와
성그렇게 식어 버린 구덕
온몸 틀며 들여놓은 이 어둠도
하루치의 내 신세인 것을

온 날 하릴없이 쏴다녀
콧등 이미 더러워지고
하루분의 고단을 문지르며
헌 옷가지와 섞어 쌓노라면

천장 얕은 방
널마루로 깔리는 남자 하나
발가벗고 드러누운 곧은 신세가
환한 달빛으로 달린다.

내가 가는 길

뿔테 안경 너머
흙먼지 이는 이 길
어디로 가는 건지

앵앵거리며 치닫던
빨갛고 파란 깜박등
그리움의 천지는 어딘지

도수 높은 유리알
거품뿐인 걸음걸이
보이는 곳은 또 어딜지

밤꽃 이어 아카시아 향
꽃들 쏟아져 뽀얗게 된 길
뉘 마음을 흔드는 겐지

내가 가는 이 길
바라보는 저곳
아, 안개로 덮인 그 길.

12월 10일

겨울 새벽 찬 바람 젖히며
난 빈속으로 길을 나섰다
알 수 없는 곳으로부터 날아든
몇 장의 엽서를 안개로 받아 놓고

전혀 근거를 찾을 수 없는
섣달의 내 귀 떨어졌다는 초승
엉뚱하게 주어진 횡재로
낯선 내 생일은 왔다

혹여 점심이라도 놓칠세라
네가 챙겨 준 모밀 한 묶음과
김밥과 단무 몇 조각
내가 태어난 그 공복의
한낮을 나는 잘도 메꾸었고

그냥 다녀간다고 너는 말했으나
웬일인지 저녁이 두 벌
거듭하는 행운은 눈물이었고
나는 감복으로 내 어둠을 풀어갔다

네가 두고 간 냄비 뚜껑 돌리며
갓난아이의 젖은 발 같은
붉은 머리 생선을 혼자 데우다가

맨상추로 두어 번 입술 닦아내면

쪼그리고 앉아 나는
손수 익히던 흰 밥의 김에
군불 지피던 예전의 눈물과
스스로 몸 데우던 일
또 몇 차례의 젊음을 흉내내기도 했으나

혼자 따뤄 마시는
묽은 포도주빛이 아주 싫어서
읽다 만 시인 김영태(金榮泰)의 그 외롬투성이
꽃의 시(詩)를 훑어 내렸다

웃음도 몇 차례
더러 눈물나도록 쉽은 대목
가끔 설움 같은 것으로 질금대다가
돌이킨 듯 그를 불러 봤다

김치찌개 내음
드디어 나를 부르는 그의 목소리
늦은 시각의 만찬이긴 했으나
우린 꽤 오래 무릎을 맞대고 있었다

비닐봉지의 튀각도 바닥나고
사정없이 난 술잔을 기울였고
말린 고기포가 다시 바닥을 찾도록
내 열 손가락을 고루 빤 다음

빈속을 다독였다

안개 이슥한 늦밤
내 낯선 겨울날 생일에
그냥 그대로 등 굽히고 있을
내 오두막의 찬 기운을
나는 어둔 눈으로 아직도 헤집고 있다.

아무도 만나지 못한 바람

아무도 만나지 못한
바람이 다가와
여자의 웃음소리로 깨어져 나갔다

아무도 흩지 않는
비가 내려
바다를 갈라놓는 그림자가 되었다

바다를 날던 나의 꿈
오늘은 새떼가 되어 구름으로 흩어지고
속 깊은 바다에 잠이 들었다

돌 몇
아무렇게나 던져 넣어
섬으로 키웠더니

내 사랑 또한
아무도 말하지 않은 낯선 바위로
뱃사람의 비밀처럼 혼자 흔들거렸다.

바람의 흔적

이렇게 바람이 드센 날은
귀를 막고 걸어야 한다
가슴 속 파고드는
잎 다 떨어진 나무
구멍 뚫린 가지 사이
바람은 달리고
바람 소리 따라 봄 여름 가을
쌓아온 시간의 말씀도
머릿속에 슴슴하다

그런 날은 더욱 쓸쓸하고
시린 손 감추고
서릿발 다 된 머리를
어느 산 너머의 깊은 골로
나의 부끄럼은 나를 지킨다
기억밖에 서야 하는
칡넌출로 동여맨 사설들
나의 겨울잠이여
오, 바람의 흔적이여.

약속

새벽이면 식은땀으로
한 치도 뛸 수 없는 개울을
예사롭게 나는 건너다녔다

늦게 철이 들어
까마득한 이 세월을 주름잡기로
내 버릇해 살아오긴 했으나

빳빳하게 풀 먹인 호청의
광목천 같은 기력을 뒷덜미에 대고
꾸겨 넣어도 쉬 잠들 수 있는 길을 펴보았다

다 저물어도 그 모양 그대로인
그리저리 살아가는 내 적당과 얼버무림
더는 어쩔 수 없으련만

언제나 식은땀에 젖어 허우적대는
새벽마다의 이 저리고 숨찬 병마저
내 잠 속이나 그 밖의 약속이던 것을.

십자 묘지

두려움뿐입니다
살아온 날만큼의 높이를 세워
봉분에 다시 덧칠을 하고
눈 한 번 주지 않던 무덤들 곁에
오늘은 내 펴대고 앉습니다

크리스티나 레지나 카타리나
그레고리 보니파시오 알로이시오
가미시로 아길로 본시아노

바깥세상은 헌 옷가지
절을 해도 용서받지 못할
이곳은 바람만 불어 제낍니다
친구들의 소줏잔도 데리고 들었습니다

클라우디아 세라피아 체칠리아
글라라 젤뚜루다 아가다
이레네 에로니미 모니까

아무리 울어도 맨살일밖에
이젠 억새밭에나 들어가
내 혈압만큼이나 높은 언덕 만들어
우리들의 부끄럼에 숨을 뿐입니다.

묘지송(墓地頌)

무덤 뒤로 무덤
십자가 옆으로 십자가
한 그루 당산나무가 허공에 비쳤을 때

길 아닌 길
산속을 헤매다니다가
문득 매운 칼바람 앞에 서면

비오 루까 요세파
데모도라 방지거 아나다시아
가브리엘 로사리노 안나

시메온 카타리나 마리아
데레사 미카엘 베로니카
아네스 스테파노 세레나

시든 꽃도 엎어지면 주검 된다는데
몇 삽의 흙이 봉분 되는
내 사랑 또 어디에 있는가

썰렁한 바람 하늘 끝을 채우고
소지처럼 마른 풀잎 귓전 때려도
길이 없는 산속을 난 벗지 못한다.

늦비

덧옷 몇 벌 겹쳐 입어도
겨울 다 된 스산함
온몸 떨리게 한다

활활
불붙어 타들어가는
내 가슴 속의 산들

속절없이
찬비는 내려
나무들도 맨몸이게 하고

살아 있는 것들
땅 위로 쓰러뜨리며
깡그리 거둬들인다

시린 손 부비며
아주 넓게 우산 펼쳐들어도
하릴없이 온몸 젖고

늦비
가슴 깊은 데까지 따라 들어와
내 살붙이의 눈물로 쏟아져 내린다.

늘 한데 나와서

어찌 이리 태어났기에
숯검정의 가슴 단추
큰 셈으로 잡아 놓고
손에 들려진 것 다 풀어 놓으며
빈 마음으로 섰습니다

마냥 떨고 있던 시절
또 그래야 한다기에
하수상의 안개 말아 붙이고
바지런의 이 몸뚱아리
스스로 탓하기 몇 해였습니다

드디어 아무것도 찾을 수 없는
그런 데 와 닿아
어떤 것도 잡을 수 없다기에
때아닌 비와 바람 탓해가며
사람들의 등 뒤만 돌고 있습니다

어떨까
발 묻을 때를 찾는 이 마음
이미 헐렁한 옷이 된 집하며
살펴봐야 할 일이 따로 없다며
한데로만 돌고 있는 이 노릇, 어찌할까.

봄풀처럼

꽃잎인가 풀잎인가
한결같은 나뭇잎
차잎빛으로 피는 것을

어깨 들어올린 억새의 겨울 언덕
바람도 살래 고개 저어 흔들며
무릎 꺾어 저쯤 선다

깊디깊은 산속
길 잃어 춥던 시절
이제 이 현란의 기운 문득 썰 때

봄풀들마냥
우리들 사랑도, 아
연록색 여자의 소매가 되었으면.

바닷가에서

투명한 비닐봉지에
살아 있는 것들 몽땅 담았다
바닷물도 한 보시기

호래기
꺽다귀
열기

다시 입맛을 다시기 위해선
탱수며 맵싸리고동도 한 줌
미나리 묶음에 묽은 고추장도 들었다

큰맘 들어 손을 닦고 보면
쇠주 한 병쯤
부러움도 거뜬히 씻어 담았고

간간이 눈물 뿌려
다져야 걷던 그 길
출렁대는 파도와 오늘은 맞먹자 했다

거들먹거리며 걷는 뱃사람들의
취해 걷는 걸음을 나도 덩달으며
투명한 세상 속으로 머물기를 바랐다.

비

내린다
내린다
내린다

우산을 접고
다 벗어 던진 나무 곁으로
나도 나란히 서 본다

빗소리는 더욱 줄기차게
말발굽 소리가 되고
앞은 가려 나무도 비가 된다

어느 쩍 물받이가 되어
돌각담 좇아 돌다가
홈이 된 발자국에 채찍을 들이댔을 때

아!
아!
아!

몸을 트는 나무
꼿꼿한 자세로 우산을 펼쳐
하늘 높이 다리를 놓는다

나는 동동걸음이 되면서
그 뒤를 따라오른다
젖지 않기 위하여

　젖다니
　　젖다니
　　　젖다니.

희망 같은 것은

뜨거운 별 하나를 갖기 위하여
차가운 별을 등에 졌습니다

반짝이는 별 하나를 어깨에 얹고
가슴 언저리를 밤새 돌았습니다

맨발에 맨손이었던 우리에겐
멀리 바라보이는 것만 비쳤을 뿐입니다

모래바람이 일자 별들은 흩어져 갔고
세상 가운데 뙤약볕으로 우리만 남았습니다

어찌하오리까, 어찌하오리까
앞은 더욱 깜깜하고 불구덩이에 우리가 있는 것을.

차 한 잔

더없이 짙은
가을빛 하늘
창문을 닦다보면

바람 한 가닥
문지방 타고 넘어
손은 시리고

깊은 샘
맑은 물
깜냥의 잔

앉혀 달인
차 한 모금
마음 다습다.

무덤 하나 일으켜 놓고

- 곡(哭) 오학영 형

바람이 불고
나뭇잎이 떨어져 깔렸다
나도 하얀 국화잎을 흩었다
한 줌의 흙도 덧뿌리며

생각난 듯 관뚜껑을 따고
눈만 뜨면 금방 일어나 앉을 망자(亡者)의
"우수주의자의 여행"으로
새삼 가슴에다 못질을 했다

눈물 같은 것 결코 보이지 않으마
바람에 실어 보내며
죽어 흙이 아니 되는 길을
애써 가늠해 보았다

겨울인가
다시 바람에 낙엽이 몰렸다
두 평 반의 새 무덤 하나 세워 놓고
혼자 나는 산을 내렸다.

가려움증

더운 이 여름날
내 살갗이 일으키는 중년(中年)의 겨우살이 같게
마른 비늘의 파도 잡아타고
온 밤을 열 손가락으로 빳빳이 일으켜
노 저어 가는 증세였다

목천장은 가래와 기침
나는 이미 가습기를 들이대고
바다를 끼고 떠나는 열차의
발신음(發信音)을 등에 진 채
대륙을 뚫는 여행길에 올랐다

붕붕대다가 덜거덕대다가
칙칙한 저 터널 속
멀리 동트는 새벽 보이고
좋은 약수와 숲도 거기
물맛 달고 바람도 겨냥할 수 있는 곳

바야흐로
촉촉한 이슬에 젖고
괜찮은 여자도 만나
손을 끌어 등가죽에
아, 적당의 이 기분이라니

물방울 튕기는 시간의 소리가
먼 산보다 더 아득한 산의
큰 어둠 찾아낼 때
별 하나 뜨겁게 가슴에 묻고
아무에게도 주지 않는 얘기로
내가 쉴 자리 하나 찾아 나서다니.

낯선 길

조각으로 흐르는 구름
무심히 흔들어대던 몸짓으로 받아넘기는
맑은 날의 내 기억
베개보다 더 편안하게
나를 받아주는 무덤가의 해바라기였으나

드디어 날은 흐리고
바람마저 불었다
밤에는 또 줄기찬 비
나는 젖어 있었고
철저하게 풀어져 있어
단단한 혼의 몇 마디 뼈만
곧추 나를 붙드는 듯했다

내 불편의 잠을 일구는 게으름도
나를 온전히 맨손이게 했고
너끈하게 그 손으로 벌초하는
다른 내 주검자리
문살 떨듯 종일 소리내 울다 보면
나를 일으켜 세우는 일도 있거니

어깨 흔들어 주며
애써 보채는 이 안간힘
아무도 가본 적 없는 그 길을,
비 오는 산의 저 너머에
낯선 나라 하나 일으켜
흐트러진 내 걸음 묻게 한다.

봄날 서정

꽃눈 트고
한 치씩 바람의 키 자라던
내 어릴 적

머리카락 봄비에 적셔
가슴 조이게 하던 얼굴
지금은 흩어져 기억 밖으로 꿈 낮추고

목련 하얗게 벙그는 그늘
어쩌다 꽃물에 취해
얼굴 붉히는 그날

실바람 흔들던 그 마음도
드문드문 가시 돋게 하는 찔레
이젠 가없이 떠나고 없다

이런 날엔
깊이 묻힌 강물 소리
노을만큼 저문 데 와 있어

종달새 날려
마음 저어 보고픈 하루
지금 나는 울고 섰다.

밤에 내리는 비

추썩이며 쏟아지는 찬비가
내 가슴 한복판
지워지지 않을 울음으로
장대같이 와 꽂힌다

모두 자리를 떠
살아 있음직한 나무들조차
좀체 운신을 하지 않는
이 추운 밤 나를 흔들어대고

바싹 깎은 손톱의
밑둥만큼이나 안으로 묻은
가슴 속 불씨를 끄기 위해
밤도 비로 내린다

이날은 더욱 추울 테고
남쪽의 밝은 꽃들 퍼담아
어둠을 밝히려는지
젊은 시러베 몇 나를 찾아 약을 올린다

봄은 저만치
손 닿는 데서
한 여자의 몸짓으로
낯을 붉히고 섰다.

비 온 다음날

비가 온 다음날 같지 않게
맑은 샘 하나
느닷없이 봄 뜨락에 내렸을 때
풀 한 포기
제 그림자 추스르며 선다

아직은 눈 덜 떨어져
이른 계절의 제 모습 훑다가
노란 꽃잎 흩으면서
산수유 곁으로 바싹 다가앉는다

따문따문
싹눈의 제 모습에 열심인
문득 내가 가지고 놀던 어릴 적의
사금파리 같은 유리 조각에 얼굴을 파묻으면

깨어져 모서리진 그릇
그런 얼굴과 몸짓을 담아
그득해 삐어져 동강나는 몸뚱이
두 손 모아 애써 주워 담으면서
봄비 같은 눈물을 쏟아붓고 있다.

살아 있어야 할 이유

참 좋았다
얼마의 용돈처럼
내게도 짬은 있었고
살아 있어야 할 이유가 있었다

괜찮을 정도의 술기운과
아편으로 뒤집어 놓은 듯
가슴 단추 두엇 따내면
선들바람이 들어섰다

아무 생각 없는 일들이
안팎으로 내 어리석음을 둘러싸고
앞과 뒤도 깜깜인 그 길에다
노래 소리만 흩었다

햇살 밝은 세상에서
구름으로 떠도는 것쯤
한 줄기 소나기로 떨어져 내리는
아주 찢어져도 내사 좋았다.

부활 주일의 아침

나무를 심는
좋은 봄날 아침엔
우리들 마음도 털자

모두 비운 마음자리의
부활절 새벽에는
한 톨 씨앗을 묻자

묻어 깊은 웅덩이
싹 터 영원케 되는 나무
하늘로 뻗는 기쁨을 보자

비운 터 가득히
죽어 다시 살아나는 법을
좋은 계절의 깨우침으로 갖자.

우리 모두에게

우리 모두에게
그런 땅을 주소서
해가 뜨고
햇살이 퍼져
뿌리 내릴 흙이 녹고
이슥고 밤은 와서
쉼을 주는 그런 터전을

그런 때도 우리에게 주소서
타는 가슴
소나기의 홍수
갑갑하고 답답턴 나절
꽁꽁 얼어붙은 계절 아니게
그런 시절 결코 아닌
우리 모두의 때를

뜻의 이 신새벽
길은 드디어 뚫리고
보람의 터전과 때
그런 아침은 와서
그득한 나날
그러한 세상
올해는. 제발 올해만은 꼭
우리 모두에게
그런 것들만 안겨 주소서.

지금은 우리들 마음 편한 집에

좋은 봄날의 햇살
한 톨의 씨앗이 떡잎 되던
포근한 절기가 있었다

잎이었다가 이내 줄기가 되는
더위가 몰려오자
엄청난 그림자 드리우던 때도 있었다

산새들 날아가고 꽃들 엉켜
울타리엔 바람과 비
벌레 소리로 떠오르는 하늘 이젠 지났다

얼마 있잖아 눈보라
보드랍고 큰 꿈 땅속 깊이 묻고
지금은 우리들 마음 편한 집을 지킬 때.

아십니까

그런 땅을 아십니까
그런 길을 아십니까
그런 때를 아십니까

추운 엄동설한
꽁꽁 얼어붙은 데서
무엇으로 뿌리 해 열매 하나요

앞뒤 꽉 틀어 막힌
아침과 저녁
곧은 길 있다면 얼마나 시원할까요

무더위의 여름
한낮의 가뭄이 타는 가슴
소나기의 때는 언제든 개운하지요

언제 보아도 그 고장
언제 들어도 좋은 소리
언제 먹어도 그 맛

갑갑하고 답답턴 무렵
약수 한 대접
이 후련을 어찌하지요

아득한 터전이라니
닿지 못하는 둥지라니
열리지 않는 문이라니

마음의 뜻 새긴다면
그 길을 편다면
길이 주는 보람 거두게 한다면

오 보람이여
그득한 나날이여
언제나의 우리들 뜻이여.

우리가 찾는 것은

이름 모를 들판
발자국 모두 감춘 가래질의
낯선 땅을 뉜들 함부로 일구겠습니까

잃어버린 것이 있다면
돌아와 제자리에 앉는 것도
앉아서 큰소리할 만한 법도 있습니다

그런데 무심히 지나버린 세월
그 속에 흩뿌린 바람
그만큼의 부끄럼과 기다림도 봅니다

발 위에 다른 발자국
다시 자국을 밟고 선
어지러운 꿈터를 어찌합니까

우리가 뛰놀 마당과
더불어 어깨 걸어야 할 패거리
우린 우리를 잊고 있었습니다

우리가 슬픔일 때
우린 무척 부끄러웠고
아픔일 때
우린 몸부림이었습니다

밤하늘의 말 않고 떠 있는 별
하얗게 머리 풀어 바라보던 강
그 곁에 울며 엎드러져 있던 아이

이제 턱수염의 어른이 되고 중년 되어
제 집의 흔적을
우리가 찾고 있습니다

살아 있는 불씨를
영원히 지워지지 않을 우리의 길을
8월로 가는 길을 우린 찾고 있습니다

동강난 허리
깨어진 형국을 더듬어
태어난 집을 잇는 법을 찾고 있습니다

이제 쾌유의 행운과 행복을 위해
벽과 닫힌 문을 두드리며
뚫린 길을 우린 찾고 있습니다

무던히도 반기고 기다렸던 이 계절
우리가 꼭 가야 할 그 길
한몸이 되는 일을 찾고 있습니다

모두 울음만 삼키고 있을 뿐인
가끔 우리가 기댔던 나무

아직도 늘푸른 소나무의 그것

거기
그 자리에
손 흔들며 서 있습니다

흩어진 우리들의 옛 살림터
들부순 사금파리의 조각들
뉘우침과 그림자로 우린 뒷짐 져 있습니다.

이 가을 우리가 할 일은

봄에 뿌린 것들
모두 거두어
땅으로 돌리듯

이 가을날
제가 걸어온 길
쓸고 닦을 일이다

노란 잎새
푸르고 푸르게 가꾸다가
그 빛깔 되짚어 보듯

뿌린 씨앗 거두어
깊숙이 챙기고
연록의 잎새 되지녀야 할 일이다

비바람 돌려 받고
햇살도 꼿꼿이 세워
흩지 않게 엮어 놓듯

열매 하는 것들
빨갛고 까맣게 칠하여
알뜰히 챙겨야 할 일이다

이리하여 드높은 가을날
우리가 해야 할 일은
맑게 비워 우리들 속을 그득 채울 일이다.

새로운 사람들의 시대가

해 하나 떠온다
낡은 것이 아닌
새 얼굴 솟는다
묵은 그것 다 떨쳐 버린
다른 밝기의 모습
새 바람이 떠온다

손에 손을 쥐어 주며
악기 소리 장엄
합창의 노래와 더불어
어깨와 발맞춰 다가온다

낯빛 고친 옛사람들
새 아침의 새 시간 안으로 몰려온다
우르르 걸어들어와
다른 모습 다른 몸짓
다른 해와 가지런해진다

던져진 시간들
버렸던 생각들
묶였던 몸짓들
흩었던 버릇들
어지러운 옷들 벗어
새 시대의 얼굴로 비쳐 준다

시간이 열린다
젊음이 소맷자락을 걷어붙인다
신발끈 다시 조이고
어제의 그것 아니게 달린다
날렵의 생각과 행동거지
새 사람들의 새 시대
해 하나 새롭게 떠온다.

오직 그뿐인 노래

들리지 않느냐
활활 타오르는 불길의
횃불이 뿜어대는 저 소리가

보이지 않느냐
세상의 온갖 것
하나같이 눈 떠 밝히는 저 빛이

단 하나인 말과 그뿐인 노래를
산이며 강이며 바람이며 나무며
모두가 보고 들어 깨닫고 있음도

목말라 부르는 소리 같은
자유롭게 흔드는 깃발 같은
저 외침을 뉜들 듣지 못하랴

걸음마로 뜀박질로
한바다를 두루 밟고
저기 눈 밝혀 다가서는 무리진 것들

가느단 햇살 하늘에서 밝기로 거둬
꼿꼿이 우리의 땅바닥에 꽂는
사람들아 이 일을 알지 않느냐

한라에서 백두까지
섬진에서 두만까지
오로지 하나인 소리

구석지고 어두웠던 자리
지금은 곳곳에서 우리를 밝혀 주는
오직 하나뿐인 빛

빛과 소리라니
오, 자유로워라 화평스러워라
보이고 들리지 않느냐, 내 사람들아.

그런 날은 와서

그날은 와서
너와 나 부여안는
그런 날이 와서
우리 손을 맞잡고

끊어진 다리 이어 놓듯
잘려진 핏줄 펴 주고
돌려세웠던 강 일으켜
비로소 하나로 세우는 날은 와서

잊어버린 얼굴들
내던졌던 얘기들
환히 웃음으로 밝히는
그런 날은 드디어 와서

그런 밤이 다시 밝아
나는 너의 이웃
너는 나의 일가
비로소 거리낌 없는 아침은 와서

제 그림자들 찾아 앉히고
제 이름값들 매겨가며
우리가 우리를 불러 찾는 때
어김없이 그런 때는 와서

더는 흩어지는 일 없고
다시는 남남 아니게
하나의 마음, 하나의 몸
아, 그런 날은 와서.

가을은

가을은
그래서 모든 걸 거두고
제가 떠나온 곳
집으로 향하는 길에다 뿌린다

연록의 연한 싹이었던 것
제법 굳은 잎이었던 것
좀더 단단한 줄기였던 것
보다 딱딱한 몸체였던 것

비바람 다 걷어내고
꼿꼿이 고개 들어 하늘 우러르던 일
깡그리 열매 하던 일
우리들에게 던지던 마음씀

가을은
그리하여 몸을 털고
제가 태어난 곳
땅속 깊은 데다 발을 묻는다.

겨울 찬비

하릴없이 겨울비 내리고
오호츠크, 카스피 등등 북녘의
내가 만날 수 없는
피붙이의 설움으로 비는 쏟아져
내 가슴 한복판
강이 되어 흐른다

하얀 머릿발같이
서릿발로 굳어 얼음판 되고
비 멎어 우산을 개켜도
늘 가슴은 젖어 있어
밤내 시린 몸만 받아내다가
어둠으로 가 드러눕는다

겨울밤은 춥고
어둠은 끝내 밝아오지 않아
내 가슴 속의 지난날
활활 불붙던 가을 산에
오늘 겨울 찬비는 내려
한층 더 나를 으스스하게 한다.

종이학(鶴)을 접으며

종이를 접는다
아무것도 씌여지지 않은
깨끗한 하얀 종잇장을
꺾고 다시 접어
한 마리 새로 만든다

삼백예순다섯 낱의 눈금 또렷한
자유의 나날
뜻의 큰 날개가 되도록
새해 새날 새 아침엔
한 마리 종이학(鶴)을 날린다

오륙도나 현해탄 건너
태평양의 아무도 가본 적 없는
그 바다 위의 길
훨훨 날아 구만리 장천
이 세상 주름 잡는 새를 띄운다

해 하나 떠오르듯
큰 새 하나 날아오르고
우리들 보람도 소망도 덩달으고
대붕(大鵬)의 돛을 단
이 한 해가 밝아온다

종이를 접어
한 마리의 새
날아서 천지를 뒤덮는
하얀 바탕의 무궁한 새
종잇장 접어 새 뜻을 새긴다.

켜켜의 빗살이

– 박신영의 『빗금과 흔적』에

우린 알고 있다
신라나 백제 혹은 더 오랜
가야 사람들이 빚던 빗살의 켜켜
그 즐문이 가리키는 것에 대하여

흙그릇과 돌 조각에 즐겨 심어
손금이나 지문 따위로 일으켜
저승의 풀밭께 나돌게 하던 바람발
우리들의 살과 뼈로 돌아서는 일들을

한 오라기의 빗살이 땅으로 내려
씨앗과 떡잎, 나무와 숲이 되어
가지런히 그림자로 엮어지는 내력마저
우린 다 알고 있다

빗금으로 떨어지는 물방울 하나
처마 끝으로 하늘 소리를 울리고
웅덩이에서 물소리를 거두어
나보다 더 깊은 강이 되는 까닭도

흐르는 여울 소리에 귀를 씻으면
발과 무릎은 빠져들고
우리들 가슴은 흠뻑 젖어

드디어 떠도는 지푸라기가 되고 마는 것을

꼭 그만한 거리
꼭 그만한 깊이
꼭 그만한 크기
우린 잘 알고 있다

저승의 풀밭을 기는 봄바람떼
미루나무 그늘로 스러지는 여름 햇발
끊임없이 떨어져 쌓이는 가을나뭇잎
자작나무 삭정이로 꽂히는 밝은 겨울

우린 알고 있다
떨어져 쌓여서
흔적으로 묻히고 퇴적하는 일들을
뉘네 마음인 줄 우린 잘 알고 있다.

불어라 바람아

-「세계일보」 창간 1주년에

바람아 불어라
꼬박 삼백예순닷새를
불어온 큰 바람아

단 하루도 잠자지 않고
늘 깨어 있던
그리하여 살아 움직이는 것으로

드디어 해일이라도 되어
우리가 밟고 나가야 할 길을
말끔히 씻어 놓게 하라

걸음마였던 어제와 그제의
닫혔던 문 다 열렸으니
환한 장래를 보이게 하라

미래의 길 양옆으로
맑은 샘물 넘쳐 흘러
목마른 자를 풀게 하고

숱한 고비의 길목
더불어 살아온 세월처럼
다시 우릴 화평케 하라

손에 손을 건네주어
서로를 자유케 하는 법
그런 삶을 모두 익히게 하라

북을 쳐 울린 지 1년
보이지 않는 자에게 등불을
어두운 자에게 두려움 주었듯이

알려라, 더욱 크게
살펴라, 더욱 넓게
굳혀라, 더욱 깊게

사랑이 하나 없는 자에게도
믿음이 하나 없는 자에게도
설움 안에 머무는 자에게도

주어라
주어라
주어라

피와
신뢰와
보람을

가꾸어서 삼백예순닷새
다듬어서 삼백예순닷새

보살펴서 삼백예순닷새

공포에서 구하고
무지에서 구하고
부자유에서 구하고

네 안에 내가 있어
내 안에 네가 살아
우리 함께 하는 마음밭

불어라 큰 바람아
몇곱, 백곱, 천곱, 만곱, 만만곱을
삼백예순닷새의 실한 바람아!

9.

그리운 죄 하나만으로도 나는

시인의 말

시집으로 아홉 번째가 된다. 거년(1990)에 간행된 『길 하나와 나는』(신원문화사) 이후에 씌여진 작품들로, 여러 지면에 발표된 것들이 대다수이나 여남은 편은 완전한 신작들이다.

이들 대부분의 작품이 보여주는 나의 주된 관심은 여덟 번째의 시집과 마찬가지로 '너'와 '나'에 있다. '너'는 내 존재의 의의를 새롭게 하고 오늘 나를 삶이게 일으켜 세워주는 버팀목 역할을 하는 것, 그 없이는 나의 실존에 아무런 뜻도 값도 주어지지 않는 게 된다. 이것이 제1부이다.

그리고 그런 주체를 통한 '나'의 해석이 제2부를 꾸미고 있다. 다음의 제3부는 버릇대로 여러 가닥의 여정 속에서 겪게 되거나 살피게 된 자기 확인들이며 자신파악이다. 그것이 비록 단순한 깨우침이라 할지라도 내 자신의 내부, 곧 내 스스로의 것임에 틀림없겠기 때문이다. 제4부는 의례적인 혹은 계절적 소감의 피력 등이다.

아무튼 2년이 채 안 되는 사이에 새로 엮어지는 작품집인만큼 과욕이 될지 모른다는 생각이다. 그러나 그만큼 뜨거움도 가질 것이란 내 나름의 생각도 가져본다. 그렇기에 더한 의미를 부여하고 싶은 것이 솔직한 심정이다.

끝으로 어려움 속에서도 새로운 선집 기획의 모두에 앉혀준 「문단」의 놀뫼 선생과 그 식구들에게 깊은 감사를 드린다.

1992년 9월

尙南齋에서

성춘복 씀

나날

나는 늘 아픔이고
사랑하는 일이 지병이다
청명한 혼을 위하여
너는 내 몸을 열어주고
민들레 씨앗 같은 걸 풀풀 날리다가
웃음기에 간간 울음소리도 섞는구나

내 안 깊숙한 데
감기처럼 헛것들 창궐해 있고
드센 바람으로 나를 떠받쳐
피 흘리지 않고는 찾을 길 없는
봄꽃들의 환한 꿈을
내 가슴에다 구름으로 흩는구나

부질없어라
내가 사랑하는 일이여
팔다리 휘도록 퍼담는
몇 됫박의 이 열심
그것도 요즈막의 내 심사러니
슬프고 아린 떼바람의 나날이여.

너를 보내며

너를 보내며
나는 울었다

눈썹으로 기어오르는 이슬비 아니고
일곱 빛깔 줄무늬의 울음은 더욱 아니고

뭍에서 비롯하는 뱃길의 위험 같은
염치없이 욕심스런 어지럼증 같은

사랑의 덜미를 잡고 요동치는
아, 내가 가야 할 혼돈의 길

드디어 두 손 두 발 묶어놓고
목을 틀어 이 땅에 영영 없게 하는

그리하여 달아나서 숫제 너는
땅에 발길 닿아도 돌아설 수 없는

저 아득하고 가마득한
내 그리움의 천지.

보고 싶다

보고 싶어라
울어도 젖지 않을
작은 벌레소리에 귀 내어주고
슬픈 더듬이 따로 얻어
너의 발자국 찾고 있노니

닫힌 문 안
헛딛고 살아온 우리들 세월처럼
앞을 막는 그 캄캄에
비록 내가 묶여 있다 해도

무슨 수로 감당하랴
망령된 이 형벌을,
물방개의 제자리걸음 하는 일이며
몸살로 너를 간신히 붙들어 앉히는
껌정의 내 속을

어쩔거나
입 맞추듯 혓바늘로 문지르다가
한껏 너를 맞을 이 두려움
그래도 보고 싶다는 말밖엔
더 어쩌지 못하는 마음
온통 서글픔 뿐인 것을.

찻물을 올려놓고

때맞추어 찻물을 올린다
네가 올 임시 조금 지나서
늦을세라
나는 또 물을 바꾸고
속 몰래 끓기는 그리도 빨라
다시 새 물로 갈아붓는다

두 개의 무늬 다른 잔을
눈대중의 거리로 앉혀 보고
거듭 몇 번을 바꾼 찻숟갈
내 가슴은 그냥 방망이질이다

드디어 물이 끓듯
내 속도 부어올라
네가 와 앉을 자리에
붉어진 내 얼굴
벽걸이 시계의 쇠추가 무겁기만 하고

꽁꽁 얼어붙은 겨울 강바닥에서 퍼올려
부글대고 있는 숨이 차는 한낮
끓는 물을 갖다 부어도
내 마음은 여태 떨리는 것을
우두커니 혼자 앉아
김 오르는 물만 지키고 있다.

네가 내 곁에

가장 좋은 옷으로
내 앞에 네가 서고
아주 편한 마음으로
네 곁에 내가 있다고 하자

잘못 살아온 우리들의 죄
기름으로 싹 씻어낼 수 있다면
치자빛으로 물들 이날 저녁의
우린 또 얼마나 아름다울지

사람 사는 인연 낱낱 거두어
깨끔하게 닦아내고
속 앓는 그을음까지 걸러
너와 같이할 자비를 놓는다 하자

어디쯤서 보일까
너와 내가 차지할 그 풀밭은,
꿈도 제대로 엮지 못하는 잠 밖의
세상 사는 법을 묻어버릴 그날들은

그래도 어디 눈물뿐으로 되랴
살과 피마저 그런 내력으로
쓸쓸한 일들 한꺼번에 몰려와
몸살같이 내 앞에서 넌 쓰러지고 말 것을.

먼 나라

바라보며 바라보며
보다가 숨소리 뜨거워지는
피리소리 아슴한 이승의 덤불
너의 나라로 가리

망초꽃도 있고 여뀌꽃도 있고
모시나비 춤자락 다 꺼내놓아
천지가 온통 꽃내와 꽃빛
내 그리로 가리

깜깜하고 한없이 멀고
답답하여 가슴 치는 거기
당신밖엔 보이는 것 없는
그 세상으로 내 살러 가리

울다가 또 울다가
눈물 튀어 다리 놓이는
꿈 안의 우리 산천
내 맨발로 네게 가리.

너를 보는 날은

너를 보러 갈 때면
나는 늘 불안했다
머리부터 발끝까지
뉘네 가슴으로 찬 또랑 흐르는지
두려움이 되어갔다

지난날의 내 가난처럼
누더기로 이은 조각의 시간들
너를 만나는 날
언제건 나는 전전긍긍
조마한 걸음으로 마냥 뛰었다

어느쩍은 아주 엉뚱하게
먹구름에 오금마저 저렸고
반가이 붙들어주리란 생각
휑하게 들판으로 날려 보내며
안타까움에 난 발을 틀었다

드디어 너와 마주했을 때
목젖에 가시로 걸리는 말
잊은 듯 한꺼번에 삼켜버리고
종내 트집으로 돌아앉아
얼굴 붉히는 게 고작이었다

알 수 없어라
너를 만나는 날의
그렇게도 하전한 일 따위를
알 수 없어라
너를 보는 날은.

옥잠화를 안고 와서

옥잠화를 사들고 너는
길을 한 바퀴 돌아
내 꿈으로 왔다

와서 너는
네가 보듬은 내음과 색깔로
엄전히 내 앞에 앉았고

너를 위하여 나는
열심히 저냐와 꽃전을 부치며
어둔 눈을 밝히려 들었으나

언제나 식은땀인 빈자리
그래도 나는 부지런의 손짓으로
애타게 너의 주인이고자 했다

오늘 다시 너는
한아름 옥잠화를 안고 와서
내 속을 어지럽게 훑어놓았다.

너의 땅은

죄 없는 사람은
죽어서도 눈이 안 머는가
그리운 죄 하나만으로도
내 평생은 무겁고
살아 깜깜한 이승이 두렵다

가슴 복판에 볼 메는 강이 있고
도저한 물에 꽃잎 띄워 흘렀더면
숨소리 뜨거운 너의 나라
바닷속 외딴 섬 같은 그곳에
내가 그리는 집 한 채 일으킬 것을

더 얕게 흐를 데가 없어
문 닫혀 끊겨버린 길
내 잠은 그렇듯 온전치 않고
밤중이라도 깨꽃 같은 게 피어
환한 눈길로 너를 찾아주었으면

저승인 듯 아슴한 너의 땅
네가 있어 오히려 서러운 나라
쳐다보며 쳐다보며
보다가 눈멀어 아득해지는
어두운 땅의 눈이 먼 나라.

서귀포 운(韻)

가슴 하나면 족할
그렇지
그립다는 말을 하지 않아도
내 잠 안에선 사랑이거늘

산호목걸이에 노을빛 너울
헤엄쳐 네가 내게 이른다면
바닷냄새 그 하나로도
나는 쉽게 취할 수 있을 테지

그리하여 너를 맞이해
이 고장에 흔한 밀감빛의 방 하나와
파도 소리 아련한 돌담을 쳐서
아무도 넘보지 못할 시간을 마련해야지

내게로 옴세
와서 세상으로 난 길은 덮어버리고
지운 자리에 가지런히 앉아
이승의 매운 자리에 까맣게 묻히기로 하세.

저문 유월의 바다

스무사흘
조금때의 서귀바다를
끼이럭 끼어러억
물새가 빗질해 가면

바다가 지워진
어둠 밖으로
선인장꽃
노랗게 불을 당긴다

숨어 살던
구름은 벗어던지고
시린 달빛 앞으로 벗은 몸 드러내면
개구리울음 환히 흔들려오는데

눈 감아도 보이는 네 모습
땅끝 어디선들 내 너를 지키지 못하랴
작은 통통배 한 척
내 사랑빚 갚으러 물길을 저어가고 있다.

기다리며 · 2

문을 닫아놓고
널 기다린다
허리라도 아플 양이면
일어나 망원렌즈를 찾는다

네가 옴 직한 길을
창틀에 턱 괴고
눈과 눈의 틈새를 골라
초점을 맞춰나간다

잽싸게 차를 몰아 들이칠
너의 빠른 속도를 겨냥하며
놓칠세라 놓칠세라
마냥 눈이 시리다

따가워 눈을 감았다 뜨면
변광성의 우렛소리
내 가슴엔 이미 섬광의 송곳자국
저켠은 그림자로 스쳐지난다

종일 널 기다리며
까막까치의 울음이나마 기대한다
나를 위하여
너의 나를 위하여.

어떤 풍경

한 자루의 촛불로는
어둔 속을 다 비칠 수 없는지
오동나무 몇 그루
강가로 나선다

마른 목을 축이듯
한껏 물 퍼올려
있는대로의 가지 끝마다
불을 당긴다

내 가슴엔 어느덧 파도 소리
물길 터주는 가뭄도 보이고
주머니 속의 꿈도 터져
먼 산하로 펼쳐진다

어느 하나
내 것 아닌 게 없는 세상이지만
오늘은 두 눈에 심지를 달고
보이지 않는 너를 밝혀본다.

저물녘

그리워라
애닯고 안쓰런 일마저

내가 머무는 한때의 이 세상
절망보다 깊은 데 있고
더 어둔 곳에서 너는 솟구쳐
찬연하게 나를 바라보던 것을

더운 입김으로나 맘 풀고
가시 돋친 꽃마저 주고받을 수 없어
너를 삭히는 나의 피 쏟는 일
고질병의 내 안타까움이더니

사무침도 그와 같아
아리고 쓰리고
나조차 더 묶지 못하는
저문 날의 몹쓸 때러니

아득하고 아득하여라
사람 사는 일의 아름다움까지도.

그런 한 여자

둘도 말고 딱 하나
눈 잘 맞추어
이쁘게 살 여자
어떻게 찾아볼까

쓰디쓴 세상을
달디달게 살아
입 맞추어 쏟아부을
꼭 내 사람인 그

그 사람 눈동자 속
내 몸 반듯이 뉠
됫박으로 보살펴 줄
그런 한 여자

저승 보이는 앞길에
나이 든 억새 손
무더기로 나는 쓸쓸한데
어떻게 찾아볼까.

아침 풀잎

밤하늘에 별 하나 더 뜨는 날
작은 풀잎 위로 이룩되는
내 아침 산책

너의 흰 목이 아니어도
네 마음의 어디거나 걸어 좋을
투명한 물방울 목걸이.

뻐꾹새 운다

뻐꾹새 운다
내 꿈의 어둔 층계를 딛고
저녁이면 돌아눕는 산
그 산의 숲 어디서
못 견디게 설운 뻐꾹새 운다

너무도 가난하여
나는 늘 혼자이고
달이 밝지 않아도 외진 골방
인연 따위도 춥다 느끼며
어디서 뻐꾹새 운다

타다 남은 놀 끌어다가
불길 당기고
꽃들은 피었다 시들어
가슴엔 시린 눈발
뻐꾹새 운다

몇 점 별빛은 떠서
내 마음 병으로 깊어가는데
눈물 속이 적막

오 사랑이여
나도 산꽃처럼 슬퍼 뻐꾹새 운다.

기침소리

종일 기침을 했다
어둘녘엔 더 심하여
저물어 오는 안타까움인 양했다
바람 소리
온몸에 부딪고
내 몸 스쳐 빠져나갈 때
숭숭 구멍을 뚫어냈다
몇 근인지 모를 눈물의 무게도 쏟아
가득 찼던 마음과는 달리
가쁜 숨으로 나를 이겨 놓았다
숨 막히는 곤두박이의 나락에서
더러 이승과 저승도 오가며
잠의 기슭을 안개는 훑었다
오동잎 지는 소리가 들리고
번개 천둥이 내 발등을 밟았다
깊게, 아주 또렷이
내 병을 추슬러갔다.

길은 다하고

구석 자리로 찾은 이 바닷가
바람은 아우성이고
게거품의 너울은 나를 따라와
복숭아뼈를 붙들고 늘어진다

마음 삭히느라
물끄러미 창밖을 보노라면
먼 섬은 미련 없이 녹아줄 듯
노을은 저리도 태평한데

꿈은 내 등판의 식은땀
빈속 같이 허전하기도 하련만
이미 나는 쓸모없는 썩정이
구름처럼 쉽게 풀려나고 있다

'억울하고 억울할 테지' 수수만 번 뇌어도
내가 밟은 죄는 셈할 도리 없고
죽어 또 얼마만큼 탕감받을지
숫제 알 방법이 없는 것 같다

내가 와서 닿은 땅의 이 끝
날씨마저 고약해 바다는 더욱 춥고
또 길마저 끊어져
노을 같게 내 삶도 엷어지고 있다.

지금 나는 울고 있습니다

서러울 것 하나 없이
나는 지금 울고 있습니다
별로 아파할 일도 아닌데
쉰이나 예순의 바다
그런 나이 또래의 하늘에 닿아
펑퍼짐 배 깔고 누운 구름같이
그러다가 문득 돌이키듯
일어나 구름으로 웁니다
파도를 따라 내가 흘러들었듯
지금 나는 비로 웁니다
몸 다 내놓아 흠뻑 젖고
아득했던 시간에 닿은 끝을 보며
망망대해의 한 점
아무도 살지 못하는 섬으로
춥고 어둔 겨울을 삽니다
죽음조차 혼자여야 하는 거기
구름떼의 그늘에 숨어
섬이 다른 뭍으로 살아가듯
울음으로 나는 삽니다
비 맞으며
지금 나는 울고 있습니다.

찻집 보헤미안에 앉아

내 집 안마당이라도 지키듯
이르고 이른 아침 시각
혜화동로터리의 찻집
내 정신의 정처없음을
하얀 제 머릿발이기나 한 양
분수대의 고드름에 비겨본다

마음 따라 얼어붙기 잘하는
밤내의 시린 몸뚱이를
어둔 차 한 잔으로 받아내며
아직은 덜 퍼진 겨울햇살
가지 푸른 나무의 잎새마다
물보라로 꺾인 작은 무지개
봄 여름의 푼푼한 그림자를 나는 생각한다

지금은 추운 겨울
하릴없이 내리다가 쌓인 눈
빙판으로 가슴속도 얼어붙어
내 하루를 밀쳐내지 않기를
온몸 깜부기로 타들어
꼄꼄한 재가 되는 일 없기를
얼마나 나는 바라고 있는지

찻잔 깊은 외로움이

끝 닿지 않게 그리움으로 짜여가고
검버섯으로 변해드는 손등에
아직은 뜻 모를 노을빛
눈부셔 곧바로 볼 수가 없는
내 안의 당신 그 웃음기가
더한 몸살로 나를 흔들어댄다

뜨거워라
새벽이면 맞는 이 찰나
한 잔의 쓰고 어두운 차여
속 깊이 타오르는 불길이여
내가 사는 세상의 허망이여
내 안의 주인인
오, 내가 사랑하는 사람이여.

늘 한데 나와서

어찌 이리 태어났기에
숯검정의 가슴단추
큰 셈으로 잡아놓고
손에 들려진 것 다 풀어
빈 마음으로 섰습니다

마냥 떨고 주렸던 시절
또 그래야 한다기에
하수상의 안개 말아붙이고
바지런의 이 몸뚱아릴
스스로 탓해 몇 해였습니다

드디어 아무것도 찾을 수 없는
그런 곳에 가 닿아
무엇 하나 잡을 수 없기에
때아닌 비와 바람 꾸짖으며
당신의 등 뒤만 돌았습니다

어떨는지
발 묻을 자릴 찾는 늦은 이 마음
이미 헐렁한 옷이 된 집 하며
살펴봐야 할 일도 별로 없다며
한데로만 돌고 있는 이 노릇은.

놀빛

오늘 저녁
유별나게 놀이 좋아
얼굴은 달아오르고 온몸엔 새털구름
잔잔한 비늘의 파도를 저어가면
눈도 얼른 핏빛이 되고 말 거니
내 가슴 한가운데
큰 아궁이 하나 묻게 된다

천방지축
불길은 문설주로 서까래로 옮아붙다가
내 몸을 싸고돌며
눈물도 녹이고 꿈마저 녹이고
마침내 제빛에 겨워
넋으로 번져 재로 사그라든다

망게 씨앗보다 더 붉게
하늘 사방 물들이다가
제 몸 다 들이민 다음
깜깜한 것이 되고 만다
눈물겨워라, 어질머리의 그리움이여
오, 내 안의 깊은 꽃물이여.

헛귀울음

살아온 날들 돌이키다가
돌아가야 할 길의 무명을 생각타가
문득 꽃잎 이우는 때의 허정을
내 모두 잊고 있다니

소리치고 싶구나
이토록 가벼운 나그네인 줄을
제 몸값 대중으로 헤어보다가
드디어 두 눈에 흙이 들어가
돌아갈 곳이 없는 걸 모르다니

여윈 나뭇가지 끝
홍시 하나의 아슬한 곡예 쳐다보다가
어지럼에 한참 넋이 멀었다가
아름다운 사람 한 번 보지 못한
억울에 내가 와 살다니

아, 소리치고 싶구나
너의 가는 길을 내가 묻지 못하고
헛귀울음으로 간신히 너를 부르는
하릴없는 시간의 주름살
이 어리석음 종내 버리지 못하다니.

사람 사는 일의 하나

아무도 부르지 않는 곳에
나는 와 서고
내가 끌어온 수레
빈 병과 먼지만 수북하다

머리는 이미 세어
마른 기침소리에 다름아니고
발목까지 가랑잎 쌓여
나는 노을 저편의 몸짓이 된다

예순 앞에서의
헐거워진 몸 일으켜
속절없이 그리움만 깊어가고
두 눈마저 무르게 하더니

내 곁을 흐르는 또랑의 눈물
이윽고 내 불편의 걸음도
지병인 외롬에 가 닿아
설움밖에 더 밟지를 못한다

사람 사는 일이 다 그렇다지만
꿈은 언제나 차디차고
창밖은 바람으로 흔들려
내가 젓는 손마저 엷어 보인다.

내게 묻고 있습니다

현미에다 약간의 보리쌀
적당량의 수수마저 섞어
오늘의 내 저녁밥은
얼마나 또 뜸이 돌았을지
솥에다 내 속을 끓이고 있습니다

내 증조부와 그 할아비의
생일날이면 반드시 상에 올랐던
어둔 산 그림자 바로 옆
무 배추로 잘 익힌 내 할머니의
잘 손때 탄 김칫독을
나는 이제야 안부로 묻습니다

가을이면 때마다 가슴에 쌓던
풀벌레들의 울음소리 하며
하얀 눈이 차곡차곡 쌓이고
여름은 너무 쉽게 와서
썰물처럼 씻어내는 홍수
내 발자국 애써 지우던 일까지 겪습니다

오늘은 세종로 네거리
등이 굽은 청솔나무의 눈요기쯤으로
엇그제의 우리 옷가지 널리고
나도 두 손 부비며 그 곁에 다가앉아
고향을 버린 이유를 내게 묻고 있습니다.

운명론

꽃잎이다
피보다 진한 빛깔로 물드는
내 심장이다

　　아니, 칼날이다
　　뿌리마저 캐내고도 고갤 내미는
　　그건 내 넋이다

불꽃이다
수수만 번 더 죽어 되살아나는
스스로 뿜어 태우는 기름이다

　　아니, 꿈이다
　　헛것도 연줄 닿아 손금 그리는
　　그건 내가 밟아야 할 길이다

물이다
그리움 고이면 넘쳐흐르는
눈물뿐인, 몸뚱어리의 두려운 셈이다

　　아니, 병이다
　　천지를 통틀어 허깨비로 세우는
　　어김없는 죗값의 오랏줄이다

바람이다
흩어졌다 어디서건 엉겨붙는
내 마음의 중심이다

　　아니, 아니, 죽음이다
　　거듭 태어나 네 앞에 꼭 서야 하는
　　나의 다른 모습이다.

꿈길

잠 덜 떨어진 풀씨들의
나들이 같은 자리에서
나는 밤마다 뜬 눈이다

엷은 바람에도 곧잘 놀라고
두 손 마구 휘저으며
잠 너머의 그켠이길 얼마나 바랐는지

길은 오직 하나
꿈 밖엔 달리 없고
아무도 깜짝 않는 그곳을 난 원했다

내가 흐트린 세월 못잖게
서툴고 애타는 걸음으로
가쁜 숨만 몰아쉬어도

아, 꿈이고 싶어라
잠 속의 잠인
이 목마름

몇 며칠이 되어도 마냥인
내 가슴의 그 깊이
그대로 슬픔이던 것을.

꿈에 누군가가

꿈을 꾸었다
오랜만에 꾸는 꿈이었다
산을 넘고 물을 건넜다
있음직한 데를 향하여
자주 손을 들어 보였다
손 저어 달려가며 소리쳤다
젖는 속옷
목도 틔지 않았다
낯이 무척 익은 듯한
그 어디
아무도 없었다
등줄기엔 식은땀
몸을 틀었으나 말을 듣지 않았다
달빛은 흘러 칼날 같고
차고 괴괴하기 그지없었다
달빛도 식으면 물이 되는지
몸을 날려 빠져 죽는다 한들
설워 눈물 흘릴 사람 하나 없을 듯싶다
어쩔 수 없노라
그리움의 이 죄
스스로 탓하며
정말 이래도 되는지 이유를 묻고
된서리가 되어 거푸 소리쳐도
너는 없었다

퍼담아도 차지 않을 몫의
사랑은 아무데도 보이지 않고
강처럼 땀은 흘러 내 몸을 씻겼다
꿈속이었다
차디찬 꿈이었다.

달빛으로

한눈 하나 팔지 않고
혼자 밤길을 걸으면
달맞이꽃만 살아 있어
꿈길마저 칠흑 같다

저문 산, 눈썹 같은 실달
그리운 사람 찾노라면
내 마음 깊은 데
보름으로 차오른다

가슴 두근거려 지새는 나날
늦은 때의 걸음이 되고
나는 구름에 가려져
모두 바람 소리로 넘나든다

태울 것 다 태워 없앤
어둠 속의 헛것은 결코 아니거니
사랑의 사람아, 그 아리따움
차라리 눈시울에 자라는 달빛으로 밝아라.

딸에게

빛깔 좋은 꽃과 풀들
그 내음마저 멀찍이 밀어두고
이젠 눈물도 말라붙었는지
딸애야 너는
슬픔도 곧잘 아름다운 마음으로
어둔 내 죄를 씻어주고 있구나

바람은 또 어디서 부는 건지
밤하늘에 떠 있는 별조차
깜깜한 눈물의 도랑에 흩어
목메임도 다리를 밟고 지나
딸애야 너는
너의 그리움을 어디다 잠재우는지
애써 한 번 손 뻗는 법도 없구나

오래 삭혀내어
모서리까지 닳아 없어진
너의 설움을 가난으로 다지며
별 헤어 걷던 그 숱한 밤들
딸애야 너는
눈발 휘날려 이 길 왜 뒤덮는지
알고도 모른 체 고개 저으며 걷는구나.

내가 가을로 가듯이

지난여름
가문 장마에 단비 내려
밀린 생각 풀겸
강가로 나갔을 그때처럼

어디선가 깻잎 냄새 나고
심란한 바람 내 등을 민다
뒤미처 한줄기
먼 길 달려온 비가 쏟아진다

내 몸 구석구석을 누비는
안개처럼 뻗는 물의 열기
계절의 한쪽 끝을 붙들고
죽음으로 흘러든다

땅바닥에 엎드린 꽃과 같이
병으로 사라지는 사람같이
강을 따라 달도 흘러가고
그 달 속으로 물소리 흘러들고

더욱 하늘은 어두워져
하얗게 질린 가을 꽃들의 몸부림이
가을 저쪽으로 내닫고 있다
내가 급히 들판을 가로질러가듯이.

용정(龍井)을 지나며

용정을 지나고 있었다
만주땅의 간도
야트막한 능선 위로 공동묘지
조선 무덤 몇이 머릴 조아리고 있었다
밭이랑을 끼고 황톳빛으로
주검은 조용히 엎디어 있었다
몇 마지기의 논빼미도 거기 있었고
파밭이나 감자밭 따위도 있었다
무슨 빛깔로 꽃들이 피었는지
우리들의 눈길에서 달아나려 하고 있었다
눈물이 고여 가슴마다 웅덩이가
수면은 점차 높아져
흙탕인지 샘물인지 홍수가 되고 있었다
여기와 저기
아무렇게 흩어져 누운 주검들이
몸을 일으키려는 듯 애를 쓰고 있었다
'여보게'
드디어 나를 찾는 소리가 들렸다
중국땅의 한 모퉁이를
옛고구려인 한 사람이 막 돌아가고 있었다.

천지(天池)

돌아설 일은 아니라며
기를 써 일어났다
꼭두새벽에 몸 일으켜
감겨드는 안개에 얼굴 씻고
감발로 길을 잡았다
산을 오를 땐
밀려선 안 된다는 산행(山行)의
바람이 뒷덜미 감아올리는
세찬 서슬에 나는 두려워했고
울창한 송림의 우듬지를
백두(白頭)의 새라도 되어 앉는
그 아래, 아래켠
푸르고 찬물 잡아보자는
재미와 또한 의기로움
그러나 오른발 내디디면 왼발 밀리고
왼발 올려붙이면 오른발 미끄러져 내리는
어렵고 허망한 오늘의 내 현실을
모래와 자갈로 탓해가며
노랗고 바알간 난장이 산꽃들로 하여금
어지럽게 흐드러진
내 허리께의 구름이나 잡게 하여
물의 땅
그 밑
아득하고 먼 샘

붙들어 간신히 닿게 하는
내 정신의 두레박을
내 육신의 우물을
밝은 지름길이나 찾아내
목욕재계하기 내 얼마나 간구했는지
눈물 그렁이며 찾아가 퍼담는
오, 이 한 바가지의 물…….

엘 그레꼬의 집을 생각하며

나는 아직도 모른다
하늘 밑 동네 톨레도의
대장장이집 바로 옆
그러니까 우리가 줄지어 함께 늘어선
그림 그린다는 붉은 기와집 뜨락을
몇 해 전 돌아나오던 그날 저녁
왜 그렇게 술이 마시고 싶었는지
흙담을 옆구리에 끼고
어둔 밤 별을 헤며
신발을 끌던 돌길이
내게도 전에 있었다는
아득하고 슬픈 한때의
낯선 고향을 떠올리며
술이라도 한잔 걸치고 얼큰해져서
온몸으로 좁은 골목에다 향내 뿌리고
흥에 겨워 소리치고 싶었던지
여자의 등허리쯤으로 산등성을 알고
오르고 또 내리다가
그 높은 하늘 밑에서 산들은 깡그리
둥둥 바다에 떠 있는 섬처럼 보여
얼마나 내가 허둥댔는지
아주 더운 여름날이었는데도
내 시린 가슴은 겨울 한복판으로
등 굽은 한 남자의 간간한 목울음이

날 선 칼바람으로 불어제치는 건지
나이 든 사내의 시답잖은 피눈물이
허연 눈발로 마구 흩날리고 있는 건지
아직도 내 알 수 없다며
술내 풍기고 고개 저어대다가
여태 이 나이 되도록 그 이유 모른다며 모른다며……
아, 모른다며…….

파가니니가 울고 있네

끼룩 끼룩
바닷새는 울고
가슴에서 옆구리로 비스듬
칼이 되어 날아올랐다

두 동강 세 동강
거듭 조각나는 마음이
갯내와 안개에 물들어
바람을 밀어내는 돌멩이처럼 몸을 굽혔다

절뚝거리다가 뒤뚱대다가
푸르고 희끔하게 젖어
드디어 어깨너머로 수평을 긋고
아득한 곳에 묻히는가 싶더니

날갯죽지와 바이올린 밑에다
몰래 여자 몇을 감추어
허리띠를 풀게 한 다음
눈물의 껍질로 더운 피를 빨았다

그리움도 동이 나는 것인지
바가지로 붉은 코피를 쏟던 날
다 터뜨리지 못한 울음으로
주인 없는 무덤이 되어 내 앞을 떴다.

조이스의 탑(塔)

몇 개의 돌덩이를 굴리고
다시 은밀하게 바위를 이어
잠자는 의식을 눌러놓은 그 땅

발틱과 북해(北海)
그 너머의 아이리시 바다
파도 끝의 한갓진 달팽이집
제임스 조이스는 여태 가난 그대로였고

좁고 가파른 계단을 턱 받쳐 오르면
사닥다리는 절로 흔들거려
발밑에서 끓어오르는 바다를
제 몸 혼자 추스르듯 볼 수가 있다

율리시스의 난파당한 배의 이물 한 조각이
지금도 철썩대는 모래톱에 붙어
공동묘지와 그 이웃의 떠돌이에게
이 집의 꿈들을 부풀게 한다

마을의 사제(司祭) 몇
벗은 채 구름 속의 햇살을 고르며
한 손으론 남자의 부끄럼을
다른 손으론 가슴 저미는 바람을 훑으며 섰고

세상만사 모두가
꼬리 긴 연의 곡예 같은
낡고 병든 몸의 배마냥 한곳에 묶여
죽음의 끝 모를 뜻을 새기게 한다

거리로 쏟아부은 겔트의 무늬들
오늘은 해감내 짬짬이 풍기는 방파제에 내다 걸어
주름진 세월의 한탄으로 말려
으슥한 광에 깊이 쌓고 있다.

이곳을 내 견디지 못하면

해는 이미 기울고
다 저문 날의 고단처럼
달라져 뵈는 세상을
오직 젖은 바람으로 살아
꺼억 꺽
목쉰 소리의 갈매기는 울고
한바다에 던져진 슬픔 밖엔
나는 더 건지지 못하는 것을

더블린의 앞바다
세인트 조오지 해협의 물빛에
내가 떠밀려왔듯이
파도는 달려와 부서져 내리고
쉽게 살아온 신세처럼
휜 내 등허리를 갖다 맞추며
허물어져 가는 세상 못지않게
어딘가로 우리를 보내야 할
가서는 아주 돌아서지 못할 그 길을
내내 가리키고 있는 것을

열 손가락 있는 대로 다 펴서
스무 곱 서른 곱
밝은 빛 맑은 소리 긁어모아
어둠에 조금도 헛딛지 않도록

너네들의 숨죽여 속삭이던 비밀
예이츠며 와일드며 쇼오며 오케이시에게
묻고 또 물어
단단히 나를 비끌어매고
바다보다 깊은 속바다의
내 사랑 있는 데를 밟히게 되면
어이하리
그래도 내 이곳을 아주 견디지 못하면.

더블린을 향하며

긴 여름장마를 따고
더없이 청명한 서쪽 하늘로 와서
드디어 내가 나에게 보일
편지를 띄우는 곳

결코 너를 두고는 떠날 수 없다던
이승 밖의 어느 별자리
카시오페이아나 큰곰자리의 그 어디
가슴 두드려 찾아들 별빛을 찾다가

가멸찮게 구름조각이나 흩고
턱없이 허공을 돌며
고해(苦解)마냥 어려운 속 풀어
네 손이 닿기를 내 얼마나 바랐는지

바다와 육지와 다시 바다
안개구름 속에 등대 하나 켜고
울음을 대신할 물새들의 발자국도
떠도는 신세의 낯설음으로 지켰으나

세상은 지금 어려운 한때
파도 소리에 모든 것 쓸려나고
그리움 천지의 아득한 사연만이
나를 빤히 노려보고 있나니.

기네스 장원(莊園)을 다녀나오며

헤더꽃 만발한
더블린 근교의 보랏빛 샬리갭
황량키 더 없는 여름언덕을 넘으면
세상은 온통 고사리밭에 엉기고 만다

멀찍이 호수 하나
사슴들의 반짝이는 귀뿔과 엉덩이도 비치고
토끼풀 같은 샤모노크 사이로 애기똥풀과 잔디금꽃들
하루살이를 따라 양떼도 나와 함께 움직인다

벼랑 밑의 기네스네 장원은 이미 낡아 있었고
오랜 혼령들은 그대로 꿈속에 젖어
나무마다 꽃, 가지마다 바람
비와 안개마저 그것들에 묶여 있다

이끼 짙은 바윗돌 딛고
한 그루 조선소나무를 나는 심었다
전나무와 너도밤나무 틈새에다
초라해 보이지 않을 삽으로 뿌릴 묻었다

이날의 위크로갭은 종일 보슬비
싸야했던 점심의 노루고기는 트림만 뱉게 했고
제임스 조이스가 기다릴 바닷가의 탑으로
어눌한 질문만 쏟아놓으며 나는 돌아설 길을 찾았다.

마리아의 눈물로

- 갈릴리 호수 곁에서

된바람 떼지어 반란하는
오월의 갈릴리 바다
물이랑마다 돋는 비늘을 차며
막달라가 살던 집을 나는 찾았다

보랏빛 짙은 아카시아 꽃내와
달빛에 익는 엉겅퀴를 내려다보고
내가 감춘 이 땅의 사악(邪惡)을
온밤 밝혀 뒤져 보노라면

더는 캐지 않으려는 사람의 죄를
우리는 마냥 동냥으로 달래며
아득한 서울의 예배당을 생각하고
함께 뜬눈으로 밤새운 이 여자에게 목을 맸다

무어든 용납이 된다는 당신
그 말씀을 기어이 좇아
나도 울음소릴 후렴으로 꿰고
캄캄한 밤하늘의 노래만 거푸 불렀다

사랑은 병보다 짙다더니
몹쓰게 창궐하던 뼈 허무는 소리
아직도 내가 사는 마을에 번지고 있는지
오늘 나는 마리아의 눈물로 발을 씻고 있다.

굴사노호(屈斜路湖) 나들이

검은 턱수염 다보록한
이대목(二代目) 추장 산중서삼(山中西三)의 여자
도츠카는 아직도 불덩이다

민물의 생선꽁지 같은
짜부라진 돛폭을 물 가운데 세워놓고
살래살래 고개 저어가며
노을에다 거품은 부챗살로 풀어놓는다

거푸 마신 독주의 온기로 콧등 문지르다가
다섯 손가락 다 펴서
눈 덮인 고향산천의 자작나무숲 가리키며
북해(北海)의 턱밑에 무릎을 끌어간다

어림짐작 눈대중으로 잡아챈
잘 뻗은 홍엽(紅葉) 아한정(阿寒町)
따끈한 국 한 그릇이면
그들의 나라도 미래이길 빌 수 있었고

유황천 더운물에 익은 콧노래
우리들의 걸음걸이도 더욱 느근해져
잿빛 머리의 적적했던 두루미를 닮고
단풍빛의 우리 신세를 부러워할 만했다

눈꼬리 치뜬 구름의 높새바람 보듬고
검은 턱수염의 아내 아이누는
옅은 구름무늬의 나무열쇠를 내게 던지듯
깊고 찬 호숫물에 가슴을 식혔다.

운문산(雲門山) 운문사(雲門寺)

구름무늬의 담장을 올려
그 높이만큼 칠면조꽃 쌓고
하늘 높은 데다 사닥다리를 놓은 곳

운문산(雲門山)
신원동(新院洞)
운문사(雲門寺)

무엇을 빌어야 할지
갈피 잡을 수 없는 자갈길을
네 손만 붙들고 나는 따라나섰다

금당석등(金堂石燈)
연화보주(蓮花寶舟)
사천입상(四天立像)

따로 덧칠을 해 보태지 않아도
눈빛 밝은 니승들
웃음기만으로도 촛불 밝힐 수 있고

운문동호(雲門銅壺)
여래석상(如來石像)
강마촉지(降魔躅地)

추워 어깨 좀 움츠림으로
허리 편케 앉으신 부처님
무릎 맞대 나도 키를 세운다

작압전(鵲鴨殿)
통견의(通肩衣)
가부좌(跏趺坐)

이처럼 반듯한 골짝
이처럼 깨끔한 가람
내 사람도 꼭 그와 같거늘.

마가번든 계곡

구름이 몰려가는 길이 보이고

길 따라 청청한 소나무 숲

숲 사이로 드문드문 빗소리

때론 빗소리마저 안개로 올라

두고온 내 근심을 씻어주기도 하지.

동숭동의 봄

홑단풍나무
버즘나무
검정숯나무
떡갈나무

노란 모랫바람의 하늘을
쳐다보고
올려다보고
노랗고 빨간 꽃들 춤추는 날

두눈박이 가로등이
한낮에도 불을 밝혀 서 있는
늦잠의 겨울 한복판
아직은 느긋하다

꿈에 뜬 나무들의
깡마른 입술을 위하여
외눈이든 세눈이든
깜박등으로 줄을 서고

서로 어깨걸이를 하며
눈썹들 껌벅이다가
나를 향하여
쏜살같이 달려온다.

김영태

봉두난발의 그가
오늘 경고장을 썼다
아무렇게나 동강낸 갱지에다
붉고 큰 글씨로
'경고'
그 다음은 불문가지의
흘림체 검은 연필글씨
'이곳은 우리 땅으로……
엄중하게 경고하는 바니
앞으로 주차할 때는……'

별로 서릿발 같지 않은 지렁이체
그러나 되받아 흐트러 놓는
그의 머리칼은 오히려 날카롭다
그지없이 하늘은 맑은 듯했으나
그의 기분은 영 예사롭지 않았다.

등이 가려운 날

등이 가려운 날 밤은
길고 또한 두려워
통 잠을 이룰 수 없다

가려운 만큼의
손도 모자라
곁으로 덧손 달아내고

어둠보다 더 짙게
있는 대로의 부스럼 꺼내
된 못질의 피맑이를 한다

등이 몹시 가려워
잠을 잃는 날 밤은 어둡고
무서움의 등촉도 잠동냥으로 밝히게 된다.

낯선 나라에

맑은 날의 내 기억답게
새털로 흩어지는 구름
마음 같잖게 흔드는 몸짓 받아넘기며
베개보다 편안한 나를 받아주는
무덤가의 해바라기였다

날은 흐리고 바람마저 불었다
밤에는 다시 줄기찬 비
나는 젖어 철저히 풀어졌고
단단한 혼의 뼈 몇 개만 추슬러
곧추 나를 일으키려 애썼다

불편의 잠을 일구는 게으름이라더니
온전하게 나를 맨손이게 했고
그 손으로 벌초할 다른 주검자리이긴 했으나
종일 물살 떨 듯 소리내 울다 보면
더러 나를 찾아주는 이도 있긴 하다

아무도 가본 적이 없는 이 길을
어깨 흔들며 애써 찾는 건
비 내리는 산의 저 건너에
하나쯤 낯선 나라가 있어
흐트러진 내 걸음을 묻기 위해서이다.

강물소리 들으러

작은 방죽 지나 비탈길
낡은 성곽의 돌담 돌아
절터의 틈새길
다시 해감내 날 듯싶은 여울의
얕은 고개에서 잠시 쉰다

쉬었다가 큰길 비켜
얼마 못 가 자갈 무덤 두엇
그 너머 묘비 없는 봉분들
팔자를 한탄하고 억새풀의
묵은 밭뙈기에서 다시 쉰다

안개 뿌옇게 날갯짓 해대고
안쓰런 거품의 아지랑이 올라
추위를 걷어내고 있는 어질머리
나도 갈기를 날려 네 곁에서
흔쾌한 마음이려 한다

이도 저도 다 그리움 탓이라면
가끔 내가 찾는 이 강도
벗은 채 부끄럼 없이 흐르고 있고
흐르는 물에 귀를 갖다 대면
비로소 내 몸 열림을 알게 된다.

애초엔 우리도 하나였느니

왜 이다지도 힘이 드는지
밑도 없는 시샘의 강이
끝도 없는 눈물의 산이
볼 수 없고 건널 수 없는 땅으로 흩어지다니

설움은 또 그리도 많아
트집뿐인 세월에
거짓부렁의 고집만인 세상
돌아서지 못할 영원의 겨울나기라니

어디서 불어오는 바람일까
궂은 것에 얼어붙은 이 노릇
어디로 휘날려 가는 걸까
캄캄하고 답답한 이 산천은

안쓰런 우리들의 마음과 손발
오늘보다 더 다사로운 날은 없을지
앙금으로 고여 엉기는 목메임
내일이 더 밝은 그런 때는 없을지

거칠고 억센 마디들 풀려
기쁨 되어 서로 손을 바꿔 잡는
둘이 아니라 오로지 하나 되는,
비노니, 우린 애초에 하나였느니.

상행열차

아직은 손끝 시린
이른 봄밤
약간의 시장기로 말아 올리는
발 굵은 대전역의 국수
단김이 가시기 전에 기차는 와서
4번 홈에 나는 선다

21시 08분의 상행열차
떼 지어 밀어붙이는 사람들 틈에
나는 북녘으로 갇혀 들고
어둠 짙은 궤도를 쫓아
낮에 왔던 그 길 되짚어
검은 장막을 뚫어 나간다

길고 아득한 잠의 터널 안에서
곤하게 녹아떨어진 어깨들 넘어
깜깜한 들판을 누빌 때는
낮에 지나쳤던 봄꽃나무들의 등불이
흐르는 은하수 되어
휑하게 드러나 보인다

몇 가닥 남지 않은 목련꽃도
골목에 나선 깜박이의 외등으로
복숭아는 또 살빛 고운 아낙의 입술로

싸리꽃은 활활 타드는 산불로
끝없게 끝없게 번쩍이며
비탈길로 번져 나간다

어디까지 올라가야 할지
언제까지 이 차는 달릴 수 있는지
나는 내 거류지에 하차당한 채
남대문역 지하 출구를 빠져나와
수도 없는 떠돌이별을 주워 담으며
갈 곳을 열심히 찾고 있다.

붕어섬을 바라보며

더는 섬도 아닌
의암호 가운데의 한 모래언덕을 보자
갈대는 무릎까지 바지를 걷어붙이고
잽싸게 물속을 휘저으며
이켠에서 바람으로 소리치고 있잖은가

젖은 발 그대로
새벽 창문을 넘어드는 안개
내 방 전등갓까지 키를 세우고
하늘빛마저 흔들어대다가
오히려 나를 외딴 섬이게 한다

맨발로 그냥 건너도 좋을
얕은 여울을 넘보며
별들 다 떠내려 보낸 공지천에서
두 손으로 어둠 움켜잡고
슬픔 닿지 않게 날 일으키는 건 또 무언가

일어나 걸어야지
갈대처럼 아랫도릴 올려붙이고
멀리 중도의 미루나무를 향해
힘껏 헤엄쳐 건너가
나도 우뚝 서야지.

그리운 나라

땀이 흐르고
땀이 마르는 소리

간기 밴 콧등에
청동빛 이마

빛나는 눈동자처럼
준엄한 생각이 넘치고

자상한 걱정도 태산 같지만
꾸짖는 소리 또한 파도와 같다

구름 둥둥
늘 푸른 바다

마라도 끝바다에서
두만강 여울목까지

다듬고 다져야 할
뜨거운 피의 땅

마음 칸칸마다
별을 헤는 내 일

아름다운 땅이여
그리운 내 고향 나라여.

한 뜻으로

우수 지나고 경칩
잠자던 것들 깨어나
기지개 켜고

한 치쯤 발꿈 더 높여
맑은 햇살 살펴보고
새바람 들이쉬고

한두 차례 비온 뒤
남녘으로부터 봄소식
드디어 산수유도 노란 웃음

얼마나 기다렸기에
얼마나 쏟아붓기에
봄빛 이리도 찬란한가

어지럽고 어지럽다
봄내로 아뜩하다
쓰고 달아 어찔하다

풀벌레 울음소리 들리는 듯
꿀벌소리 장황한 듯
내 깊은 병 도지고 말러니

비를 따라 쫓아가듯
북녘으로 북녘으로
봄기운 따라가면

빨간 꽃
진달래
총총히 밟아가면

한라산으로부터 지리산까지
지리산으로부터 태백산까지
태백으로부터 북한산까지

북한산에서 금강산으로
금강산에서 묘향산으로
묘향산에서 백두산까지

남해에서 동해바다로
동해에서 서해바다로
서해에서 다시 동해바다로

천지사방이 봄내음
천양지간이 꽃소식
사방사위가 새 기운

새 기운은 한 빛
새 기운은 한 마음
새 기운은 한 세상

한 샘에서 흐르는 강이외다
한 하늘에서 얻는 숨이외다
한 마음으로 사는 빛이외다

그리하여 우리는
그리하여 우리는
그리하여 우리는.

강물소리 · 1

봄이 와서
강을 내려다보노라면
드디어 강물이 흘러 만나게 되는
장난기 섞인 온갖 것을 알게 되리라

아이들이 신명 올라
봄기운에 마구 몸 흔들어대듯
제 흥을 부추기는 따스는 햇살
다 풀린 사물들의 모습도 찾게 되리라

큰 키대로 둑에 발 올린 나무들이
끝가지에도 물기가 올라
반짝이는 그림자로 땀 흘리는
여름날의 이상한 버릇도 겪게 되리라

비로소 봄이 되어
강물 흐르는 것을 지키노라면
길다랗게 몸을 늘여 흘리다가
벌레소리 같은 가을울음 듣게 되리라.

봄은 와서 가고

봄은 와서 갔어라
다시 그 봄은 와서 가고
거듭 오고 또 봄은 오고

겨울 마른 가지
수유빛으로 물들이더니
노란 꽃들의 세상
다시 하얗게 퍼들어지더니
이내 분홍꽃 천지
숫제 그리 되어버리더니
보랏빛 꽃다발 되고 말더니

바람도 일고
더러 비도 내리고
가지마다 촛불 밝혀
또렷한 나무들의 기억 더듬어
낱낱이 훑어 내리더니

남에서 북으로
종종걸음
바지 끝 바짝 걷어붙이고
꽃밀물 되어 밀어붙이더니

우리가 찾아 헤매던

그 길 양켠으로 줄 선
미루며 버즘이며 은행이며 단풍이며
아직 옷도 채 찾아 입지 못한
늦잠의 그것들 어깨 들춰 두드리더니
마른하늘에 솜틀구름도 흩어보이더니

곤죽이 다 된 몸 뒤켠
봄은 어느덧 숨었어라
간신히 실눈 뜬 그리움으로
길의 북쪽 끝에다 두고 온
그리운 형제들
내 부모들 그리웠어라

드디어 내 근심의 꼬투리
꿈길 밖
더 따라 올라갈 수 없는
봄의 그 길
샛길을 찾아
꽃을 따라 나도 가고 싶어라

건널 수 없는 강일지라도
몇십 번 몇백 번 넘어서
우리들 꿈의 봄을 따랐어라

반가운 손 붙들고
빛나는 얼굴 보며
그 봄의 큰길을 찾고 싶었어라
그런 봄을 가고 싶었어라.

무채색의 여름으로

연둣빛 드문드문
봄은 연분홍으로 다하고
지금은 색깔의 바다
그 한가운데 내가 놓인다

따가운 해가 솟아도
마냥 무채색인 여름
별빛 꿈에 밤을 설치며
뻐꾹새 울음으로 가슴 헐어낸다

민망하여라
꽃잎 한두 장도 벅차다 했던
엊그제의 꽃샘바람
드디어 한여름으로 누그러뜨려지다니

천만 번도 더 죽어
되풀이 되풀이 하다가
끝내 어둠의 성곽인 열매 맺기
나도 까맣게 타들어 간다.

평토제(平土祭)

어허이 달공
어허이 달공

바람소리 흐느끼고
나뭇가지 소복하네

몸뚱이는 갇혀들고
목소리는 허허바다

답답코 쓰린 가슴
그지없이 아련타만

닫아홀친 이승의 일
마음 깊은 산행(山行)이라

밟아굳힌 발자국들
사는 일 덧이 없네

하릴없던 시절인들
서슴없이 다져보네

어허이 달공
어허이 달공.

따뜻한 눈물의 내 나라는

잎 다 떨어진
마른 나뭇가지 꺾어 던지며
길을 막고 단을 쌓았습니다

아주 높은 산에 올라
깊고 큰 강을 건너다보며
목마른 자의 넋을 퍼담았습니다

저녁 어스름으로부터 새벽안개까지
별 하나 보이지 않는 하늘을
그리움으로 엮기만 하였습니다

쉰 목소리로 질문만 퍼질러대는
우리들의 깜깜한 전생
거기에도 길은 흩어져 있었습니다

이토록 매일 밤을 스스로 얽어
식은땀으로 목욕을 하고
인연의 눈물바다를 헤엄쳐 다녔습니다

부를 배는 간 곳이 없고
청정한 물살만 타는 널빤지로
둥둥 떠도는 신세와 다름없었습니다

기다리다 지쳐
벌써 핏줄 놓아버린 사람들
억울한 혼령들도 함께였습니다

봄에 심어 여름에 참한 꽃
몇 가닥의 뿌리도 이제 거덜나
흙먼지 뒤덮여 쓴 자리였습니다

어깨 허옇토록 벗겨진
열심히 살아온 사람들의 내력조차
무덤으로 끝장나 그저 조요로움 뿐입니다

따뜻한 눈물의 내 나라는
지금 추위가 뼛속까지 얼리는 겨울
어찌하오리까, 어찌하오리까.

통일의 노래를

노래를 불렀어라
목쉬도록 봄을 불렀어라
봄 불러 얼음강 녹이고
묶여 있던 배 풀어
노 저어 줄 친구
외롬투성이던 우리
이제 흐르게 하였어라

바라던 그곳
하염없이 기다리던 때
닿지 않는 시간과 장소를
지금 흐르게 하여
드디어 우리 닿아 멎었어라
손들 맞붙들고
우리 쳐다보게 되었어라

봄은 다가와
깊고 어둔 잠에서 우릴 일으키고
그 소리에 눈 떠
꿈속에 쏟았던 피 모두 퍼담고
맑고 시원한 생수로 걸러
우리 등줄기로 흘러내리게 하는
큰 강이 되게 하였어라

우리 안을 깊게 돌아
강물은 비로소 우릴 우리 자신이게 하고
어울러 함께 살 부비게 하는
그리하여 외롭지 않게
아무 시샘도 다툼도 없는
뜨거운 피의 주인이게 하였어라

피는 끓어 붉게 돌았어라
단숨에 삼천리를 뛰었어라
봄은 와서 노란 개나리
산천을 물들이는 진달래 꽃빛 보며
숨가삐 돌고 돌았어라
삼천리 금수강산을 뛰었어라

불빛 같은 바다의 마라도에서
두만강의 얕은 여울목까지
동래포로부터 의주의 나루까지
때먼지를 지우고 거친 숨소리로 길을 내
우리가 달려야 할 그 길목에
열심히 달리게 했어라

드디어 봄은 와서 살기 좋은 곳
내가 있어 고향인 아름다운 곳
네가 머물러 또한 마음두는 곳
든든하기 그지없는
봄빛이 몸빛으로 물드는 이 땅
모두가 하나 되었어라

노래를 불렀어라
목이 쉬도록 봄을 불렀어라
강이란 강 모두 녹이고
오고 갈 배들 모이게 하여
우리를 건너게 하였어라
네가 있는 그곳으로
내가 있는 이곳으로.

다시 기약을

아니지
인연 전혀 아닐 수 없지
억겁을 달려
우리 앞에 딱 멎어 있는
필연의 저절로가

만나는 일
만나 손을 잡는 일
꼭 가슴 맞대어야 할 일들
너와 내가 더불어야 할 마음 근처
그런데 모래 밟는 소리가 들리다니

앓음 소리
왠지 모르게 비롯되었다는
죽어 눈 감지 못할 우리
헤어진 손의 민망함이라니

손이 시려
잡음마저 사리게 되고
웃는 그 멋쩍음으로 돌아
쉽게도 다른 손을 내미는 두려움이라니

오, 덥석 잡아주어 마땅한
그런 일들

머리칼 곤두서는 신선함
다시 산란함이 우릴 가파르게 하다니

빛나고 다사로운 그 눈빛들
안쓰럼으로 떠돌다니
얼큰한 대추빛 얼굴의 밝은 웃음이
슬픔으로 일그러져 있다니

아니지
인연 아닐 수 없는
어떤 필연에 우리 다시 몸 맡겨야지
가까이 다가서서
손 붙들어 얼싸안는 기약을 해야지.

팔월에

뜨거웠던 한때를
우리 정말 멀리도 벗어나 있구나
오늘은 비록
바람의 돛에 널려
몸 간신히 일으키긴 했으나

햇볕 따가웠던 그날
가난과 설움의 깃발 흔들며
아무것도 숨길 바 없는
알몸뚱이로 마냥 나섰다가
손 붙들어 껴안던 사랑

그날 이후
미움과 질타의 건넌방
깜깜한 데다 손발 다 던져두고
전혀 가릴 바 없다는 듯
허튼소리로만 나날 보냈거니

첩첩한 산속
혹은 길이 되어 흐르는 강줄기
그런 내력 모두 버리고
서로 마음 찢어발기며
숨차게 돌아앉혀 혼자이게 하더니

계절은 돌아
우리 모두의 무릎 앞에
다시 일으키는 기쁨
더한 밤이 다가서기 전에
환한 불을 밝히기로 하자.

가을산

다채로웠던 봄날의 새 옷
다 벗어던지고
갈매빛의 풍성한 여름산으로
혼자 서 있다가
땅속 깊은 데서 거둔 색색의 마름질
주인께 돌리고 나서
불붙는 가을산으로 서네

곧 눈발 날려
허연 이마와 꾸부정한 등허리
스스로 익어 번쩍일 테지만
속 다 비워내
오히려 그득한 산
가을은 다시 채울 시간 앞에서
멀고 단잠을 청하네.

이 겨울밤을

속절없이 나뭇잎 떨어지고
눈은 또 하릴없게 내려
차디찬 바람의 하늘이 될 테지

가슴 한복판
내 머릿발 같은 흰 고드름 늘어지고
밤은 춥고 어둠은 깊어 끝간 데 없네

어쩔거나, 보이지 않는 사랑이여
너의 어떤 눈물로도 녹이지 못하는
이 추운 세상을 내 마냥 뜨거워하리.

밤길

달맞이꽃만 살아 있어
꿈길이라도 칠흑 같다
한눈 한 번 팔지 않고
밤길을 걸어왔다

눈썹 같은 실달
내 마음 깊은 데 잠겼는지
그리움 찾아나선 이 산골
어둠으로 첩첩 내 앞을 막았다

바람소리로 넘어가는
늦때의 내 종종걸음
어느 때나 마른 골짝엔
혼자 두근이는 가슴만 살아있다

태울 것 다 태우고 나면
어둠도 아름다움이라더니
차라리 사랑이여
눈시울에 밝은 달빛으로 자라다오.

꽃으로 공양하나이다

이 땅에 온
가비라의 주인이시여
가장 너그럽고
가장 따사롭도다

단 이렛만에
어머니의 자궁을 여시고
하늘과 땅으로 와서
홀로 서는 아들

도타와 스스로 머물다가
일곱 해를 넘기지 못해
다른 여자의 치마에 싸인
룸비니의 싯다르타여

높고 아득한 담장을 헐어
아내와 아들 버리고
권세와 영화도 던지고
밤을 도와 줄행랑하신 가난한 이여

아주 넉넉하도다
능인(能仁)이시기에
아주 자비롭도다
능적(能寂)이시기에

흙먼지 이는 이 길
속 훤히 비치는 한낮을 지나
티끌 지워 컴컴한 밤중도 지나
법의 땅을 찾는 여래(如來)시여

바라문의 고행도 해탈 아니고
결가부좌의 고충도 해탈 아니고
보리수 밑의 법좌도 해탈 아니고
수없이 든 시험마저 해탈 아니고

칙칙한 비애의 세상이었어라
세존(世尊)이시여
고달픔 지치는 나날이었어라
석존(釋尊)이시여

이승에 난 것 다 멸하듯
남은 것도 또한 쓰러지는
두렵고 무서움뿐인 이 허망
무상도 해라, 오 탑파(塔婆)여

합장의 손으로 가리키게 하소서
혜지의 손바닥으로 받들게 하소서
깨어 있는 나무로 서 있게 하소서
연꽃 만난 바람으로 이루게 하소서

동틀 무렵부터 해질 무렵까지

어둘녘부터 새벽녘까지
비어 있어 항상 그득한 당신
오늘 우리게로 와주신 부처님이시여

사랑스런 이 더욱 사랑 주시고
너그러운 이 더욱 너그러움 주시고
따사로운 이 더욱 따사로움 주시고
자애로운 이 더욱 자애로움 주시고

정성의 연등 높이 매달아
우리의 발등 층계로 밝히듯
촛불 밝혀 절 하나이다
향목 지펴 절 하나이다

애오라지 끈끈한 연줄
간곡한 생멸의 이 업보
두 손 모아 비나이다
오늘 꽃으로 공양하나이다, 석가시여.

사는 법

기꺼움이라
정직하게도 새벽이면 눈 떠
안개 덮인 창 열어젖히고
보드라운 햇살 거둬들이다가
어린 날의 내 봄뜨락 열었어라

사뭇 열심인 것이
언제라도 불 갖다 대면
금방 사그라질 그런 너울을
돛대 하나로 부추겨
망망한 바다로 내 흘렀어라

듬직하게 여름은 와서
그리움도 그늘로만 오는
분명한 얼굴의 한 나무
늘푸른 때를 안겨주는
아주 참한 씨앗 내 틔웠어라

가을 늦비엔 열매 속까지 시리고
겨울은 눈물의 헛손질이 되어
아픈 다리 던져
후줄근한 등걸로 앙감질하거나
사뭇 떠는 거죽뿐이었어라

사시장철
그냥 그대로 흐르는 걸 따르면
그렁저렁 더듬는 이승의 강물도
또한 사람 사는 세상의 내 얘기였어라.

10.

혼자 부르는 노래

책머리에

열 번째의 시집을 엮는다. 『그리운 죄 하나만으로도 나는』이 1992년 8월의 간행이므로 꼭 3년 만이다. 대부분 지면을 통해 선을 보인 것들이나 몇몇은 미발표작이다.

이번 묶음 역시 여덟 번째의 『길 하나와 나는』에서부터 보이기 시작한 길에 관한 나의 추적들이다. 첫째는 나의 '너'를 조명하는 것이고, 다음은 그런 너에 비추어지는 나를 삶의 한 양식으로 해석·확인하는 일이다.

계속되고 있는 내 떠돌이 병의 여로 또한 연고와는 멀리 떨어져서 몰래 부르고 싶었던 노래의 일단이었기 때문에 아직 계속된다고 생각한다. 그것은 또한 사람이 죽어 저승을 떠돌 때 전생에 지난 길목과 만난 사람들을 반드시 스친다는 내 나름의 여김에서, 이왕이면 새로운 길을 밟고 많은 사람을 보았으면 하는 나의 단순과 어리석음에 다름 아닐 터이다. 나머지의 시들은 단상에 지나지 않는다.

단 한 사람을 위해서라도 나는 혼자 부르는 노래를 계속할 작정이다.

1995년 8월
萊山軒에서
성춘복

너를 생각하면

너를 생각하면
숨이 막힐 것 같다
숨 막혀 녹슬어버린
낡은 놋주발 같다

어디서든 볏단 좀 얻어
넓직한 치마폭 깔고
기왓가루 빻아 눈물 섞은 다음
너를 닦아보았으면

백 리쯤 밖에서도 고향내로
시도때도 없이 날 기다려 섰는
내 어머니의 그리움처럼
내 안에서 너는 곱게 자라
얼마든 쳐다볼 수도 있겠으나

금방 보름달로 차오르는
그런 크기, 그런 밝기로
넌 내게 있어야 한다
닦으면 날로 새로워지는 내 나이같이
너는 내 안에서 삭아야 한다.

이곳에서 너의 꿈을

오늘 밤에도 나는 너를 보았다
산도 호수도 다 숨어버리고
까맣게 덧칠한 어둠 밖으로
네가 달아나는 것을 나는 보았다

내가 머무는 이곳의 밤은 길고
눈발 날려 드문드문 하얀 풀잎들 뿌린
알프스 산록의 능금밭 근처
설산의 그림자에 숨은 너를 나는 보았다

그제는 구름들 낮게 드리워
반쯤 몸 가린 새벽 안개
애타게 너를 찾으려다 넘어져
가위눌려 꼬박 밤을 지샜고

간밤엔 잔잔한 봄꽃 수놓인 웃옷에
넓직한 치맛단 끌고
차게 내 앞을 돌아서 가는 너를
소리쳐 부르다 내 울음에 꿈을 깼다

그대여, 내일만은 꼭
얼어붙지 않을 자리를 마련해
내 고향 땅의 복숭아빛 놀 앞으로
네 손을 잡고 걷는 나를 보이고 싶구나.

꿈은 절대 아니고

이름 지어 부를 수 없는
사랑은 꿈으로 안전하여라

끝내 아침은 오지 않고
내내 밤중이라 어둠 더듬거리며
밝음은 숫제 없다는, 아니
깜박 잊고 사는 내 어리석음에
늘 아름다운 사람아

어디서건 옷깃 여며도 그저 물결
몇몇 굽이인지 모를 나울에
내 가슴 거푸 적셔
눈발같이 이마를 식히고
무작정 그런 눈물 비쳐 또 서러운
예쁘기만 한 내 사람아

이게 꿈은 절대 아니고
늘 환한 웃음빛으로 내게 오는 이여.

사람아

그림자만 길게 끌어
뒷모습도 잘 안보이고
설움 같은 것보다 더한 불안의
늘 이쁜 그대

문득 꽃송이 두엇 생각나
꽃같게 종이에 그리다가
그 어둠에 내가 묻히고 마는
슬픈 사람아

그리운 것의 저 안켠
몇 곱절로 접고 또 접어
깊고 멀찍이 두고
눈물로 씻는 사랑이거니

그러다가 가끔 흐리멍덩
별일 아닌 꿈으로 가서
쓴 풀잎 씹어야 하는
내 정신의 늘 쓸쓸함

사람아
내 곁에 네가 있어도
나날과 때때로
먼산바라기의 내 측은이라니.

물빛의 너는

눈 시리게 푸른 하늘을 타고
고추잠자리 몇
바지랑대에 꿈을 매달더니

활 활
불붙는 소리로
어느덧 가을을 갖다 앉힌다

추워지는 옷섶 사이
내 겨울날은 길고
이빨만 갈고 있다가

바짝 마른 입술에
너를 닮은 물빛이
꽁꽁 나를 얼어붙게 하구나.

나들이

무릎 빠지는 보리밭길 따르다가
밤이면 더욱 스산할 듯싶은 894번
한적한 길로 들어서면
참 희한한 나들이가 된다

들불로 뜨겁게 달릴 수 있듯이
나도 버석대는 봄가뭄을 밟고
복숭아나무들 옷을 벗어
고추처럼 알몸에 약이 오른 멧새울음
나도 쉽게 쏟아놓게 된다

바람 불어 틔운 이 봄길
물기 다 빠져 말라붙고
무더기로 꽃들이 쓰러지던 날
돌부리에 채여 내가 쓰러져 누운들
어디 남은 그리움 이뿐이랴 싶다.

이제 봄이거니

지난가을의 아픈 구석
봄꽃이라도 꿈꾸는지
애봄의 이 삼월엔
꽃눈 갖추기에 여념 없고

등허리의 식은땀
강줄기로 흘려 굳힌 듯
내가 왔던 추운 길 돌아
네 앞에 멎어 있다

사는 일이 하 귀찮다지만
부신 햇발에 언 땅 녹여
빈 가지 곁 몇 차례 돌고 보면
너의 눈빛도 와 꽂힌다

사람아, 가을도 겨울도 지나
이제 봄이거니
지난 시간을 풀어내면
우리의 손잡을 끈도 이제 마련할 때.

천산(天山) 아래서

천 년을 희게 살아
내처 맑은 물
멧새는 혼자서 운다

밤이면 별 총총
흐르는 세월
밤비둘기 구슬피 울어쌌고

수수이삭 흔드는 밝은 바람
참기 어려운 그리움
풀벌레도 숨이 차 자지러진다

늘 울어서
한은 없는지
목쉰 소리 한 번 들리지 않는

하얀 천산의 그림자 아래
지금 달 밝아 호젓
네게 숨길 것 하나 없다.

늘 나는 깨어 있어

종일 고단했던 일
꽃빛에 묻었더니
노을도 그처럼 붉었구나

꽃잎 지는 소리
흔적 내지 않는 어스름에
밤은 조요롭기 끝이 없고

아무 기척 아니게
너는 달빛으로 건너와서
내 창을 두드리다가

그림자로 뜨고 없어도
늘 나를 깨어 있게 하여
깜깜한 이승을 밝게 하구나.

네 땅의 뒤켠

아무 하고나 함께할 수 없어
내 잠 안에 깊이 묻은 너를
열심히 삽질해 가면
나는 금방 눈멀고 숨찼다

얼어붙은 절망뿐이라도
한두 해 아니고 이삼십 년
내게로 돌아앉는 날까지
네 땅의 뒤켠을 나는 펴봐야겠다

성한 날은 하나 없고
드디어 몸져눕게 되어도
이미 두 손 다 젖혀놓아
내 몸이 네게 이르길 바랄 수 없으나

이제는 땀범벅에
염치까지 깡그리 사라지고
어둔 길에 꿈마저 식어
전혀 너를 볼 수가 없구나.

정월 보름에

네가 숨어 사는 곳
바람도 닿지 않고

속 시린 내 가슴
겨울새 울음만 가득하다

정월 보름의 밤
쥐불 쫓아 어둠으로 나서면

내 가난의 얼개빗
네 마음이나 훑을 수 있을지.

다시 시베리아

예사롭게 영하 50도를 넘는
창밖을 내다보다가
끝없이 뻗은 동토의 풀밭에 눈길 멈춘다

곧은 햇살의 한낮에
강은 어김없이 길을 만들고
제 그림자를 밟아가는데

따문따문 흩어놓은
외로운 늪의 발자국들마저
놀을 따라 바삐 서쪽 하늘을 넘는다

어둠을 더 좇다 보면
네가 잠들어 있을 동쪽의 나라
올 무더위에 다 녹지 않았나 걱정이고

내가 날아가는 이켠은
아직도 구름의 바다에 떠서
아무것도 보이는 것이 없다.

나를 버리는 일

밤마다 나는 나를 버린다
베갯잇에 떨군 머리카락처럼

낮에도 나는 키를 줄인다
은빛 몸비늘을 흩어버리듯

기억은 차츰 허물어져 가고
욕망도 출렁이다 드러누워 버리고

나를 버려야 내가 사는 길이라면
나를 줄여야 나는 사는 법이다

차일 밑에 가둬놓는 편안같이
인생은 어리석음의 무덤이거니

날마다 조금씩 내가 나를 죽인다
살아가는 일이 생애를 줄이는 것이듯.

밤이면 자리에 들어

어깨가 시리다
모로 누우면 다른 쭉지가,
돌아누워 뒤채면 등이 또한 저리다

이슥해서야 이뤄지는 내 귀갓길
매일 만나는 밤이 낯설어
나는 두렵다

침상은 차고
따뜻치 못해 거듭 배반하는 밤
나는 고개 저어 배신을 쫓는다

배신이 싫어 눌러 담는 내 그림자
몇 뼘 안 되는 주검자리의 이쪽과 저쪽
차곡차곡 어둠을 지금 채워가는 중이다.

내 가슴 복판에도 꽃빛이

내 뒤를 밟아오던 햇살이
골목 끝에 멎어
소리 없이 터지네

황망하게 달리던 시간
주춤거리다 돌아보면
더러 환한 웃음기도 던지네

더딘 내 손에도 잡힐 듯
얕은 담장을 뛰어넘어
쉽게 풀어지는 따순 바람들

내 가슴 한복판에
찻물 끓는 소리 일더니
천지가 꽃빛으로 물들고 마네.

놀람

타다 만 노을의
얼마 남지 않은 저녁 하늘
꽃구름으로라도 지키듯

젊어 달리던 그 길
밑이 드러나 보이면
아무런 것 아니게 된다지만

언제건 낯선 땅 돌며
자주 눈물 훔치고
와르르 내가 무너지는 소리 듣게 된다

난 자주 놀란다
별들조차 처마 끝에서 쫓겨나
갈 곳 없이 사라지는 이 세상일들을.

누군가 나를

누가 울고 있나보다
내 방의 한구석
숨어 울음을 쏟나보다

날은 이미 기울고
귀마저 먹어가는데
누가 나를 부르나보다

길 잃은 짐승으로
몸살 같게 불러대며
누가 나를 찾나보다

죽을 일이 아니라면
때 되어 만날 것이건만
꽃잎 묻은 바람만 일 뿐

누가 나를 우나 보다
저승의 어느 자리로
몰래 나를 거두어 가나보다.

안경알 닦고 보면

감았던 눈 뜰 때처럼
맑은 바람에 하얀 길
세상은 밝고 아름다웠나니
미닫이를 밀어젖히면
바야흐로 가득한 푸르름

늘 이승은 따뜻하고 또 평온하여
커튼을 걷어붙여도
두 눈 다 씻은 것 같이
젊고 싱그런 나무들의 뜨락
언제나 환한 날들이 보였다

안경알 닦고 보면
세상의 정직과 향그럼
빛과 그늘로 사물들 또렷해지듯
보이지 않던 모서리마저 드러나
제 모습 찾는 법도 알게 되느니.

열쇠

밤 열 시면
어김없이 돌아와
내 집에다 열쇠를 꽂는다
어둠보다 더 깊이 가두었던
빈집의 문을 따놓으면서
안으로 가득 채워진 내 속은
드디어 짐을 풀기 시작한다

다시 문을 닫고
열렸던 창도 걸고
담자락 끝에서 풀려난 달빛을
허탈과 자율에 알맞게 풀어
적멸과 방종의 내 하루치 그릇에 쏟으며
쥐도 새도 모르게
나는 내가 아닌 사람
그야말로 엷은 그림자에 단속을 하게 한다

종일 비워 두어
싸늘하게 식어버린 침상
몫이 따로 없는 피곤의
빈 몸뚱이에 몇 모금의 맹물
구석마다 눈물로 못질한 나를 얽어
끊겼던 전화줄로 묶듯
내 주검자리를 가늠한다
내가 나를 반듯이 눕혀 재우듯이.

새벽차 한 잔

불을 피워야 한다
세상의 한 귀퉁일 내주고라도
불 지펴 물 끓이고
물보다 먼저 가슴 닳이는
차 한 잔을 우려내야 한다

독이 되든 약이 되든
뜨거움과 후련함
밤새운 혼돈의 어둠과 울음을
나는 씻어내야 한다

고르게 먹빛 타서
새벽 가슴 젓고
내 몸 다 녹여내어
드디어 허물까지 벗어던지는

그래서 한 잔의
새벽차를 들이킨다
나를 마신다
내 속 깊숙이 나를 들이고 있다.

풍전역(豊田驛)에서

제 팔뚝만 한 굵기의
다리를 드러낸 아이를 들쳐업고
전철역 구내까지 따라 들어와
딸은 오늘도 울었다

붉게 상기시킨 닭똥 같은 눈물은
아무 부끄럼도 없고
돌아가 봐야 기다릴 사람 하나 없는
내 귀가를 어쩌면 슬퍼하고 있었고

다음엔 좀 더 짬을 내어
도시락 들고 어디 공원이라도 거닐자고…
그래 그래, 내 쉬어가마 하던
건성으로 받는 말이 헛으로 깨어져 나갔다

立川도 지나고 吉祥寺도 넘어
中野쯤 와서야 내 울음도 속을 앓는지
차바퀴에 깔려 물기를 튕겼다
설움 같은 딸애의 봄타는 얼굴처럼.

길로 나서며

길을 간다
길은 늘 비어 있어
빈 길을 나는 채우며 간다

어린 날로부터 걸음마를
걸음마는 다시 달음질을
그래서 나는 낯선 길을 찾아나선다

푸르게 틔우고 싶은 이 길
한때는 길보다 잔디이길 바랐으나
지금은 길이 곧 내 마음임을 난 알게 되었다

깨우지 않아도 새벽이면 눈뜨고
일어나 흙을 밟고 걸을 수 있어 참 좋은 날
내 정신의 앞마당에 길을 만들어 왔다

쉰도 넘어 예순 가까이
그다음도 열심히 찾아다닐 이 길
마음의 터로 깔아놓은 내 자리이다

그리하여 길은 인생이었고
떠났다가 돌아와 앉는 삶의 값이었다
비우고 채워놓는 세상이었다

길을 떠난다
매일 비어 있는 길을 메우며
삶의 짐을 풀어놓으러 나는 길로 나선다.

밤마다 나는

밤마다 나는 돌을 굽는다
흙을 긁어 반죽하고
모양새를 만든다

네모지고 번듯하게
달궈 뜨거운 돌
쌓고 다져 집을 짓는다
담 높여 나를 가둔다

나는 무섭다
날이면 날마다 서른 장 삼백 장
더 많은 무덤의 내 안벽에
꼭꼭 나를 숨겨 두렵고

새빨갛게 달군 불의 내 죄
몇백 배의 키로 자란
안타까움의 색깔과 두려움의 깊이
그보다 나는 더 무겁고 깜깜하다.

오늘도 나는

딸아이의 아이가 놓고 간
노란 플라스틱 차를 타고
밤마다 나는 대한해협을 건넌다

실컷 울게 놔둔 딸아이의 눈물 퍼담으며
노 저어 건너가는 낯선 나라
바다 넘어서는 딸딸대며 잘도 달린다

후미진 동네로 천방지축
철딱서니 없게 그 아이의 걸음마 흉내로
온밤을 혼자 헤매다녀도

헛디뎌 넘어지는 법 한 번 없다
신발 벗겨 되짚는 일 하나 없다
강 넘고 산도 건너 신이 나게 뛰놀다가

내 정신의 동틀 무렵
생시처럼 환한 저승으로 돌아와
잠시 묵을 내 집에 천연덕 드러눕는다.

보름달

보이는가
혼자 자란 저 달이
당신은 보이는가

몇천만 번을 몸 줄이다가
몇억만 번을 또 늘이다가
허깨비 같은 내 그림자

아니 절반은 무덤
나머지는 모두 두려움
뉘우쳐도 붉어오는 얼굴이더니

오늘은 잔뜩
살아온 날의 황당을 안아
참으로 알 수가 없구나

이 보름달에 해오라기 날 듯
아무래도 내 속은 동강나
사람 사는 일이 헛되기만 하네.

경험

몹시 앓던 어금니
한쪽은 안 아프게
다른 하나는 흔들리지 않게
간밤에 말끔히 뽑아 내쳤다

꿈속이니 시원했고
바람 잘 들어 통쾌하니
한꺼번에 여남은 개
입 안을 깡그리 내주었다

아래인지 위인지
혓바닥 제대로 굴렸고
하고 싶은 말 주저롭지 않게
탓할 데 없도록 후련했다

깨어 보니 아침
말이 세고 침이 흐르고
내 알뜰의 꿈마저 헐렁하여
세월도 하얗게 늙어 있다.

잠방이

흔들거리면서
저켠에서 이켠으로
내가 걸어왔다

닳아서 맨발
단순의 내 생각들
그을린 몸으로 끌어왔다

빠른 걸음으로
아주 밭은 몸짓으로
그보다 더한 재촉으로

아니
그것밖엔 가릴 것이 없는
강한 냄새와 모양으로.

거울을 보다가

겨울인가
바람이 일어
낙엽들 몰아간 다음

들판으로 나서면
죽어 흙이 아니 되는 길을
애써 난 생각게 된다

지난해 또는 지지난해
국화잎 따서 흩은 무덤
가슴에 박은 못들 거두노라면

다시 바람 불어
새잎 돋아나고
가지 끝으로 꽃잎 피는 소리

보던 거울 속에서 문득
되돌릴 수 없는 시간과 만난다
나는 다시 일어설 수 없는가.

늦가을 비에 젖어

엇그제
마른 바람이 불었고
빨래는 소문 없이 말랐다

툭툭 털어
주머니 속까지 다 내보이면
나도 저리 나부낄 것 같은데

가진 것 다 내놓은
내 아버님의 무덤처럼
오늘은 나도 곱실려들지나 않을지

늦가을 비에 젖은
빈 까치집 하나
나처럼 까맣게 타들고 있다.

종이를 접어

썰물 따라
개흙밭 떠도는 바다새 두엇
뭍에 오른 목선도 목이 메이는지
울음을 뱉고 있다

울어 숨이 턱에 차면
먼바다라도 갈아엎을 듯
수평선 저 너머에 젖은 놀
파도 소리 끌어당기고

눈물 쏟는 일
세상엔 그리도 많아
나도 종이배를 접는다
외딴 섬의 넋으로.

별 하나가

벼랑의
떡갈나무 잎새 몇
여태 단풍으로 불붙다가

홀연
나뭇잎 하나
등허리에 식은땀 굳히듯

한밤중의
어느 별로
알지 못할 눈물 뿌리고

둥둥
허공을 헤매다니다가
내 가슴에 와 박힌다.

해 질 무렵

다 자란 나무들
산비알에 가 숨고
풀꽃들 어둠으로 자지러들 무렵

몇 개의 점으로 새들이 날다가
노을 속
그마저 흩어져 사라지고 말면

구름은 끝없이
바람이듯 서쪽으로 끌려가
피를 토하고

정말 어쩔 수 없는지
나도 묵은 갈댓잎처럼
저물녘이 되고 만다.

헌차(獻茶)

황촉불 사루어
무거운 몸
가벼얍게 삼배

가득했던 믿음
돌려 앉혀서
저녁향으로 또 삼배

산소리 바람소리
두어 모금 따루어
새벽차로 다시 삼배.

낯선 생선 한 마리가

동에서 서으로, 아니 남에서 북으로
돌아눕길 잘하는 잠자리
언뜻 물속 깊이 머리 박고 쓰러진
물고기 한 마리를 만났습니다

등은 휘었고 눈자윈 퍼렇게
절망의 큰 아가리에 물너울 받아 삼키고
접시 그득 배 깔고 드러누운
바닷고기를 보아 왔습니다

해가 뜨기 전의 내 양식이 될
어둠 저켠 동해바다
등 푸른 생선은 지치고 고달파
먼 데서 온 모습 같았습니다

내 어린 날의 토함산 해맞이 굽잇길처럼
이른 새벽 안개 속
비바람의 산등성이에 발 묶여
오늘 새벽 내 식탁에 올랐습니다

뭍으로 오른 이 바닷고기의 아침
주린 내 창자 속의 깊은 골짝에서
물텀벙을 해대며 소리치고 있습니다
참 이상한 날의 밝음이라고 말입니다.

혼자 하는 말

뻐꾸기는
푸른 산과 맑은 물이
적적해서 운다

산비둘기는
흐르는 세월을 버려두어
서러워서 운다

늘 울음을 쏟아
이젠 한도 없는지
산새는 좀체 목청도 가라앉히지 않고

이 세상에
감출 게 더는 없는지
달은 밝아 호젓하다.

묵은 시간을 떨어내며

차고 매운 바람이 분다
바람에 휩쓸려 잎들은 지고
진 잎들은 어디론가 불려가
자취를 감춘다

추위는 뼛속까지 파고들어
우리 몸을 굳게 하고
한 해를 보내는 사무침으로
소슬한 바람을 닮게 한다

늘 덫에 걸린 신세 때문에
그 흔한 새벽운동도 하지 못했고
발 묶여 제자리걸음인 듯했으나
오늘 우리는 저무는 해 앞에 선다

지난 한 해
다리는 무너져 나아갈 수 없었고
배마저 가라앉고 건널 수 없었다
더위도 유난스러워 참 많이 젖어 지냈다

이제 노을 앞에서
한 해의 가을걷이를 하고 있느니
지난 시간 거두어 추스르고
새 시간 풀어내어야 할 때

나가 있어 굳은 몸 녹이기로 하고
비에 젖어 쩐 마음 말려야 하고
미치도록 그리운 병 깊어졌다면
가슴 활짝 열어 풀어내야 한다

지금은 섣달그믐
얼어붙은 세월의 앙금 털어내고
비와 눈바람 속의 새 씨앗
봄꽃도 생각해야 하느니

바람이 분다
손을 흔들어야 한다
묵은 때먼지 씻어내고
우리가 뛸 터전을 다져야 한다.

운주사

드들강 저편
내 몸 헤집어
시냇물 소리 흘리면

가슴 젖어오듯
산자락 몇몇
복사골 어지럽고

천리 먼 꽃길
운주사 다다르면
돌들이 흩은 넋뿐.

강물소리 · 2

가야 할 길
강이 된 곳
눈물로 넘치고

몸 낮춰
가슴 쓸면
애달픔 떠내리고

어디로 갔는지
빈 자갈여울
혼자 강물소리 내고 있다.

한강이 서울에게

나는 묻지 않는다
꽁꽁 얼어붙은 겨울 몸을 풀고
의암호 그 두터운 수문 뚫어
뱀같이 꼬인 청평의 물길
크게 한마당 팔당에서 숨 몰아
내처 알몸으로 달리는 까닭을

나는 당장 묻지 않는다
망가진 세월의 문밖을 서성이며
휘돌아 강이 안산의 허리를 껴안아
뗏목꾼의 목쉰 소리가 강물에 잠기면
부끄럼 제대로 가누지 못하는 이 땅
죄의 넋을 눈물로 쏟는 내력들을

결코 나는 되묻지 않는다
누가 추위에 그토록 떨고 있었는지
누가 굶주림에 배를 움켜 안았는지
누가 회초리에 몸을 그렇게 틀었는지
뜨겁게 내리면서 눈감고 흐르는
또 알면서 입 떼지 못한 그 딱함을

뻗으면 쉽게 손에 오를 듯
안경 쓰고 보면 맑게 비칠 듯
흘러 어디에고 닿아서 넘쳐날 듯

몇만 년을 그렇게 가다가 가다가
우리 앞에 딱 멎어 시침 떼고 앉은
너 강이여, 한강의 서울이여

나는 다시는 묻지 않노니
몇천 년을 강바닥에 드러누웠다가
밤이면 밤마다 우릴 흔들어 깨우던
악몽의 역사, 평안의 세월
닳고 닳은 문지방의 강둑이 힘줄 되는
세상의 기둥이 되어 버팅겨주는 사연을

거듭거듭 나는 묻지 않노니
불붙는 바다에 나갔다가 되살아와
흐르고 흘러 육백 년, 봄이 되어 돌아오고
돌아서 육백 번도 더 절망하고 기다린
그리하여 그리움 지쳐 잠들길 원하는
우리의 정신, 서울의 번지수를

물어물어 이제 너에게 다가서노니
깨어진 꿈조각 모아 깁고 맞추어
우리집 안뜰로 흐르게 한 강
기껍게 퍼담아 우리 목 축이게 하는
밤의 별빛 떨리고 두려움 없게
오, 내 고향 서울의 안녕을
지금 나는 한강에서 묻고 있다.

일어나라 봉화여

불이여
그날의 봉화처럼 일어나
활활 불길을 뿜어라
목마름도 이젠 더할 수는 없으니
불붙여 태워라

봉화여
그때의 뜻 일으켜
빛깔 또렷이 밝혀라
한 번도 빛 보지 못한 꿈
밝혀 비치게 하라

눈발이여
적막한 강산의 엊그제에
내려 감쪽같이 단장토록 하라
더없이 어려웠던 시절에
덧씌워 환하게 하라

꽃이여
크고 든든한 목련나무 한 그루
춥고 어둠에 감춘 꽃망울
한결같이 어여쁘고 부드러웁나니
우리 소망처럼 봄꽃으로 피어라

바람이여
차고 맵게 치달려와
내 잠을 식혀라
지난여름의 한더위
네게 닿고 내게 닿아 실컷 불어라

마음이여
아파야 터치는 봄의 손길
다사롭게 어루만져라
온갖 것 다 피어나게
어지러운 마음을 몽땅 뚫어라

연기여
가난과 설움의 땅
말끔히 씻어 하늘로 날려라
이승의 옹졸과 오만들 사뤄
내일의 텃밭에 뿌리게 하라

해여
밝고 곱게 솟아나라
가멸찮은 우리들의 사정
이 아침엔 깨끔히 돋아
금빛으로 찬연케 하라

봉화여
그날 그때의 그 일처럼
목멱의 꼭두에서 백두까지
남산의 우듬지에서 한라까지
이 아침에 큰 봄을 알려라.

프라하의 인상

- 카프카의 집 앞

땀이 흘러
가슴도 하나의 운하가 되는
삼복더위의 프라하

내 것이면서
끝내 나를 가두고 마는
카프카의 꿈과 두통의 그 범벅천지

무릎과 발등은 그래도 살아
걸음이 무거웠고
뙤약에 길도 타들었다

그리하여 나마저 뜨거워
영원한 봄의 생명이 되도록
카프카는 우리를 화덕 속으로 밀어 넣었고

는개비 촉촉이 내려
프라하는 드디어 우울했고
비탈의 돌길도 그지없이 매끄러웠다.

패트릭 화이트의 등의자에 앉아

매화원은 없으나 겨울 한때를 알리는
매꽃이 산천에 가득한
시드니의 마틴로 20번지
연꽃샘이 따로 없지만
가을 참나리의 붉은 뱅크샤꽃도
의연히 봄을 알리고 있다

길 건너의 조선소나무를 향해
깊숙이 창문을 닫아걸고
흰 커튼만 걷어 올리면
금방 몇 권의 책이 비로 쏟아져
하늘을 겨냥해 손짓 보일 듯
노란 와론꽃들만 요란하다

절대로 돌아갈 수 없다는 이곳
형벌의 땅에 당신과 함께 와서
나도 겨울장미, 동백, 공작꽃들 수려한
비탈진 데다 당신의 등의자를 놓고
담장 너머의 공원 한가운데
단풍이며 버즘나무에게
당신의 안부를 나는 묻는다

비로소 낯선 섬에 내가 멎어
당신이 버린 그 삶의 길

애써 찾으려 하진 않으나
흔들의자는 이미 주인을 잃었고
아무도 돌보지 않는 당신의 집처럼
내 길도 애써 그렇길 빌고 있을 뿐.

보들레르의 무덤 앞에서

두어 마리 낯선 까마귀가
오디빛 울음을 쏟아놓을 때
늦칠월의 아까시아 꽃잎들
노란 비로 흩어져 내린다

몽파르나스 공동묘지 제6구
시인의 무덤자리에서 벗어나
제26구의 이끼 낀 돌담 아래
몸뚱아릴 높게 매어단 그를
등물받이로 나는 맞기도 했고

모파상과 베켓과 생뜨 베브
그리고 묻혀서도 꽁초를 나눠 피워대는
금실 좋은 사르뜨르 내외의 저승길도 돌아
내 이마의 땀방울 씻고보면
가뭇없이 내 젖은 꿈도 마른다

오, 시여, 시인이여
어둠이여, 칠흑 같은 죽음이여
비로소 굳어버린 무덤이여, 돌조각이여
예까지 나를 이끈 헛됨들이여.

젓청어를 삼키다가

롯델담의 그 집
호흐스트라트 152번지
하얀 집

대낮에도 호롱불을 밝혀 들고
낡고 흔들거리는 식탁 앞에서
우린 생선꼬리로 입을 닦았다

약지와 집게손가락으로
두 마리째의 홀란드 젓청어를 치켜들어
하늘을 바라보노라면

온몸에 양파즙을 묻힌
젓청어의 몸뚱일 틀어쥘 때처럼
비린내가 세상을 덮쳤고

치즈나 다름없는 남의 고향 내음이
지붕 밑방의 내 얼굴로 치솟아
구김살 가신 시간을 지니라 눈짓을 해댄다

롯델담의 그 술집
지금이라도 짬만 생기면
나는 비린내에 섞인 그때의 쓸쓸을 생각해낸다.

나귀를 타고 사막을 건너며

나귀를 빌어 타고
사하라를 건넜다
마라케쉬에서 카사브랑카까지
몇며칠 천방지축
표류하는 섬으로 떠돌다가
물빛 다 쏟아부은
무덤 같은 고요의 지중해안
하얀 창틀의 낯선 흙집에다
턱이 닿는 숨을 부렸다

사하라는 멀고 뜨거웠다
노을빛의 석류 앞에 스스로를 익히며
목 축여 사막을 넘었다
절어 붙은 등줄기의 소금기에
알맞추어 간이 배어
제 내장을 더위로 훑어냈다
모래땅은 너무 맑았고
사하라는 너무 밝았다

사막을 건넜다
흔들리는 나귀 등에 올라앉아
사하라를 넘었다
우화 속의 등신이 다 된 채.

샤토 브리앙의 집 뜨락

목덜미 적시는 겨울 찬비가
부슬거리며 내리는 정월 하순
얼마는 감기 기운에 떠서
파리의 남문을 밀어붙이고
샤트니 말라브니 마을을 지났다

이끼옷 걸친 가로수들 따라
봄나무로 누런 팔을 치켜든 버들
샤토 브리앙의 넓은 뜰에 나앉은 목련도
이미 봄을 예비해 있었다

푸른 눈썹처럼 매달린 별꽃들의
초롱초롱한 산책길 따라 가다보면
아직도 그날의 촛불 여럿 밝혀놓은
두어 개의 환한 방을 넘볼 수 있고

흙벽을 잡고 발돋움해 올려다보는
한 작가의 삶이 애달픈지 부러운지
추위에 움츠린 산비둘기와 겨우살이들
휘파람새도 덩달아 뜻 모를 노랠 뿌려댔다.

1월 24일은 비

어제는 종일 비에 젖어 있었다
이른 새벽의 어둔 빗소릴 듣고 일어나
하루내 비를 안고 달렸다

잎 다 떨군 겨울 오동나무며
자작나무와 가문비나무까지
애써 먼 길 돌아 내가 찾아든
퓌센의 쉽고 아득한 노이슈반슈타인 성도
온통 비에 젖어 번쩍댔다

하얗게 비쳐 보이는 알프스의 설봉들
비안개에 반쯤은 머리를 가렸고
크고 작은 호수들은 갑자기 내게 다가들어
비 먹은 몸을 흔들어댔다

어제는 내내 비를 밟고 다녔다
내 앞으로 타고 내리는 빗소릴 따라
온종일 무거움 받아내며
나는 비에 갇혀 있었다
켐프텐의 퀴르스텐호프의 여인숙 속까지도.

슈튜트가르트에서 잠시

메밈겐 지나
넓은 들녘 끝으로 나오면
어깨 움츠린 겨울나무숲

부푼 숲 왼켠으로 돌아서면
크루쯔 슈튜트가르트의 간이휴게소
비는 이미 그쳤고
젖은 땅 건너뛰어 작은 가게 앞에 섰다

두어 개의 동전에 끌려나온
새끼양과 털복숭이 토끼의 인사말
'그까짓 것' '네까짓 것'
우리말로 이렇게 지껄였다나

우리는 다시 버스의 다락에 올려졌고
만하임 행의 8번 고속도로에서
밝아가는 하늘처럼 흔들거렸다.

쾰른 입성

라인강을 건넜다
범람했던 강변로와
바람이 할퀸 단애를
드디어 버리고 쾰른 돔을 향해
넘실대며 흙탕물을 건너섰다

비가 와서 더욱 비탈져 보이는
조각밭의 포도나무를 거두며
세 시간도 더 넘게 달려온 북행길
산수유도 이젠 완연한 봄이고
활짝 몸을 틀고 있었다

로렐라이에서 얻어 마신 차 한 잔이
검붉게 내 속을 물들였으나
이내 하늘은 맑아져 왔고
오랜만에 쌍무지개도 펴
우리들 앞길을 터주게 했다

길은 오직 하나
내가 살아온 짐짝들 등에 진 채
내 여자의 등 같은 언덕을
몇이나 겹친 풀밭으로 헤치며
강을 넘어 쾰른에 입성했다.

암스텔담으로 가는 길

구름 또는 비
간간이 푸른 하늘도 섞여
오늘은 종잡을 수 없는 날씨

길은 그러나 뚫려 있었고
옆으론 부챗살 모양의 나무들이
입을 닫고 줄지어 늘어섰다

북해로 가는 길은 아직 멀었으나
어둠은 벌써 뼛속까지 잦아들어
나를 열심히 무너뜨렸고

내가 가 닿아야 할
둑을 쌓아 물을 막고
내가 묵을 집을 일으킨 곳

서툰 더듬이를 뽑아
몇 개의 촛불이라도 밝혀야 할
하룻저녁 내가 쉴 곳을 찾아 나선다.

코르도바의 길

올리브나무밖엔 설 수가 없는
척박한 자갈밭길 옆
추수 끝난 여름이 밀밭에 붙어 서 있고

흙담 무너진 틈새로
속옷 빨래 몇 날 널브러져 있어
사람 사는 흔적도 보이지만

내리꽂히는 한더위의 햇살에
살아 있는 것 다 뒷걸음질쳐
천사의 날개마저 굳혀져 간다

낡은 사원을 헐어 하늘나라를 일으킨
이 고장 사람들의 알뜰을 나도 익혀
열심히 손으로 비벼대는 것일까.

봄날에

풀들이 일어난다
깍지 낀 손을 털고
바람도 일어선다

길들이 곧추서서
도리질을 해댄다
얼었던 것들 다 녹여 낼 듯이

봄은 온다
그렇게 와서 매운 자락에
풀무질로 햇살을 뿌린다

다사로운 햇발 튀기면서
숲들을 세운다
우리들이 삶을 일으키듯이.

시작의 시간

지난 한 해
나는 줄곧 밖에 서 있었다
수염 더부룩 허수아비 같게 붙들려 앉혀
마른기침에 비까지 젖어
떨며 지냈다

그 흔한 새벽운동 제대로 못하고
덫에 걸린 신세로 몸 굳어
늪에 빠진 채 허우적댔다
다리마저 무너져 넘어가기 어려웠고
배 또한 사라져 건널 수도 없었다

더위는 유난스러워
땀 흘리는 눈물로 범벅
그 물 고여 홍수로 바다를 이뤘다
헐렁한 바지춤 끌어잡고
어디서건 나는 헐떡대는 춤이었다

가을도 지나 겨울 가뭄
이어 노란 꽃때
밖에 있어도 좋은 이 봄날
달빛으로 얼어붙은 길 붙들고
나도 시작하는 시간을 만든다.

또 한 해가 기운다

몸 다 말린 겨울 풀들과
벗은 나무들의 야윈 소리로
한 해를 보낸다

아이들이 오르다 만 미끄럼틀
가슴 뚫린 하늘을 안고
마른 햇살에 공원을 굴리고 있다

저물면 집으로 돌아가
문을 닫고 불을 끄고 자리에 눕듯
우리의 시간도 이제 기울어갈 테지만

어디로부터 파고드는지
찬 바람이 불고
어느덧 해는 기울어간다

안녕하소서
푸르게 돋아 저라던 싹들이여
새 잔에도 가득 뜻이 넘치게 하소서.

아침은

아침은 밝고
붉고 둥그러워

우리가 사는 이 땅
얼마나 아름다운지

새벽은 타올라라
숨찬 기대감으로

맞잡아 들어주는 손이여
살맛스런 세상이여

고루고루
축복의 한 해 되거니

새해가 아침이듯
즈문해여 밝아라.

이 날을 반기소서

스스로 바람이 되어
불지 않아도 돌아가는,
바람개비로 사는 일

돌고 또 돌아
둥그렇게 앞뒤를 이어주는,
탑돌이의 그 염원

마음은 길고 맑고
외롬은 멀고 아득해
놀랍게 잘도 찾아내는데

얼마나 아름다운가
사랑으로 다진 이 길
꽃길 같게 환한 새길

반기소서
새해 새아침
손 모두어 축복하소서.

축원

눈을 뜨리라
이글거리는 아침해의
타오르는 얼굴빛으로
나도 눈을 뜨리라

눈을 떠
겨울의 마른 공간 엮어가듯
그렇게 곧은 햇살
올실로 반짝이게 하리라

깜깜한 겨울강의 적막
그 여울목 딛고 넘어
몰래 숨어나간 강
물처럼 나도 달리리라

모래톱 밟고 둑길로 나서면
샛바람 소리쳐 몰려오고
바람개비 같은 햇살로
숱한 날들을 꿰매리라

일어나리라
일어나 바퀴를 굴리면
둥글고 올곧은 시간
잇대어 염원도 돌아가게 하리라

까치놀의 그 불그스럼
새날은 기어코 일어나
우리의 기대를 다 채우고
아름답게 몸을 드러내리라

눈을 뜨리라
크게 떠 바라보는
이 강산 이 세상
아름답게 축복을 받으리라.

봄꽃 한 다발 사들고

바깥으로만 나돌던
겨울 햇살 따돌리고
봄꽃 한 다발 사들었습니다

썰렁하던 대청마루
다사로운 햇빛 쌓이고
그 곁으로 나도 퍼질러 앉습니다

봄내음 물씬
온 집안 고루 적시더니
겨울잠의 내 옷까지 털어줍니다

노랗고 바알갛게 물드는 세상
들뜨는 꽃달임 같거니
아무래도 오늘은 꽃싸움 벌여야겠습니다.

어떤 봄날

청호 바닷가
유달산 비알의 돌층계 타고
봄은 쏟아져 내린다

복사꽃 장다리꽃
일찍 고개를 내밀어
고하도 섬머리에 나앉고

서켠으로 빠지던 짠물
돌아서서 몇 개의 뭍으로
마구 고개를 흔들어댄다

봄은 이미 내 안 깊숙이
물길을 저어
뽀얗게 익어가고 있다.

목련

황금 같다는 4월의 어느 연휴
한식 청명도 다 던지고
나뭇가지만 바라고 나는 섰습니다

굼벵이 걸음이라는 주말의 길
때아닌 눈발 날려
한계령은 참으로 어지럽다 하지만

몇 송이나 매달렸는지
지난겨울의 숭숭함이 새삼스러워
네 손가락 끝에도 애봄의 망울이 내립니다

내 집 뜨락의 목련 한 그루
올해도 억척으로 함박눈 쏟아질지
발목을 묻어 나를 가두고 있습니다.

가을에 서서

바람이 분다, 그대여
소슬한 가을바람이 불어온다
잎은 청승스레 떨어져 흩어지고
차고 매운 바람이 내 뺨을 친다

한 번 더 생각해봐야 하느니
춥고 매운 한 시절
아니 어둡고 찬 죽음의 계절
겪고 또 넘겨야 하는지

아픈 살을 찢어내던
따사로운 봄의 촉수
우리 사이의 뜨거움으로 익혀
열매의 가을날에 기대했느니

한 톨의 씨앗도 갖지 못한
바람 앞에 쓸쓸히 서서
가난과 설움의, 옹졸과 오만의
이 가멸찮은 마음 앞에, 그대여

밤이면 오르내리는 백두의 꼭두에
꿈이면 살펴 밟는 금강의 봉두에
동여서 편히 쉬게 하소서
그대여.

11.

헤적이기 〉해작이기

책머리에

나의 첫시집『오지행』이 1966년 10월 간행이고, 그보다 두 달 앞서 그림을 넣은 長詩『공원 파고다』가 상재되었으므로 올해로 꼭 30년이 된다.

다시 나는 내 그림을 곁들여서 여기 열한 번째의 시집을 편다. 내 딴은 많은 의미를 부여하고 싶었으나 그런 만큼의 뚜렷한 흔적이 있을 성 싶지는 않다.

첫째는 앞선 몇 권의 시집들에서 사랑이나 恨을 청승이란 가락에 얹어보려 했던 그 범주에서 벗어난 작품들의 모음으로, 둘째는 극히 산문적인 내용이나 그런 어휘, '또는' '그리고' '그런데도' 등등의 수용하기 어려운 말들을 詩에로 귀화시키고자 한 내 나름의 노력으로, 셋째는 오늘을 사는 우리의 내적 외적 상황을 얼마라도 읊고 싶었다.

참으로 많은 무너져내림, 떨어져내림, 파묻혀버림, 터져버림, 그리고 낡고 삭아 자신이 허물어져 버린다는 허망조차 잊고 사는 까막기억들, 그 이유를 바깥으로만 돌리고 있는 큰소리들에 앞서 우리들의 정신구조에다 초점을 맞추고 싶었다.

콘크리트詩라고 했던가. 컴詩라 했던가. 그것이 특별한 장르가 되지 못해도 그런 상황을 60년쯤 살아온 한 증인으로서라도 발언되었으면 할 뿐이다.

1996년 3월 14일

성 춘 복

메아리

영동교를 넘었다
성수교에서 배를 잡았다
동호교에선 전철을 다 뒤졌다
너는 없었다

남에서 북으로 달렸다
북에서 남으로 다시 길을 돌렸다
둑을 막아 강물도 다 퍼냈다
너는 보이지 않았다

몇 군데 터널을 냈다
강바닥에 밑굴을 뚫었다
한남교도 잠수교도 닫았다
너는 안보였다

없는 너를 위하여
몇 벌의 속옷이며
겉옷과 신발마저 샀다
너는 끝내 너를 드러내지 않았다

가장 높은 곳을 찾아 올랐다
목청껏 너를 불러댔다
내 소리는 가닿는 데가 없었다
너는 내 안에 숨어 있었다

가을산을 보며

은행나무와 버즘나무
사이
가을산을 본다
이내에 가려진 먼 빛으로
비로소 그림자에 다름 아닌 세상을 만난다

한 점
바람 없어 세수도 안 한 얼굴
까마아득히
건너다보고 서 있으면
가랑잎의 손짓까지 부러워진다

금방
날이 저물고마는 한 해의
막바지에 올라
어쩌지 못하는 오늘의 시간들을
나는
|
나는
짜깁기로 늘어뜨리고 있다.

오늘 나는

나는
바람에 실려가는
□구름

너는
푸르다 못해 물들어버린
하늘 □□

오늘
너는 들판으로 나앉고
나는 당국화의 목놓은 가을이 되거니.

구름 헤치기

잠이너무많아
드러눕기만해도
하늘의별들총총
땅엔반짝이는이슬들

보드라운솜이불
따사로운꿈이었거니
내가자리한이곳
너나갈데는없다

물기다말라
이제걸음은껄끄럽고
겨울억새는구만리
구름만헤쳐대고있다.

실족(失足)

1인용의
　　　간이침대에서 스무나무 해
　　　하루는 자벌레
　　　다른 하루는 딱정벌레

어젯밤엔
　　　모서리 한 끝에 매달려
　　　내 묘기의 실제에 있어선
　　　헛
　　　딛
　　　기

꿈속의
　　　깜깜함, 황당함
　　　침대에서의
　　　떨어지기 전

발버둥치기
바람가르기

아침엔
한 쪽 발가락의 반창고
또 다른 발목의 압박붕대.

드디어 내 시간은

궂은 바람에 비 지나고
　　　　　　　요며칠, 그래
유난히 햇살
그러나 이미 꽃들은 졌고

그늘에 발등 묻었다가
　　　　　　　식은땀, 그래
챙기고 나면
한 해의 등마루에 서게 된다

가을걷이 끝나 스산한
　　　　　　　이 계절, 그래
지금은
휜 등허리나 긁어야 할 때

뿌연 산들, 길마저 가려져
　　　　　　　어두움, 그래
어둠이 되고마는
내 시간만 혼자 달린다.

그리운 때

서글픔 같은 것들 드디어
아름다운 마음으로
그믐달에 띄운 날 밤

장마 뒤의 깊은 물에
바닥의 앙금마저 눈물로
맑고 밝게 해 놓고

지난 한때를 감춰 쥐듯
두 손 가려
하늘을 올려보다가

잔기침 몇 번으로
까닭 없는 성냥불 그어대면
바람은 어디론가 사라져 가고

그 어둠 너머
세상이 옳게 보이는 곳에
너를 닮은 별이 쏟아지는구나.

퉁소

있는 대로 구멍을 내어도
몸뚱이는 모자라
발꿈치를 돋우고 목 뽑아
냅다 소리를 칩니다
궁
  상
    각
      치
        우
겨울은 너무도 쉽게 와서
등걸마다 눈바람
가쁜 숨소리에 옷고름 터져
그만 알몸이 됩니다
        우
      치
    각
  상
궁.

추억

모두가
돌아간 운동장 가운데
뙤약볕으로 굳어 간 내 그림자
아직도 춤은 계속되고
남은 풍선 하나만
그대로

계속해
따라 나서 보라며
바람은 내 안에 불어제치지만
낡은 시계로 엎드러져
주머니엔 눈물만
그득해.

록키산의 온천욕 · 1

속이
3 분 너글너글한짜리, 아니 완벽하게 익힌 완숙의
야외 온천탕에 마음을 굳히는 동안
창가로 이른 해는 돌아앉아
서양여자의 부끄러운 하얀 속살같이
내 알몸뚱이를 발갛게 물들이고 있다

입으로는 연신 거품을
몸으로는 바람구멍을
젊은 날의 한때를 녹여내듯
가당찮게 삭은 내 몸통을
벌집이 다 되어 숭숭 소리나게 한다

수수깡
수수깡, 수수깡
나는 수수수까앙

다 말라 비뚤어진 신세의
비듬이며 비늘까지 닦아내고
홀가분한 신세로 나서도
낯설고 추운 나라에서의 내 고달픔
금방 단단하게 얼어붙는다.

록키산의 온천욕 · 2

껑충껑충 뛰다가
저고리 벗어
접어 옷장에 가두어 놓고

바지마저 내려
슬금슬금
맨살의 배불뚝이가 된 다음

허　허
리　리
젖　　감
히　　추
기　기

개구리헤엄 · 개헤엄 · 망둥이헤엄

정체불명의
멱감기
물장구치기

숨
이
차
면
꼬리 잘린 생쥐.

모든 밤으로부터

부엌과 다용도실의
내가 사는 아파트 옥상에서
곧장 내리쏟는 구멍 뚫린 하늘의

또는

화장실 세면대 밑동이나 변기 속의 어디
줄창 내뱉는 휘파람소리 같은 야릇함
밤이면 밤마다 나를 가만히 눕혀두지 못하는

또는

침상의 머리맡이며 벽면의 여러 곳
톡 톡 토옥 떨어지는 물방울소리
나는 온밤을 땀에 쩔어 헤매다닌다

그리고, 그리고

돋보기 꼬나들고 신경 곤두세운
물소리와 물방울소리를 따로 따로 헤쳐 놓는
내 육신과 넋의 곤혹스런 벌집 쑤시기

또는

낡고 삭아 완전히 쓸모없게 된
내 집의 병든 시설들 모두로부터
흔적뿐인 내 정신의 내장까지

또는

휴식을 위하여 애써 만들어냈던
육면체의 빵간과 적절함 묶은 어둠
환청에다 흠집 만들기의 내 불협화음 놀이.

또르히요

들은 끝이 없어라
지평도 [illegible] [illegible]
리스보아에서 마드리드까지

여남은 시간의 E9번 스페인 국도
때아닌 몇 가닥의 빛줄기 쏟아져
하늘엔 일곱 빛깔의 겹부챗살

가을이나 다름없는 누런 여름 들판에
유칼리나무는 [illegible] [illegible] 서 있고
또르히요의 세상은 무지개
쌍무지개로 빛났다

동녘엔 아직도 **먹장구름**
투우가 막 끝난 모래밭에
핏빛의 노을까지 쏟아붓는데

양떼와 소떼와 분홍꽃 선인장들
손 붙들어 내게로 함께 [illegible]
내 고향땅의 드센 가뭄을 [illegible]

오늘밤 혹여

지난밤에도 비이비이비비비 ·
나는 빗소리를 들었다
빗방울 사이로는 어둠
반짝이는 빗방울을 딛고
네가 사는 동네로 옮아갔다

비이비이비비비 · 장대비 속
길은 깨끔히 씻겨 있었으나
혼자 너무도 오래 앓아서
나는 더는 참지를 못했고
눈이 붓도록 울고 있었다

· · · · · · · 오늘밤 혹여
덜 깬 잠 안의 빗소리에
화들짝 문을 밀어붙이고
네 발자국을 엿들었다가
한 방 가득 펼쳐 놓을까 보다.

토마토 구이

참
좋은
은박지의
아주넉넉한품에
안겨달디단꿈 을꾼다
꿈 은포시라운살갗과빛깔의
유익한성분으로바뀌어그럴만한씨앗
으로곪아버린더보드랍고매끄러운양수
에젖은채눈을꼭감고꿈 속에서꼬물거리다가팔다
리와오금들을잘접어넣은다음에매우얌전
한자세로어머니의젖꼭지를빨고있다
애초의태어날때보다는더측
은한넋 으로돌아가서
남의먹이나되어
야하는,
그래
서
겨
우
살
아
나
야
부
활
이
된
다
는
너
의
죽
음
에
…

아내를 돌려보내며

처음으로
당신이 치른 차를 얻어타고
겨울산을 오릅니다

얼어붙은 새벽길에는
너무들도 알몸이 되어
길게 손 뻗쳐 반기고 있습니다

　　　　당신은 누워서
　　　　나
　　　　는
　　　　그냥 앉아서

당신의 낯선 집을 찾아갑니다 눈물에 서려
널따랗게 번쩍이는 햇발이
이승 벗어나는 비탈을 흔듭니다

당신을
　　　　당신에게 들리는
신새벽
눈발 흩날려 희끗희끗한 저 산은
당신의 머릿결이었습니다

몇십 년 만에 나에게 청한 물 한 잔
실컷 그런 물 얻어마시게

내 집 앞 강물에다 당신을 흘립니다.

이 2월에는

늘늘늘늘늘늘늘늘늘늘늘 늘
시리기만 했던 겨울날 앞에서
어쩌다 한 번쯤
마음을 터놓아
콩나물 잔털 같은 것이라도
틔워 볼까 싶은
이 2월에는
밑도 끝도 없이 아쉬움만 채우다가
아무래도 어제보다는 오늘이
오늘보다는 그래도 다음날이
다음날보다는 그그그그그그그그그그그 그다음날이
아니, 이부자리 밑으로 훅 찬바람이 들어도
훨씬 덜 모진 듯한
이 2월에는
사철이 고루 푸르른 발자국을
딱딱하고 추운 잠 안에서 일으켜
뽀송송한 버들개지의 그 봄빛인
그리움으로 밀붙여 볼거나.

다시 삼백예순닷새를

어디서 바람은 불어오는 건지
삭막하고 답답했던 삼백예순닷새
눈발은 왜 이리도 휘날리는 건지

꿈은 그래서 더 어수선했고
늘 맨발로 비탈을 올라
한 해를 깡그리 쏟기도 했지

바람 많은 허허벌판
해진 옷자락에 눈물의 고랑
속절없이 한 해를 걷다 보면

바로 그 다음날 아침
뜻과 보람의 새 나무를 심고
또 다른 날을 일으키기도 하지

묵은 때를 지우듯
새 옷 갈아입고
밝을녘에다 큰절 올리지

서둘러 넘치는 일 없게
찰방거려 흘는 것 없게
올해만은 꼭…… 하고

맑은 마음에 곧은 몸
다시 삼백예순닷새를
하루처럼 세우기로 하지.

어느 날

그래
그렇겠지
그런 어느 날
댓잎소리 서걱이는 넓은 소맷자락을

네가 나에게 건네주고
발
끝
을
세
워
한사코 나를 붙들게 하고는
네 어깨 너머로 내 팔을 돌려

너를 껴안고
네 입술을 깨문
그 어느 날

있겠지
있기는 해도 결코
너는 내가 될 수 없겠지.

겨울소리

갈숲 흔드는 파람소리로
달밤은 울고
강물도 따라 운다

쩡 쩌엉

꿈은 다 찢겨져 나가고
어둡고 매운 길에
거룻배도 터져났다

컹 꺼엉

쇠북보다 큰 배불뚝이가
용변을 보는지
산천을 두드리다가
내 가슴을 치고 나간다.

황토마당

찢어진 파초잎
앞으로
외동백의 하얀 손짓

손가락마다 불을 지펴
제 속의
어둠을 밝히려 들면

나도 금방 지붕 끝으로 올라가
내 몸 안
있는대로의 피 솟아내고

하늘 끝으로 내뿜는 열기
그 정신
번쩍대는 별똥별 된다.

꽃터울

지난 가을네 만난
바람
소리내어 자죽을 만들더니

곁가지를 맴돌다가
꽃꼭지
꽃봉이 되어 내 앞에 서네

헤아려 보던
그 날 날
내 손가락

하얗다가
노랗다가
새빨갛다가…….

엽서(葉書)

어둔 눈에 호롱불 밝혀 놓고
　　　늘
　　　기
　　　억　사
　　　하　노
　　　며　라
잘디잘게 써 보냈지

　　　　　또

꽃씨마다 불심지를 꽂아
　　　앞
　　　서　　　　뒤
　　　거　　　　서
　　　나　　　　거
　　　　　　　　나
　가슴 속 깊은 데 묻어두었지.

어떤 가을

낙엽을 밟는다
바스락대는 소리와 함께

地球이 자전

큰나무하나가 자빠지는소리를낸다.

나무

　　나는 보았다
흔들리지 않기 위하여
다 벗은 알몸으로
겨울나무가 되어 가던 것을

　　그리고 또 보았다
제 이름마저 잊기 위하여
추상적인 것 다 떨구어버리고
곧은 햇살로 증발하는 계절도

　　나무는 본다
시간의 끝을 곧추세우기 위하여
한밤중인 나를 겨울로 지우고
의미의 숲 언저리를 떠나게 한 것도

　　드디어 나무는 느낀다
더는 쓰러지지 않기 위하여
가는 뿌리털의 발톱을 만들고
안간힘으로 다시 봄을 일으키는 것을.

적도(赤道)를 지나며

- 케냐의 에콰도르

―――――― 눈길이 가닿아도
지평은 없는 초원의 끝으로 ――――――
개망초꽃이 따라와 길을 만들고

그 길 펴며 빗질해 가며
뽀얀 흙먼지 뒤집어쓴 천지를
양털구름으로 씻어내다 보면

절망처럼 비스듬한 케냐山의
치마를 두른 젖가슴 위로의 외진땅
눈 덮인 다른 산 하나가 또 솟아난다

무더위와 고샅
외딴 섬의 낯선 산을 향해
달리던 차를 멈추게 하면

나이바샤(Naivash)
노란 키 큰 선인장꽃들 곁으로
몇 개인지 모를 깜부기의 눈들이 포개진다

해발 2,270미터의 에콰도르
∴마리의 나귀가 끄는 수레 뒤로
우산나무와 유도화의 쓸쓸함이 버텨 서고

하늘빛을 닮아 눈물이 많은
내 눈은 자꾸 부어올라서
아바데어 공원에다 비늣돌을 쌓게 한다.

아잔타

어
　쩌
　　면
　　　좋
　　　　아
가을도 훨씬 지나 겨울 한복판
잎새들 져서 낙엽이었고
마른 잎들 날아 바람 일던 날
추위에 떨며 길로 나섰던 것을

해가 기우는 서방을 향해
무작정 어둠은 짙어만 갔고
깜깜한 바위굴 속 같은
아우랑가바드가 저뭄일 때
손 붙들어 더듬어 갔던 것을

휘저어 다리를 꼰 귀신들
잡귀가 잡귀를 밟고 선 그 몸짓들
허위허위
나도 제 길을 밟아가던 중
내 기꺼움도 바로 그런 모양이던 것을

어
　리
　　석
　　　어
　　　　라
구멍 숭숭 뚫린 저 산비탈에
씻지 못한 얼굴을 세울 즈음
세상의 모습이 여기다 싶게
내 사람의 시간마저 멈추게 하던 것을.

우리 동네 재건축

낡고 삭아서
어수선하기 이를 데 없는
더는 사람이 살 수 없는
그런 동네의 뒤켠 어느 쪽에
나는 묻혀 살고 있어서
전봇대의 기울기나 즐겨 재보는
빈 까치집이나 겨누는 미루나무의
썩은 창을 여닫는 재미에
푼수 없고 물색 없는 품새로
사글세인지 전세인지도 모르고
방 한 칸을 차지하고서
늘 졸고 늘 절룩거리고
그러다가
그만 운신조차 할 수 없는
팔다리 꼬인 등신으로 기어다니다가
그만……
땅에 묻히고마는……

섬이 아닌 섬에서

– 독도기행 · 1

등을 돌리고
바다가 끝나는 데로 나가
철썩대며 보채는 물살에
목까지 담궈
섬은 섬이 아니라고 고함쳐댔지

물목쯤은 나도 아노라고
뱃머리에다 청승마저 얹어
동래포에서 예까지 짠물 끼얹으며
여남은 시간
그래, 섬은 결코 별이 아니라고 우겨댔었지

저네들처럼
바다색이 금방 바뀌는 한탄스럼
그 노릇을 깃발로 흔들며
한없이 짖어대는 괭이갈매기의 울음을
끼이룩 끼룩, 맞장구로 받아 보지만

꽁꽁 얼어붙는 비바람은 어디서 오는지
여린 마음에도 샛별은 빛나
이슥고 기찬 항해도 어렵다고
한밤의 넋두리에 모두가 얽혀
섬 아닌 뭍을 보며 하루를 묵었었지.

섬과 섬 사이에서

– 독도기행 · 2

섬은 하나가 아니었습니다 둘이었고
둘보다는 더 많은 바위들이
뿌리를 하나로 하고 물속에
멱들을 감고 있었습니다

어쩌면 여리기도 하였으나
얼마는 벅찬 마음으로 맑게 뿌려 놓은
별의 밤바다를 노저어 갔습니다 우리는
땀 밴 옷을 그대로 걸친 채
북두가 가리키는 방향에 키를 놓고
저문 길을 펼쳐 나갔습니다

제 나라 땅의 제 바다에 오징어배들이
맘껏 불을 밝히듯
졸음에 겨운 사람까지 일으켜
슬프고 참담해 읊을 물길을 진종일
물새가 울어쌌는 소리로 달렸습니다

철망 없어 펑퍼짐한 한바다에
이제 나를 던져 금긋고
그 주위에다 섬을 못질해 붙들어 앉히고
매일 머리 빗겨 가르마 타주듯
섬과 섬 사이에 배를 놓았습니다

바람막이 하나 없어
마른 침을 삼키는 저네들의
난바다의 점 하나야 아무것 아니라는
그러나 닳아 없어지지 않는 섬과 섬
물살을 가르기 위해 우리는 왔습니다

네 것이라 했고 내 것이라 했던
든든한 뿌리의 그 뭍들
東島와 西島
그 땅과 그 바다에 오늘도 언제나의 아침 해가
빛나게 떠오르는 것 보았습니다.

장마

· · · · · · · · 비 비 비 ㅂ | 비
· · · · · · 비 비 비 비 ㅂ | 비
· · · · · 비 · · 비 비 ㅂ | 비
· · · · 비 비 비 비 ㅂ | ㅂ |
· 비 · · · 비 비 비 ㅂ | ㅂ |
· · · · 비 · 비 비 ㅂ | ㅂ |
· · · 비 · 비 비 비 ㅂ | 비
· · · · 비 비 비 비 ㅂ | 비
· · · · · · 비 비 ㅂ | 비
· 비 · · 비 비 비 비 ㅂ | · ㅂ |
· · · 비 · 비 비 비 ㅂ | ㅂ |
· · · · 비 · 비 비 ㅂ | ㅂ |
· · · · · 비 비 비 ㅂ | 비
· · · 비 비 비 비 비 ㅂ | 비
비 · · · · · 비 비 ㅂ | 비 비
비
비

북극에서

사 · 시 · 장 · 철
눈은 내려
내 가슴은 동토의 늪

찰 · 깍 · 하 · 고
초점 맞춰 몸을 굳혀도
벗을 건 다 던진 하이얀 나라

신 · 생 · 대 · 의
토탄조각 깊이 캐어내
활활 불길 사루면

늪 · 의 · 물
금세 끓어
내 몸도 물 되어 땅 속에 스며든다.

나는 지금도

목 이 메 이 고
가 슴 이 탄 다

하늘이었는지 땅이었는지
세상의 일들을 웃음으로 짓는

가 슴이 탄다
목 이메 인다

가쁜 숨
허둥거림

가슴이탄다
목이메인다.

감격시대

바람과 바람이 만나
덫이 되는 세상에
쓴잔 거두어서
더한 절망을 묶는
꼭두새벽의
침침한 이촌역엘 나가 보아라
그리움의 흙은 다 퍼담아 가서
이젠 매립할 데조차 없는
그래서
그래서
그래서
그래서 강이 멀어 오히려 덜 허전한
바로 그곳
비린내도 갯내도 싹 가시고
독이 올라 내 젊음의 한때가 굳어 서 있는
아
!
아
!, 깃발을 흔들어도 아무도 달려오지 않는
내 비지땀의 감격시대가
기적 울리며 전동차로 달려가고 있다.

우리 집

그런데도
작은 방의 가장자리에서
늘 비어 있는 내 침상 가리키며
이마 위의 밤별들을
그저 무시로 슬퍼하는……

그런데도
혼자 손가락질 해대며
등신같이 헛웃음만 꺼내어
얼룩을 만들고
요상하다 요상타고 스스로 탄식하는……

그런데도
눈물의 캄캄한 고랑을
헤엄쳐 파고들어
등굽은 사내의 어리석음을
꺽 꺼억 쌓아 가는……

그런데도, 그런데도.

낙법(落法)

떨어트리지 마라
떨어트리지 마라

만지기만 해도
부스러지고 마는

아니다, 큰 숨만 들이쉬어도
아니다 아니다, 그저 바라보기만 해도

그냥 있어 무너져 내리는
그냥 두어 흩어져 내리는

산 산 조 각
산산조각이 되고 마는.

젊은 반란

어김없이
어제도 아침 해는 떠올라
어둔 구름을 헤치고
까치놀을 풀어 놓았거늘

오늘은 또
마파람 불러다
우리들 발목을 세우게 하고는
새 움 틔우는 나무로 살게 하네

꽃들과 잎새와 그늘
그것들이 내다 건 과일과
영글어 번져 나는 내음
그런저런 양식들의 이 세상

세상 비추는 아침 햇발이
그리움의 총기로 쏟아져 내려
가슴 미어지는 꿈을 익게 하고
우리를 부질없게 탓하기도 하거늘

우리들 이제
예사롭지 않은 젊음을
아주 넉넉한 시간의 너울로
많은 비밀을 가슴에 쌓아 가면

어김없이
그 사랑 못지않은 희망
낯설고 겁나지만 마냥 가슴 울렁이는
열려 있는 길의 반란을
우리 다 보듬어 안게 되겠거늘.

아카시아

풀
풀
*
풀
풀

하얗고 노란 아카시아 꽃잎들
고스란히 쏟아져 내리는,
파랗고 빨간 아카시아 꽃잎들
흩날려 떨어지는

저
저
저 저
저

신기루의 땅을
헛길 만들어 달리면
낯선 고장의 하늘같게
자꾸 손짓해 찾게 되는

헛
것
헛 헛
□

12.

혼자 사는 집

책머리에

열두 번째의 시집을 엮는다. 앞에 내세운 「혼자 사는 집」의 연작들을 시집명으로 삼은 까닭은, 실험성이 짙었던 앞서의 시집 간행 이후에 내가 계속해 관심을 쏟았던 문제들이기에 보다 자신을 잘 드러내 보이리라는 생각에서이다.

이런 생각은 또 실제의 삶에서도 늘 혼자였다는 깨달음과 함께, 원천적으로 인간은 그러하다는 동위 개념이 내 의식 속을 떠돌았고, 그 사념들 역시 유사성을 축으로 하여 묶여 있을뿐더러 헤쳐 놓아 살피면 각기 다른 이질성도 또한 갖고 있기 때문에 이를 공감하는 횡적인 축을 구축해 보면, 의당 이질성을 대위 개념으로 달리 세울 수 있으리란 믿음을 지니게 한다.

아무렇든 이순(耳順)을 넘기고서 내는 작품집이라 혹 뻔뻔스러움은 없는지 걱정스럽다. 아울러 부족함도 이쁘게 보아주기 바란다.

1998년 늦은 봄에

성춘복

혼자 사는 집 · I

한동안
천정과 모든 벽면으로부터
죽은 아내의 땀방울 걷어내는 소리와
낡고 삭은 몸뚱이가 뱉어내는 기침과 가래로
온밤을 새게 하더니

지금은
구석마다 어김없이 매달아 놓은
상수도며 하수구 또는
도시가스와 전기와 혈압계
계기마다 제가끔의 낑낑대는 소리들
예사롭지 못한 뜬눈을 만들어가더니

밤 밝힌 그런
새벽의 내 혼미한 정신처럼
늘 계기판의 숫자를 거꾸로 읽어내려가는
내 어지럼증과 치매현상의
찬물 더운물이 뒤죽박죽이 되어
공급 중단의 예보나 엄포 따위
나를 위기로 몰아 갈피 못 잡게 하더니

생사람 잡기 위해
문마다 자물통을 달고
흔들거리는 것마다 끈을 달고
나를 엮어 주검으로 눕게 하여
눈 감고 귀 닫게 한 다음
지하 몇십 미터의 깜깜에 들게 하더니…….

혼자 사는 집 · Ⅱ

물 같은 세월의 반대켠으로
두서없이 애벌레 한 마리 기어가고 있다
여름장마의 밑도 아랑곳 않고
젖은 걸음으로 뒤뚱대고 있지만
숨도 차지 않는지 잘도 배밀이한다
내 방의 경계를 넘어
되도록 세상의 멀찍한 데로
향방을 잡아 달라고 있다

혼자 사는 홀아비의
목이 타는 갈증은 본체만체
눈치코치 볼 것 없이 의기양양해
열심으로 배를 밀어붙이며 등을 휘게 하는
몹쓸 풍경을 엮고 있지만
덩치 큰 내 몸뚱이의 그림자를 안고
나비가 되어 보려는 꿈으로
애벌레 한 마리가 내 곁을 지나고 있다.

혼자 사는 집 · Ⅲ

꼭꼭 걸어 잠그고
두 눈까지 덮어 가려야
잠을 들일 수 있는
깜깜한 집의 안방이긴 해도

잠꼬대와 코 고는 소리는
은밀한 내 비밀마저 엎고 새어나가
나는 틈새를 조이기 위해
어금니도 깨물고 손발도 접어야 한다

하루같이 매일 밤을
어둠과 나란히 누워
숱한 발자국의 바깥소문을
층계의 뜀질로 헤아리다가

문득 되짚어 끙끙대며 오르는
신문 혹은 우편 배달부의
내동댕이치는 소리에 맥박을 맞추고
밤을 밝히는 내 살아 있음의 자랑.

혼자 사는 집 · Ⅳ

늘 비어 있어 휑뎅그렁한
내 침상의 가장자리에
온갖 별들 쏟아 놓고
무시로 나는 소꿉질을 한다

때로는 슬퍼하며
때로는 히죽대며
부지런히 손가락을 놀리다가
얼룩도 만들어 되씻기도 하다가

그러다가
요상하다 참 요상타고
헛웃음뿐인 거울의 모퉁이로
낯설게 비켜 앉혔다가

내 눈물의 또랑에 캄캄한 물 풀어
열심히 멱을 감다가
등 굽고 머리 센 사내의 울컥임을
한껏 쏟아붓다가…….

혼자 사는 집 · V

내가 나를 부르는
소리가 들린다
귀가 커서 잘 들린다

먼 곳도 아닌
가까이서 아주 잘 들리는
나를 찾는 소리

대숲 우는 소리로 찾는다
이미 누더기 되어
별 볼 일 없어진 나를 열심히

버릴 것 다 흘어
기침소리밖에 남지 않았는데
한세상 보았으면 그만일 텐데

사람이 그리워 숨넘어가는
나를 찾는 소리를 내가 듣는다
몸 시린 가뭄의 이 긴 밤에.

혼자 사는 집 · VI

보아서는 안 되는 것
들어서도 안 되는 것
그러나 마음은 이미 떠서
세상만사 시들해졌다

가뭄에 입술 터지고
가슴 또한 논바닥 같아
부끄러울 게 하나 없도록
텅텅 속이 빈 강정

봄이 한창이라 해도
지을 죄 없다면 허깨비
굳이 결박당한 꼴 아니라면
다 던지고 살아야 할 길

기왕지사
산자락 넘나드는 일
볼 부비고 입 맞추는 그런저런 일
모두가 빈집 허물기.

혼자 사는 집 · Ⅶ

거기서 울고 있네
가리고 훔쳐 울던
나는 어디에 두고
혼자 번듯이 울고 있네

육신 하나에 둘이라던 옛 혼
태우고 씻어 흘린 다음
물목 좁은 데서 타고 올라
창밖을 기웃거리네

원수로 다시 만나면
음험한 웃음짓기는 싫어
거기 내가 소리 내어 울고 있네
혼자서 울고 있네.

혼자 사는 집 · Ⅷ

떠돌던 구름 조각이
절망의 늪에 섬으로 떠 있고
섬과 섬을 잇는 다리는
내 몽유의 길목을 만드네

철없는 일로 달려
그리움 쌓인 병
한량없이 몸은 줄고
저린 손만 흔들게 하네

혼자이던 내 집
사방에 산이 들어와
애간장 태우게 하는
내 남은 삶의 길.

혼자 사는 집 · Ⅸ

오래 머물지 못해
늘 조바심으로 튀던 집
눈대중으로 끌어다 번지수에 앉혔다

손발은 얼어 터져
주름에 다름 아닌 몸
젊은 한때의 볕을 끌어다 붙여 보건만

예상사 모르는 내 속
흐르는 세속의 물에 뒤틀려
금 간 나무로 살게 한다

지금은 어둑살의 저물녘
무릎은 깨어져 피 흐르고
늘 별빛 깨어지는 소리만 듣고 있다.

혼자 사는 집 · X

- 내가 만드는 음식

내가 자랐던 남쪽 바다
그 짠물 다 퍼담아 졸여도
내가 만든 음식은 늘 심심하다

활활 타오르는 불 앞에 서서
다시 애간장을 달이는
내 조리법은 두서가 없고 식어 있다

함께 나눠 먹을 수저를 놓고
예쁘게 접은 종이도 깔건만
늘 혼자 앉게 되는 이 집

싱겁고 화근내 나고
아리고 쓴맛뿐이고
언제고 아리송한 듯한 입맛

혼자 사는 집의 식탁은
늘 비어 있어 휑뎅그레하고
밀어 놓아 비어 있는 의자만 덩그렇다.

혼자 사는 집 · XI

- 12월의 편지

고맙습니다 하나님
웬일인지 요즘은
내 가슴도 멀리까지 맑아
가을 못잖아 푸르러 가볍고
한정없는 산새의 울음 쏟으며
점점 더 빛나는 얼굴이 되어간다고들
사방에서 수근대며 야단들입니다

고맙습니다 부처님
달도 없는 빈집의 그믐밤에
꼭두새벽이면 어김없이 눈이 떨어져
살아 보기 전엔 허물고 이사 가야 하는
내 병든 집을 위하여
이삿짐 꾸리고 풀었다가 다시 묶고
닫힌 창밖을 늘 살펴야 하니 말입니다

고맙습니다 즐거움이여
쥐가 쏠고 바퀴벌레가 핥은
몇몇 권의 책갈피로부터
말라 비틀어진 나뭇잎새며 꽃잎들
꺼내어 내 나이를 짚어 보고
귀한 시간마저 포개어 놓을 줄도 아는
내 살아 있음의 욕망과 아름다운 죄를

고맙습니다 목숨이여
멀고 아득한 것까지 다 그리운
한 해의 저 끝에 서서
부질없음도 챙겨 나란히 세우고
잠깐 틈을 얻어 돌이키는 회한
소꿉질도 곧잘 혼자 하는 이 허망함이 즐겁습니다

고맙습니다 고맙습니다 고맙습니다
거룩한 이여 어여쁜 이여 혼자인 이여
정말 감사합니다
늘 깨어 있음과 살아 부질없음까지도.

혼자 사는 집 · XII

빈집에서
다시 빈집을 찾아
이삿짐을 꾸렸다
애초부터 비어 있었기에
챙길 것도 없었으나
몰래 먹다 남긴 것들이 있어
마음은 언제나 무거웠고
생각 또한 많아
몸은 늘 어지러웠다
늘어진 사지를 오그라뜨려
붙박혀 사는 사람의 내림 같은 것
그렇게 온갖 잡동사니 긁어모아
힘 솟게 하느라
환장한 듯 새집의 빈칸들 채우려 애썼다
들어가 누울 자리도 변변찮게
빨래도 늘어놓고 세간도 흩어
몸뚱이 속까지 채워 나가건만
빈 항아리와 공터 같은 울음이
귀먹고 속썩힌 목관악기처럼
서글픔만 그득하게 한다.

혼자 사는 집 · XIII

- 나의 목욕법

높직이 울타리를 치고
아무도 넘보지 못하게
철망이며 사금파리로 칸막이도 한다
창살과 자물쇠를 덧붙여
내 부끄럼투성이의 생애와
총각의 동정마저 가둔다

헛으로 햇발 하나라도 들지 않게
딴딴하고 깜깜하게 꾸리고
눈 따갑게 열심히 비누질하기
헹굼질을 거듭한 다음
한라나 백두의 맑디맑은 물로
내 늙음의 절반을 울궈낸다

휜 등허리는 되도록 꼿꼿하게
몇 번의 두드림으로 나온 배도 밀어넣고
냉괄내 자욱한 보물단지까지
그리고 뚝심 좋은 목청도 가다듬은 후
거드름기의 팔자걸음에 술 한 잔의 불쾌함을 몰아
내 육신의 처연한 부활을 기도하기.

혼자 사는 집 · XⅣ
- 밤빨래

오늘도 밤에 빨래를 했다
햇살 다 걷힌 다음
속옷이며 손수건, 양말짝을
내 가슴의 한가운데서 볼기짝까지
바깥으로 내다 걸었다

낮의 밝은 눈들을 피해
두어 번 더 모퉁일 돌고
가리개도 새로 장만해
어둑살에 걸맞게 널었다
팔다리 쭉쭉 뻗어 가지런하게

비눗내는 어떻게 떨었는지
거듭 손가락을 펴고 저으며
마른 바람이 일순에 와 닿도록
내 걱정에다 팔자소관까지 내놓았다
신세타령도 곁들였다

새벽녘이 다가서기 무섭게
반쯤 마른 채신머리를
네 몸뚱아리로 끌고 들여와
반반하게 개켜 놓았다
마음과 오늘의 일까지 마무리해서.

혼자 사는 집 · XV

꼭 한 번은
그런 밤이 있으리라
다짐하며 잠그는 문

굳게 홀치고 잠가도 풀려나
오히려 네가 없어 너를 닮는
내 혼자의 방

나란히 누워
잠들고 같은 꿈에 놀라 일어나는
그런 일도 그럴 법해

네 꿈 안에서 내가
맴돌다가 네 주인이 되어 보는
간절한 밤의 방

원도 한도 없이 널 껴안아
만난 설움에 눈물 쏟으며
겨워라, 설워라

목울대 떨어지도록 소리쳐
내 무덤의 봉분은 높게 되지 않는
혼자 죽음의 내 방.

혼자 사는 집 · XVI

- 가을 되네

가슴이 무겁다
새벽 안개가 쌓이는 것도 아닌데
눈은 침침하고
찡얼대며 울음 뱉던 매미들이
성급하게
아니다. 철 잃은 소리를 져다 버리는지
가슴마저 저리다
낮은 점점 짧아지고
밤은 되레 빨리 다가와
내 이불 속은 어둡다
알 수 없는 서글픔이
설움과 어깨걸이를 하고
두려움까지 함께 하여
지난여름의 달디단 수박내도 잊게 하고
가을에 얻어먹는 포도즙조차
입맛을 흐리게 한다
바람은 차고
가슴은 쓰리다.

혼자 사는 집 · XVII

- 12월에 이르면

까치 두어 마리
마른 갈대들의 바람춤을 즐기다가
한 계절을 잘 돌았다며
빈 가지에 와 앉는다

기억할 일도 많은지
자주 고개를 들어 도리질이더니
콧노래 따위를 흩어
새벽을 채우려 든다

그러나 나는 늘 혼자몸
햇빛만 잔뜩 들이찬 내 집은
아침 공기같이 싸늘하고
제 맘 같은 불평만 쌓는다

이따금 잠에 절어
눈꺼풀 따는 일도 잊고
헛발 디디는 우스꽝에
그저 좋은 세상만 있으라 꿈을 청한다.

혼자 사는 집 · XⅧ

잠이 잘 안 오는
그런 날은 입술이 마르고
마른 입술보다 더 타는 가슴이
잠자리 밑에다 불을 지피는
가위눌린 밤이 된다

어디론가 멀찍이 달아나
낯선 땅을 일구고
내가 행복했던 어느 날의
꿈을 씨앗으로
무덤 하나 일으켜 놓고

제 몫이라고 크게 소리쳐 보는
아, 살아 있는 사람의
죽은 집에서
늘 그런 경험으로 허전해하며
씁쓸해하는 나를 살아내는 일.

내가 가는 길 · 2

내가 걸어온 길을
나는 모른다
지금 걷고 있는 이 길도
나는 모른다

수도 없이 만났던 사람
내가 타고 온 것
나와 더불어 살아내는 일도
나는 알지 못한다

어둠에 다름 아닌 내 삶
시작도 끝도 잘 안 보여
그런저런 모습의
나를 잘 기억하지 못한다

늘 바람은 차가웠고
귀 곁은 시려 매웁기만 해
코끝에 대롱이는 것까지
살아 있는 감각은 아니다

저물녘을 향해 내닫는
오늘을 밝히는 일마저
내가 어찌 알 수 있으랴
너흰들 어떻게 짐작할 수 있으랴.

봄이 오는 길

배에 올랐을 때
겨울은 채 끝나지 않았었다
안개 속을 한참 떠내려
어지럼증에 몸이 떨릴 즈음
절벽만 바라고 달리던 우리는
봄빛 밝은 데로 배를 밀어붙였다

드디어
산수유가 튀어올랐다
유채꽃도 같은 빛깔의 걸음이 되어갔다
띄엄띄엄
복사꽃도 물가로 내려섰다

물길 한가운데
봄이 오는 불길이 치솟아 올랐다
좀은 봄추위도 있는 듯했으나
느닷없는 기운에
도처에서 우리를 들레게 했다.

살구꽃빛 송(頌)

가슴 안인 듯
안개 자욱하다가
비가 되어 내린다

봄밤의 이 부슬비
몰래 개울물소리로 다가와
젖은 나무로 자라고

검디검게 탄
봄나무의 몸피
개살구나무로 솟구친다

가슴엔 듯
내 가슴 속인 듯
봄산 하나 붉게 일어선다.

색계호(索契湖)

산살구의 꽃빛깔은 빼고
유채꽃도 멀찍이 밀쳐내고
간간이 흩어 선 산수유만 끼워둔 채
풀빛들 다 모아 호수가 된다

색계호는 묵은 갈대에 싸여 빛나다가
마른 잎을 에워싼 봄의
푸른 잎새로 뜨거운 입김을 깨달았는지
밤새 내린 비에 목욕을 하며
젖은 흙더미와 돌덩이를 막아선다

금룡동(金龍洞)으로 나가는 동굴 몇 지나
더욱 가깝게 산들을 불러 앉히는데
무릉원의 푸른 하늘은
오늘도 안개와 구름에 휩싸여
숨바꼭질로 날을 지샌다.

무적(霧笛)

무적이 운다
산자락 끝에 구름이 걸려도
무적은 운다

구름 아래로 안개비 스치고
잇달아 울음이 쏟아진다
어둠에 가려 앞이 안 보여도
울고 또 운다

구당협 지나
한참을 달리다 보면
나를 잊을 만해서
무적은 운다

나를 찾아 울고
슬퍼 거푸 우는 소리
울고 또 운다

아직은 먼 미래
소삼협에 생각만 미쳐도
무적은 운다

언뜻 물이 맑아
그림자마저 지워져

두려워서도 무적은 운다

울고 또 운다
제 울음에 취해 울다가
그 울음이 그리워 다시 운다

무적이 운다
또 운다
울고 거푸 운다.

무릉원의 봄빛

구름이 산허릴 감아 돌자
유채꽃들도 얼른 고샅길을 올랐다
언덕밭 사이
밤새 내린 비는 흙탕이 되어
젖은 봄나무들 뒤로 흐르고
드문드문 개살구꽃도 뽀얗게 피어
산비알의 어둠을 밝히는데
내가 탄 낡은 차는
가쁜 숨만 몰아댄다
사제(沙堤) 지나면 곧 천자산(天子山)
안개 속의 장가계(張家界)는 무릉원
봄의 천문산(天門山) 문턱에서 두 손을 벌려
꽃빛이 되어 스스로 봄이길 빈다
빌고 또 빈다.

새벽물

강은 물이었다
산도 또한 물에서 생겼거니

서역땅으로 번진 장강의 물줄기는
이슬방울 대롱이는 봄잎에서 빛난다

유채꽃의 노란 갈증을 채우려는
이승의 내 발돋움

그도 한갓 물에 지나지 않거니
잠 덜 깬 눈으로 익혀나가노라면

예순도 더 넘은 내 여로는
이젠 새벽하늘의 엷음과 같다.

무산(巫山)을 향하여

한 식경은 기다리라 한다

협곡을 거쳐온 안개의 밤은
이미 밝은 지 오래고
2천여 리 더 달려온 삼협의
내가 타고 온 배는 지금 멎어 있다

숨 죽인 채 기척도 없다

서촉(西蜀)의 물새들
새벽인사를 하는지 다녀가고
홍향화(紅香花) 붉은 빛도
더운 눈빛이다가 스러져 갔다

이제 나는 배를 버릴 참이다

크고 넓은 배는 버리고
나룻배로 갈아타
소삼협의 자갈여울에서
봄이 쏟아지는 무산(巫山)의 벼랑을 따를까 보다.

무협(巫峽)에 와서

장강에서 처음으로 만난
맑은 물을 따라
찬 바람도 만난다

안개에 취한 개살구꽃들
봄비를 먹은 깨꽃들
드디어 하얀 날들을 밝힌다

여울목이 내는 물소리도 맑고
몽돌이 훑어내는 여울소리도 밝아
봄날은 비로소 내 앞에서 일어선다

내 여로의 중간쯤인 무협
봄날의 물소리를 따라
벼랑도 오르고 하늘도 오른다.

함께 꽃을 보며

아무도 모르게
너를 훔쳐보다가

들킨 듯 부끄러운
나의 입맞춤

마른 가슴 적시는
간음(姦淫)의 어여쁨에

두려움이 눈부셔
나는 이 봄을 운다.

징검다리

돌 하나를 주워
물 가운데 놓는다

모난 돌은 닳아
반반하게 자리를 잡는다

징검돌 놓여져
이젠 건너야 할 길

이승의 젖은 발도
저승에선 마를 테지.

저녁 어스름

어둑살을 우짖는
새의 초저녁 울음소리가
어찌 부르짖음에 그치랴

계곡물 소리 또렷한데
사랑은 어디에 가 엎디었는지
내 이마는 뜨겁다

마음 깊은 곳엔
저곳 은하의 몸부림
억장 무너지는 소리만 들린다.

그대 앞에

그저 바라볼 수만 있었으면 하고
나는 처음에 생각했다
그러다가 몇며칠 지난 다음
손이라도 건넸으면 했다

손금이 지워질 정도로 다가앉아
열심히 제 가슴에다 문질러 보고
잠시라도 등을 대어 보았으면
하는 마음을 먹기까지 했다

어느 날 함께 죽어서
한 구덩이에 묻히기를
간절히 나는 바랬고
고집스런 주장마저 했다

드디어 비바람에 흐트러져
온 산하가 평지 되도록
세월의 낯선 곳까지 헤매다가
천연한 얼굴로 그대 앞에 앉았다

건너다보아도 소식 한 톨 없는
아득하고 추운 고장에서
홀로 나는 멱을 감았다
망망대해의 한적한 물에서.

지금 나는

오래 기다리지 못해
늘 조바심으로 달아나는
구름을 눈대중으로 끌어다 앉힌다

손발 얼어 터져
주름에 다름 아닌 몸뚱이
젊은때의 별을 끌어와 보지만

예상사 모르는 내 속은
흐르는 물살로 들려
금 간 나무로 허리 꺾어 살게 한다

넘어지고 자빠지면서
어둑살에 기대어 선 나의 지금
늘 별빛 깨어지는 소리만 듣고 있다.

당신께 와 닿아

가는 허리의
당신 옷주름을 접으며
울음 쏟는 강을 돌아
비로소 당신께 와 닿았습니다

먼 길을 돌고 돌아
칼바람에 눈발 날리던 날
무슨 빚을 크게 진 듯
나는 어디 있느냐 물으며
눈 밟는 소리로 당신께 와 있습니다

말문 닫고 눈 감은 당신께
무당꽃 큰 맨살의 두 손 바치고
비워낸 내 가벼야움도
고드름같이 늘여 붙이고
흉내의 아기부처로 매달리고 있습니다

살아온 날들 다 접어서
당신께 밟아가는 길에 깔아두고
긴 잠에 묻힌 내 꿈의 젊음을
천연히
당신 가슴에 잠재웁니다

아무래도 너무 오래 한데 서 있어서

사랑이여, 나의 우러름이여
비바람 맞아 상한 듯싶은 나날
간절한 내 목마름의 크기가
당신 앞에 와 딱 멎었습니다.

난들 어쩌리

구름 틈에 끼었다가
갈참나무 바람머리로 나앉은
빛나는 이 가을날을 난들 어쩌리

산들이 불붙어
내 가슴 타들고
수숫대의 혼백으로 나도 흔들리는데

절로 노을 지는 저 눈부심
내 울음으로 달래지 못하면
너는 나와 함께 있지 않은 것.

생각해 보면

아무 때나 들춰봐도
내 골방의 뒤켠 어디서나
당신은 늘 밝았고

휑한 들판의 내 가슴 속을
어디고 가득 채우는
당신은 언제나 향그럼이었다

망초꽃이나 쑥부쟁이꽃 같은
하지만 머리카락 하나 흩지 않는
당신은 엄전스런 아름다움이었고

한결같은 부끄럼으로
내 마음의 산야를 비치는
당신은 내 사랑이었거니.

바람 끝에

사나운 꿈으로 소스라쳐
자리 털고 일어나면
잠시 별자리가 흔들린다

가슴 미어지도록
바람 끝을 붙들고 돌 때
아니 줄행랑이라도 놓게 되면

너는 자취도 없고
는개비만 출렁대어
난 결코 너를 볼 수가 없다

간신히 손가락을 비끌어 맨
내 하얀 손수건
붉은 눈물만 닦게 된다.

갈매기

바닷새 두어 마리
날아오르다가 수평에서 급히
빗금 그으며 울음을 접는다

가슴이 너무 뜨거워
거푸 발을 적셔야 할 터
오늘의 흰 가슴은 감추지 못한다

이따금 뜬구름 훑으며
어쩌면 되리, 어쩌면 되리 하고
제 꿈의 확신에 물새들은 놀라고

그래서 하루 종일 울부짖다가
내내 물 위로 솟구쳐 오르다가
머리를 짠물에 적시고 만다.

성채 하나가

성채 하나가 무너져
내게로 왔다
와서 가슴에 무덤을 쌓았다

산 하나를 붙들어다
마음에 앉히는 일로
가슴은 그러나 무거웠다

늘 머리는 뜨거웠고
그리움의 불씨는 몸을 말렸다
네 손은 차디찼다

누가 울음이라도 쏟았다면
재로 쌓았을 법
그저 바람만 하릴없다.

심청의 배

어여차 디여차
치마 한 번 뒤집으면
고향 떠나 자유로운데

어야차 디여차
치마 한 번 더 접으면
돛 올린 이승 밝아오는데

어여차 디여차
차고 짠 난바다가
무섭고 두려웁다

어여차 디여차
연분홍의 꽃저승
가벼얍고 포근해라

어허 허 어기여차
심청의 배가 떤다
기차도다 디여차.

그때의 아이인 나는

그 아이의 눈망울을 나는 알지 못한다
그 아이의 가슴을 나는 기억하지 못한다
세월의 돋보기를 쓴 이 나이까지도

밤하늘의 별들을 손수 흩어 놓던
앞 밝힐 일들을 곰살궂게 펼치던
그 아이의 지난 일들 나는 잊고 있다

눈물로 젖은 소맷자락의
코 훔쳐 매맞던 날
그 아이를 나는 남의 일로 알고 있다

이제 나는 늙어
어두우나 찹찹한 가슴
짐이 되어 허우적이고 있는

그래, 꽃실을 찾아도 꿰맬 수 없고
구슬을 꿸래도 구멍을 찾을 길 없는
그 아이의 총기를 난 버리고 있다

그대는 아는가
그때의 그 아이인 나를
그 아이의 지난 일과 오늘을.

나무와 나

나는 보았다
흔들리지 않기 위하여
다 벗은 알몸으로
겨울나무가 되어가던 것을

그리고 또 보았다
제 이름마저 잊기 위하여
추상적인 것들은 다 떨구어버리고
곧은 햇살로 증발해 오르던 가을도

나무는 보기도 한다
시간의 끝을 곧추세우기 위하여
밤중인 겨울의 나를 언제나 어둠으로 지우고
의미의 숲을 떠나게 한 사실마저

그래서 나무는 느낀다
더는 쓰러지지 않기 위하여
가는 뿌리털의 발톱을 만들고
안간힘으로 봄을 일으키는 것을.

돌

- 석연지 송(石蓮池 頌)

돌 하나가 꽃이 되는 걸 보았습니다
그 돌 하나가 호수 되는 걸 보았습니다
또 그 돌 하나가 하늘 되는 걸 보았습니다

꽃이 되었다가 호수로……
호수가 되었다가 하늘로……
하늘은 다시 돌이 되는 것을

돌은 등잔의 받침이 되었고
불빛의 세계가 되어왔고
물의 기둥으로 우주가 되어갔고

꽃이 돌아서는 길목이 보입니다
호수가 돌아드는 길목이 보입니다
하늘이 돌아오는 길목이 보입니다

꽃이 돌 하나로 화해가는 게 보였습니다
호수가 돌 하나로 굳어가는 게 보였습니다
하늘 역시 단단하게 옮아가는 게 보였습니다.

청로각(淸露閣)에 서서

저기 저쯤 고향 마을 쳐다보이는
여기 이쯤 숨은 고을 내려보이는
청로각에 서서

속내로 떨리는 노래를 나는 익힌다
목젖이 절어 자꾸 딸꾹질하는
자진모리의 타령을 이제사 읊는다

님은 지금 어디에 가 계신지
암울한 시대를 돌이켜
울음 우는 법을 나는 배운다

의사(義士)는 이 세상을 버리고 없는데
두릅나무 그늘엔 낮달 걸리고
내촌천 자갈여울은 거푸 만세소리를

아, 노래를 잃고 헤맨 내 발자국
돌부리에 마냥 채이고
그분의 버선발이 나를 시리게 한다.

이 지구상에는 이런 곳도

- DMZ

어린 날에 얼어붙어
허물이 많고 여직 부끄럽고
또 버림받아 등때기 시린
그런 데가 우리에게 있습니다

지금도 해가 떨어지면
등불조차 매달 수 없어
봄도 길을 잃고 이내 저물고 마는
자꾸 낯설어가는 땅이 있습니다

오래전부터 가시망으로 옭아
젊은 때를 기침소리로만 보낸
가없는 우리들의 마을
거기 누워 무슨 빛깔로 지내시는지요

어쩌다 일어나 앉아 보려도
진달래빛 가슴 설레어 손발 저리고
시도때도 없이 뻐꾸기로 울어쌌는
망연한 당신은 어떤 이름이신가요

우리들 손금 안에 얹혀
거미줄로 내처 살아도 될
그대와 나의 자리

오히려 눈부셔 보이지 않는 슬픔입니다

그렇게 세월은 흘러
어혈의 누더기 밴 능선의 골짝으로
버금 없는 지구상의 여기
우리들 가슴팍에 깊게 들앉아 있습니다.

거금도

녹동에서 굳이
돛을 달지 않아도
녹색의 바다에 뜰 수 있는

섬에 닿아 훌쩍
이물로 나서지 않아도
뭍에다 쉬 발을 묻을 수 있는

바다가 바다를 베고 누워
맘껏 섬을 휘젓고도
등을 두드리는 저 하늘

나울이 다시 나울을 업고
숲이 숲을 껴안아
한바다에 맑은 그림자 드리운 곳

사람도 키우고
세상도 밝히는
우리 고향땅의 이 푸르름.

꿈

마른나무잎새한둘흔들거리는팔서넌, 부서진의자나이쓰시개몇개, 취해비틀거리는몸뚱이의깜깜속으로들어와나를마구흔들어놓는……………………………………

남자

몇 개의 금을 그어 놓고 이음매에 드러누워
마음의 한 귀퉁이라도 잘라 던져줄 듯이
제 몸뚱이의 어디쯤을 선뜻 베어줄 듯이

　　　가당찮게도
　　　어이없게도

　　　　　자신이 아닌 남의 아이로

함께 살던 여자의 그것이었든 가구였든
월급봉투였든 제 기분의 모든 것이었든

　　　벗어나서는 안돼
　　　달아나서도 안돼

되는 대로 훔쳐서 다 집어 삼키고는
금령으로 못박아 꼭꼭 잠가놓고는

　　　제 기분에 못이겨
　　　별난 귀신이 되어버린.

죽음

어느 날 살아오던 것들 깡그리
다져 반듯하고 단단하게 꾸린
다음 아주 천연한 잠을 청하면

헛간 하나를 문득 비우고 싶다

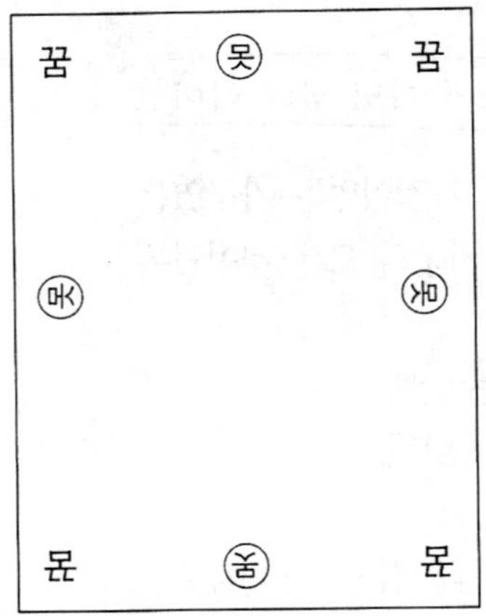

(4×꿈)+(못×4)

올해의 새벽은

하얗게
밤을 지새듯
뜬 눈을 밝히더니

새하얗게
세상을 지우듯
뽀얀 눈으로 덮더니

불 지핀 양
하얗게 새하얗게
저문 세상을 비춘다

새날의 저 해
우리들 뜻 같게
뜨겁게 타올라서

하얗게 새하얗게
보람차게 엮어줄
올해의 이 신새벽.

봄빛

아뜩하고 어찔하네
봄빛 그득해 어지럽네

나생이와 꽃다지
꽃다운 바람 흩고

지랄 같은 배냇병
풀벌레로 울음하는데

내 어지럼과 어질증
어두러기로 돋아나네.

애봄

눈이 부시다
가슴 한복판에
불을 지피는 봄

꽃들
모두 키를 세워
손발들 다 젖고

한꺼번에 나무들
눈을 부비며
아우성 쳐댄다

그런 어느 날
나도 저들과 같이
짐짓 어리광 피운다.

멱

동백인 듯 붉은
유도화 그늘 아래서
나는 멱을 감는다

몸을 씻고
마음을 닦는 구슬빛
알맞게 또 따사롭게

물은 부드러워 좋았고
찹찰하여 느긋했다
어리석음의 내 물장구와 함께

그래서 더 뜨거워지는
젊은 내 여름
나는 제법 열심이다.

올 여름은 뜨거웠나니

올 여름은 더없이 뜨거웠고
올 여름은 그지없게 시원했나니
땀을 척척 흘리거나
습도 높은 칼리브의 바닷가를 헤맬 때
아니, 보드랍고 단 수박 속을
누비며 마음껏 나다닐 적에
야금야금 점령해 드는 내 입안의
혓바닥은 날로 붉음을 드러냈고
내 고향의 원두막 높이
푸른 하늘에 흰 구름송이
한없이 걷어내며
땀으로 씻어내다가
깊은 꿈에라도 빠져들면
짠맛의 땀, 그 땀내 같지 않게
올 여름은 더없이 시원했고
올 여름은 그지없이 뜨거웠나니.

늘 이맘때면 · 2

나보다 앞서 일어나
퍼질러 앉은 산
느릅나무 가지로 등을 긁네

가을비의 스산함이나
늦은 때의 측은함 따위
한 해를 저물게 하지만

이미 세상은 문을 닫아걸고
내가 설 땅을 없게 하여
늘 나는 이맘때를 처량해 하네

어제 오늘의 일은 아니언만
속이 비어 가벼워진 나는
산그림자만 담고 누웠네.

나는 혼자서

찬 비 내려
강물조차 단풍 들고
온갖 것 절망하듯

노을빛
따르는 길
언제나 어지럽다

떠날 채비를 하는
세상을 건너다보면
서글픔만 잦아들고

산불에 들불까지
나를 옮아 붙게 하여
재로 사그라들 즈음

찬 바람 일어
숲을 대신하는 나는
혼자 들판에 서게 된다.

가을은 깊은데

수도 없이 달아났다가
되돌아와 내 앞에 선
이 늦은 날

꽃다운 바람 다시 일어
억새들 하얀 머리를 젓고
강기슭 어디로 우릴 밀어붙이네

등 굽은 나무들 지나
적멸의 시간 흐르는 이곳
낙엽들 태우는 연기는 매운데

풀벌레의 울음소리 바쁘고
철새도 새 길을 만드는
바다보다 짙은 하늘 보면

마냥 두근대는 가슴 소리
모두들 스산해 하기만 하는데
나는 아직도 늦봄의 갈매꽃이네.

산내리

산이
다른 산 하나를 싸잡아
찬 물소리를 흉내내는
산내리의 겨울

법주사
별상전 앞뜰
낯선 보살의 웃음이 쪽문을 두드리자
잠든 돌이 일어나 실눈을 뜬다

어찌 어찌
피는 돌았는지
고운 숨소리가 돌에도 뻗어
절에다 풍경소릴 뿜어 올리면

그리움의 내 병
도를 지나서
나를 상처투성이이게 하고
몸뚱아리 곳곳에 불꽃 일게 한다.

늦가을 풍경

억새잎이 머리를 휘젓는
바람 찬 겨울을 위하여
남한강 기슭을 내 찾았네

지난 길들 버려
몸들 가벼워졌고
나도 날개를 접어 강을 따랐네

강물의 깊이를 알리는
높바위 옆의 어질증
죗값으로 씻노라면

가을 잎새 태우는 연기도
강을 훑어 내리는 햇빛 같고
나 또한 눈물로 답하게 되네.

세모에

늦비 같잖게
부슬대는 비를 안고
종일을 나다녔다

왠지 까치놀이 좋다 싶더니
나도 이젠 비로 나앉아
옷까지 젖게 만든다

온몸 치받쳐 삭혀낸 듯
물기 번져 가슴 안까지 젖어
질척이고 절룩이게 하더니

오늘은 내 길이
다 젖어 오히려 발이 닿지 않는다
앞도 잘 보이지 않는다.

먼동

더없이 물이 그리워서
파도는 하얗게
울음을 쏟아 쌓는데

개펄에 빠뜨린 발자국들
오늘도 먼동은 터와서
나를 바닷가에 서게 한다

그믐밤의 깜깜에도
하현달은 빛을 뿜어서
새벽놀을 붉게 당기는데

몇 가닥의 구름 조각
흐트러진 내 길을 거두어
수평 너머에다 깔아 놓는다.

해가 기운다

몸 다 말린 겨울 풀들과
벗은 나무들의 야윈 소리로
한 해를 보낸다

오르다만 아이들의 미끄럼틀
가슴 뚫린 하늘을 안고
햇살이 공원을 굴리고 있다

저물면 집으로 돌아가
불을 끄고 자리에 눕듯
우리의 시간도 이제 기울어가지만

어디로부터 파고드는지
찬바람 불고
해는 기울어간다

안녕하소서
푸르게 돋아 자라던 싹들아
새해에도 뜻은 넘치게 하소서.

이 겨울밤을

나뭇잎 지고
눈은 또 하릴없게 내려
차디찬 바람의 하늘이 될 테지

가슴 한복판
내 머릿발 같은 흰 고드름 늘어지고
밤은 춥고 어둠은 깊어 끝 간 데가 없네

어쩔거나, 보이지 않는 사랑이여
어떤 눈물로도 녹이지 못하는 너의
이 추운 세상을 내 달가와하리.

정말로 올해는

새해에는 정말로
뜨거운 해 하나
가슴에 묻어야겠습니다

쩔쩔 끓어오르는 불길로
답답코 서글펐던 지난날들
말끔히 태워버려야겠습니다

그렇듯 안타까운 어제 그제의
어리석음과 바보스럼
지워 깡그리 없애야겠습니다

올 한 해는
이글거리는 새해 하나
마음 깊은데 가두어야겠습니다

기가 차는 저간의 일들
애간장 녹이던 저 거품들
훑어내고 줄여서 가뿐해져야겠습니다

느슨하기 그지없고 적당치 못했던
축복 아닌 짓거리들
씻어내고 도려내야겠습니다

밝고 둥근 저 새해
새삼 끌어안는 겸허의 한 해
삶의 추로 담아야겠습니다

마음에 무겁고 몸에 겨운
우리들 마음밭을
초록빛 햇살로 덮어야겠습니다.

아프리카 · I

그 추운 겨울을 달음질로
날아 섬에 닿았지
우리들의 그 섬은 무척이나 더웠고
온통 모랫벌이 되다시피 손이며
마음이며를 거칠게 했지
그러나 풀밭 같은 걸 제법 크게 일구어
목이 긴 짐승들에 풀을 뜯겼고
이따금 땅굴을 만들어 남의 모가지도
노리는 맹금류 특유의 몸짓과 소리로
한껏 세상살이를 가르쳤지
밤에는 코끼리의 울음소리를 따라
한도 없이 떨어지는 별을 주워 담으며
내 고향 산천의 그리움 비슷한 것들
하지만 문득 내 친구 김영태의
가슴 복판을 누비는 이사이 미야케의
깜깜한 주름조끼에 나풀대는 구김살을
또 푼수 모르게 펼쳐들며
내 키의 절반 밖에 안 되는 그곳 사람들의
더위 먹고 겁에 질린 붉은 눈을 요량하다가
그보다 더한 구정물에 헛구역질도 하다가
무엇이 그리도 안 되는지 악어든 얼룩말이든
타조든 되는 대로 잡아먹으며 씹으며 힘센
사람의, 아니 그런저런 세상 얘기들 곱씹으며
아무런 일 없었다는 듯…… 아무 곳에도 안 간 듯
전혀 아무렇지도 않은 듯 돌쳐와 앉으며…….

아프리카 · II

- 나무 위의 집

참 멀리도 날아와 높게 얹혔구나
단단하게 걸어 맨 빗돌을 놓고
녹슨 자물통마저 걸어
촛불 밝히는 데까지 와 있구나

오랜 목마름과 높이 오름
흙 묻은 얼마의 소금을 위해
그리고 편한 잠을 위한 적당량의 어둠을 이끌고
모두 이곳까지 몰려왔구나

땅은 한결같이 아름다웠으나
내 집의 침상 같지는 않았고
짐승의 울음소리도 창살을 닮아
눈 먼 세상을 비쳐 보이는구나

아무렇게 지워지는 눈물
그렇듯 아름다운 이 밤
우리의 어리석음을 덮어두면
반짝이는 불들은 모두 꺼야겠구나.

한 친구의 친구를 떠나보내며

어깨 감아 사진을 찍던
야위고 주름진 손을 두고
이승을 떠난 내 친구의
헤밍웨이의 그 친구
돈 그레고리오를 보내면서
나는 내가 가야 할 하늘을 생각했다

서른 해 남짓
혼자 떠돌며
무거운 장막 안에서
그들이 버렸던 물고기 비늘과
마구 죽인 고양이과의 혼백들
비로소 그들 곁으로 가고자 하는
1997년 7월 31일 늦은 오후

다음날 새벽
까치놀은 그지없이 아름다웠고
여느 날과 다름없는 달빛과
새롭게 일어나는 부신 햇발 사이에서

우리들 삶과 죽음의
갈림길을 눈여겨보며
나는 그를 버리고
얼른 제 나라로 걸음을 옮겨 딛었다.

소로와폭포

비 온 끝의 개울소리 따라
흙탕물 쫓으면
나무가 나무를 붙들고
줄풀이 다른 손을 빌어 몸을 일으킨
쿠바의 한 숲속
낙차 큰 물줄기 하나 보게 된다

두서넛
다리를 더 건너뛰면
미끄러운 비탈길 밑
뿌리까지 이끼 덮은 열대목들에
바람도 맞을 것 같지 않은 토란과의
큰 잎새들이 보듬어
나도 금방 젖어 물을 뿜어낸다

내 어쩌다가
이곳까지 밀쳐져 나와
이구아나의 몸빛에 걸음마도 익히고
그 삶이나마 또 단단히 붙들고 싶어
땀에 절고 비에 슬어
아무래도 손을 놓칠 것만 같다.

새벽 바다

보드라운 산호 알갱이들 위로
사람이 다져나간 발자국들 따라
나도 쉴 새 없이 흔적을 만들며
세월의 토막을 쌓아갔다

은빛 이빨 드러낸 채
파도는 울음을 쏟아 놓으며
내 팔다리를 싸잡고
온 밤을 들랜 까닭을 물었다

이곳 바다는 너무 더웠고
그 밤 또한 따가와
내가 살아온 내력을
나는 찬물에 삭히고 있었다.

팔월의 첫새벽을 벗어나며

칠월 말의 저녁은 안개로 덮였고
우리가 탄 비행기가 날개를 접을 무렵
아바나는 어둑살에 키를 낮추려 했다

내 고향땅의 북쪽에서 온 붉은 딱지들이
호세 마르띠 공항의 울타리를 메웠으나
우리의 길은 평탄했고 밝았다

다시 우리가 날개를 펴던 사흘 뒤
아침은 그대로 안개 속의 해뜰녘이었고
라디오소리가 을씨년스럼을 밀어붙였다

그 전날
어깨를 걸어 함께했던
다정한 친구의 죽은 손을 들어
헤밍웨이의 돛단배를 타고 신새벽을 보았다

그들이 사랑했던 주검과
나란히 그의 뜨락에 누웠던 고양이 넷
그리고 수도 없이 벗겨 팽개치던 고기비늘들

이날 저녁에 이승을 마감하면서
101세의 영원한 젊음은
충복으로 애써 배반했던 망령들을 찾아
구천의 길을 나서고 있었다

그 시각에 우리는 한바다를 넘어
우리들 나라로
호세 마르띠 공항을 벗어나고 있었다.

9W를 지나며

바다 건너 멀리
낯선 땅의 흙내 들이쉬며
마음의 한쪽에 바람을 몰던
어떤 저녁

갈잎들 뒹굴고
한 번 보아 씻지 못할 잡목빛의
강물에 녹아
내 마음 짙게 물들어 가면

사람들은 모두 강 너머에 살고
세찬 바람만 내 켠에 남아
나는 더욱 처연해지고
하늘조차 장엄해 보인다

강변으로는 안개의 벽
내가 묵을 곳은 어딘지
한정 없이 숲을 헤쳐 나가도
내 소망은 밝혀지지 않는다.

토론토에서의 몇며칠

다 저문 3월의
낯선 봄빛을 위하여
내가 들른 토론토엔 눈이 내렸다

발목이 묻혀 발자국조차 잃은
자작이며 백송의 나무들
흰 눈빛을 닮아 갈매기로 날아오른다

보슬비는 간간 창문 곁으로
안개를 몰고 다가와
내가 누군지 재촉을 해대고

꼭 걸어 잠근 빗장을 따고
몇며칠 내 안을 들고나며
맑은 공기 한 줌을 흩뿌리더니

넌, 겨울옷을 벗어던지고
활짝 가슴을 열어야 해, 하며
수런대는 소리로 나를 일깨우고

요 며칠
토론토의 나는 몹시 자유로웠고
더욱 나는 맑아 있었다.

어떤 여름 한낮

오늘도 쾌청
구름 한 점 없다

하늘 푸른 만큼이나
물빛도 한빛인데

새벽이면 언제나
기막힌 놀을 갖게 했고

저물녘에도 어김없이
내 가슴을 물들게 했다

내 침실 옆으로
자작나무 한 그루

여름 내내
내 속을 태웠으나

오늘 이 한낮엔
날개마저 젖어 있다.

경험

- 김봉태의 창 안팎으로

턱을 괴고
물끄러미 창밖을 내다보면
공허한 바다의 울타리 넘어
물빛의 사다리를 타고 오르는
제 얼굴을 만날 때가 있다

그 뒤켠으로 까마득히
밤새 몇 뼘쯤 키가 자란
나무들이 낯선 바람을 부둥켜안고
세상의 먼지는 다 쓸어낸 듯
이방을 여행하는 경험도 겪게 한다

두 손을 주머니에 꽂은 채
집안을 몰래 들여다볼 때면
이승의 끝이기라도 한 양
갈기 젖힌 슬픔들이 눈물로 고여
폭포로 넘쳐나는 걸 보게 된다

거울의 안팎에 서서 나는
계절 몇몇이 쉽게 지나고
다시 시간의 층계를 뛰어넘다가
제 그림자를 밟고 선
낯선 야성을 찾는 일도 더러는 하게 된다

거울은 문이었고 계절이었고
우리가 살아가는 세상이었고
고향이었다가 타향이었고
웃음과 울음이 뒤섞여드는
빛이었고 그림자인 내 창.

다시 그 집

오래전에 보낸
철새들의 물갈퀴로 물살을 이룬
호숫가 그 집 앞에는
망초꽃들이 여름 뜰을 이뤘고
잘 익은 홍시감의 까치놀도
건넌집 처마 끝에서 높았다

젖은 잔디를 밟아 나가는
부드러운 아침 산책
내 마음은 더없이 밝았고
함께 온 그 사람의 눈도
한결 깊어 있었다

구름 한 점 없이 맑아
호숫물에 손발 담가 씻는
여름날의 신새벽
고요다, 평온이다, 쉼이다
조요롭다 못해 오히려 적막이다.

이총(耳塚)

- 교토에서

손발이 잘린 지는 오래였다
눈은 열렸으나 앞을 볼 수 없었고
삼킬 수는 있으되 배앝아서는 안 되는 입
그래서 묻었던 코와 귀였던가

변란이 있을 적이면
배 띄워 돌려보내기로 했고
썩을 염려에 소금 뿌려 묻기로 했으나
바람엔 고향의 짠내가 묻어났고
바다는 멀어도 하늘은 제 속이었나

섞여 있으되 썩을 리 없고
쌓여 있으되 무너질 리 없는
날과 날은 언제나 어둠
눈을 가질 이유도 없었다

듣는 일과 맡는 일
그대로 살아내고 싶었다
작은 것이 아닌 크기의 하나
남의 땅에서 오롯하기만 바랐다.

아스파라(ASPARA)

- 앙코르와트

1
지지난해
압구정에서 수도 없이 만난
배꼽의 작은 요정들
한 천 년은 퍼 올린 젖은 바다에서
갓 태어난 너희들
참기 어려운 유혹의 몸집 좋은 여신들로
어느 날 문득
순례자가 된 나를 반겨
예서 다시 만나게 될 줄은.

2
요사스런 주술로 굳어버린
내 웃음과 울음과
스물이고 마흔이고 하릴없이 부풀어나는
팔과 다리로 휘저어대며 볼 부비며 입 맞추고
꽃과 저켠 세상을, 그러나 내 마음 아프고 슬퍼
말이 안 됨을 마냥 탄하며 한하며
네가 머무는 어둡고 추운 동쪽 나라로
내가 다시 돌려져야 한다는
다른 천년의 세월을
그런 세월의 뭍으로 돌쳐서야만 하는
내 귀환의 서글픈 짐 꾸려 들고
멀리서 크게 너를 불러 본다.

캄푸치아를 지나며

\- 킬링필드

오늘도 쾌청
이곳 날씨는 날마다 밝다
궂은 비바람에 겨울꽃 지겠다는
엉뚱한 생각 하지 않아도 되는
프놈펜의 내 여로
밤하늘엔 별이 총총
늘 달도 밝아 있어
등나무 등걸에 초롱 밝히듯
앞일을 여는 연꽃들 낮에 피어 화사하고
치자꽃 내음도 동네마다 넘친다
왕궁이라 했든가 사원이라 했든가
숲속에 묻힌 단단한 돌더미 헤치고
절을 찾아 떠난 내 걸음 앞에
웬 곡성 저리도 낭자한가
낯선 아이들의 애꿎은 주검이랑
머리 없는 여자들 고꾸라져
가슴쪽 같은 무덤을 일으켜 놓았는데
그 어둠을 딛고 내가 나간다
오늘도 마냥 쾌청인
캄푸치아의 흙먼지 뒤집어쓰고
내가 이곳을 지나고 있다.

세월의 담장

- 광복 50년에

그리하여 우리들 머리 위에도
휠휠 서릿발 날리게 되었느니
뽀얗게 흙먼지 일구던 길
어느덧 또렷하게 닦여져
산 넘고 강 건너고 있나니

세월의 긴 담장 끝
헌 우산 하나 없이도 속히
가난의 몸통 가리며 살던
젖은 세상 저만치 두고
끝나지 않을 절망에 일어섰나니

몇 차례의 바람과 홍수
거듭하는 천둥과 번개
남의 손금이 된 부엌과 장독을
지붕과 헛간마저 쓰러져
한 칸 살림도 꾸려 보지 못했나니

이제 반세기의 끄나풀 끊고
젖은 신발 말려 끈 조이면
어지러운 발자국들 씻을 수 있어
짝 맞춰 댓돌에 놓을 수 있어
오천 년의 길도 바로 볼 수 있나니

좁은 창틀을 타고 오르는
눈시울 붉힌 담쟁이의 촉수로
얼기설기 엮는 가지들의 디딤돌에
오늘 아침은 기어코
단단한 집을 지을 수 있겠나니

그렇구나, 그대여
이날만은 꿈꾼 날의 새벽으로
심술도 아닌 곁길도 아닌
여문 아침을 환히 밝혀
마음의 한길을 터 보자구.

나날이 어여쁜 그대여
- 충청일보 창간 52주년에

솔솔바람 들레던 세 번째 달에
마음 무늬 다지던 '충청'의 소리
그대는 나날이 어여뻤나니

쟁쟁하기 이를 데 없는 읊조림으로
한눈 한 번 팔지 않고 밝혀온
백 촉짜리 알전구의 길

그달 첫 하루에 보인
자유, 정의, 평등의 빳빳한 깃발
빛 부신 주장이요 판단이던 것을

어제는 늠름둥이
그제는 이쁘둥이
나날이 어여쁜 그대여

어둠 밟고 신새벽을 달려
우리 가슴들 씻어주는 신선한 바람
한 줄기 빛으로 다가가는 아침이었거니

꿈꾸는 자의 더한 넋도 비추어
절망 끝낸 손들에게 모두
확신의 세계를 엮어주었나니

쉰 성상 넘어 다시 두 해
가시밭 젖은 길 줄달음쳐서
높은 산 깊은 계곡 산하를 닦고
그대로 하여 해 뜨고 달은 져서
나날이 이쁘기만 한 그대
축복받을지라, 면경 같은 그 세월

절절 끓는 사랑과
세상 보살피는 그 간곡함으로
진정 우린 그대를 믿어 의지하나니.

다시 1백 년의 '청조'에

일백 번 부르고
일백 번 답하여
아우야 형아
세상 어둠 기어이 뚫은
그 당찬 소리 매섭기도 하였구나

일백 번도 더 찾고
일백 번도 더 붙들어
아우야 형아
이름난 우의를 다져
닫힌 문들의 젖힘을 우리가 보아왔구나

열 곱의 일백 번을
백 곱의 일백 번을
아우야 형아
드러장인 명석, 겹쳐낸 긍지
믿음도 하늘과 같이 높아졌구나

일백 번에 일백 번을 더하여
즈믄해를 더 살아갈
아우야 형아
영원히 젊은 바다, 청조의 찬란함으로
그날의 아이가 철든 아비로 살게 하구나

일백 개의 가지런한 꽃이파리
쌓여, 이제 일백 송이의 반듯한 꽃
형아 아우야
늙지 않게 하는 이 북소리가
다시 일백만 년의 길을 밝히고 있구나.

1백 번의 아스라이

아스라이, 아스라이는
그리움의 다른 이름
하늘내 맡기 위해
고향으로 펼쳐 놓은 우리의 들판

옛얘기나 다름없는
나그넷길의 우리들 늙음
정감어린 골목이나 진배없는
오래 묵힌 우리들 젊음

푸르기도 한량없고
투명하기도 끝 간 데 없고
끈끈하기도 이를 곳 없는
우리들의 구체적인 이름

그 마음 속속들이 아실 이
이제 몇몇 분
애닯게 곰삭인 그 명패
해맑은 추억의 다른 이름

마음 달떠서 터놓고
진한 우정으로 다져서 굳힌
아, 어디로 나아갈지 몰라도
끝끝내 추상은 아닌 사랑의 길

내가 너를 만나기 위한
1백 번의 그리움이었고
우리가 다시 우리이기 위한
1백 번의 기다림이었던

아스라이
먼 것들도 가깝게 느껴지는
아스라이
신발 벗은 강도 다가와 서는

그래서 더없이 목이 마른
그래서 더 아스라한
우리들 가슴 저림의 그 터
더듬어 살펴 가야 할 그 길

평안하소서 아스라이
건령하소서 아스라이
행복하소서 아스라이
1백 번의 아스라이.

성춘복시전집 · 1

1판 1쇄 인쇄/ 2023년 12월 10일
1판 1쇄 발행/ 2023년 12월 10일

지은이 / 성 춘 복
엮은이 / 우 희 정
펴낸곳 / 도서출판 소소리

등록 / 제300-2007-21호
주소 / 03073 서울 종로구 성균관로 5길 39-16
전화 / 765-5663, 010-4265-5663
e-mail: sosori39@hanmail.net

값 35,000 원

*잘못된 책은 바꿔드립니다.

ISBN 979-11-5891-192-8 03810